种子法律实务一本通

145个实务问答与38个植物新品种典型案例精解

王海阳 / 著

中国法制出版社
CHINA LEGAL PUBLISHING HOUSE

序

与海阳的缘分始于2014年，那一年他考入中央财经大学法学院，而我则很幸运地成为他的研究生导师。初次见面，他就向我坦言自己十分热衷于种子法领域的理论与实务研究，毕业论文也准备挑战植物新品种保护方向的选题。在我看来，他言谈举止尽显低调踏实的作风，但聊起种子和植物新品种却总是滔滔不绝，侃侃而谈，有时甚至喜形于色。那时我就深深地知道他对种子和植物新品种发自内心的真挚情感——热爱！其实，在成为我的学生之前，海阳已经做了近十年的种业法律实务工作，对种业知识产权保护和种业法律风险防控体系已经有了深入而系统的了解。在中央财经大学跟我学习合作的两年期间，海阳常常拿工作中遇到的实务问题与我交流，疑惑不解不罢休，足见其求知心之切，求真心之深。而每次和他的交流都让我受益良多，可以说，我有限的种业和植物新品种保护的知识主要来自于他；我也明白，在种业法律制度研究领域，更多的时候实际上他是师、我是生。

2017年6月，在我的牵头下，中央财经大学知识产权研究中心成立，我首先想到了邀请海阳作为中心的研究员，因为作为植物新品种方向研究的专业人员，他是不二人选。让人开心的是，他愉快地接受了我的邀请。受聘为中央财经大学知识产权研究中心研究员之后，海阳开始关注种子立法工作，曾先后为《种子法》《植物新品种保护条例》《北京市种子条例》《海南自贸港植物新品种保护管理办法》等法律法规及规范性文件的起草和修改建言献策。此外，海阳还陆陆续续发表了多篇有关种子企业植物新品种保护的文章，努力将实践经验化为理论思考，提升学术素养。

海阳十几年如一日热衷于种业法律服务工作，让我看到了他对种子和农业始终如一的敬畏而又悲悯的复杂且纯粹的情怀；他在种业法律制度研究领域持续深耕，精益求精，展现了像种子一样坚韧不拔的旺盛而蓬勃的生命力。作为老师，我倍感欣慰，也深受激励。在他这种执着精神的鼓舞下，2021年暑假，我挑战申报植物新品种保护与品种审定的中国法学会部级课题项目。在课题研究报告撰写期间，海阳不吝啬宝贵的时间，多次与我和课题组其他成员讨论课题的框架拟定、案例选取、内容展开等。在他的大力支持下，课题成功立项，相关研究成果也在他审校后联系发表中。

课题结项后不久，海阳说他正准备出版一本有关种子法实务的书籍，拟邀我作序。我欣然应允！不久后，他便将初稿发我。全书二十万余字，皇皇巨著，融合了种子法律实务与案例解析，是海阳十几年来种业法律工作经验的荟萃与总结。内容上，该书全方位覆盖种子法的方方面面，既有程序介绍，也有实体内容解读；既有文本释义，也有案例剖析。形式和语言上，该书体现了他一贯的风格：严谨细致的逻辑和清晰准确的表达。作为读者，我为能获得这样一部工具书而感到惊喜！

我国是农业大国，粮食历来都是国家长治久安和百姓幸福生活的保障，而种子是农业的“芯片”，种子安全粮食才能安全。近些年，国家密集出台种业政策，高度重视种子安全，呼吁培育具有自主知识产权的优良品种，从源头上保障国家粮食安全。2021年，《种子法》迎来颁布以来的第四次修改，此次修改新增了实质性派生品种制度，保留了农民自繁自用授权品种繁殖材料的权利，提高了侵权赔偿额度和对假劣种子的打击力度，对于缓解种子行业的“三无”种子、“套牌种子”、种子同质化等乱象具有重要意义。恰逢新修改《种子法》生效实施之际，海阳此书得以付梓，希望它能发挥应有的作用，助力《种子法》的宣传。也希望海阳的此次尝试只是开始，期待他能笔耕不辍，为我们带来更多更专业的种业政策解读和案例剖析。

所谓春华秋实，春发其华，秋收其实，有始方能有终，付出方见收获。种子如此，做学问如此，做人亦是如此。写这篇序时正值三月，万物复苏，阳和启蛰。借以此序，祝福本书作者王海阳及广大读者朋友，希望各位如种子一般向下扎根，向上生长，开出繁花朵朵，结出累累硕果。

中央财经大学法学院教授

杜颖

2022 年 3 月 30 日

自　序

“一粒种子可以改变一个世界”。种子承载着人类的梦想和智慧，给予人类从脱离饥饿到实现温饱再到健康生活的力量；种子是农业的“芯片”，是农业科技创新的载体，也是中国粮食安全的关键。种业已上升为国家战略性、基础性核心产业。种源是推动人类文明进步的重要法宝，是关乎国家安全的战略性资源。

习近平总书记高度重视粮食问题，多次强调，中国人的饭碗任何时候都要牢牢端在自己手上，我们的饭碗应该主要装中国粮。2020 年 11 月，中共中央政治局就加强我国知识产权保护工作举行第二十五次集体学习，总书记习近平在主持学习时强调“保护知识产权就是保护创新”。2020 年 12 月，中央经济工作会议强调要加强种质资源保护和利用，开展种源“卡脖子”技术攻关，立志要打好种业翻身仗。2021 年 7 月，中央全面深化改革委员会审议通过《种业振兴行动方案》，习近平总书记在会议上强调：“农业现代化，种子是基础，必须把民族种业搞上去，把种源安全提升到关系国家安全的战略高度，集中力量破难题、补短板、强优势、控风险，实现种业科技自立自强、种源自主可控。”2021 年 12 月，中央经济工作会议强调，要深入实施种业振兴行动，提高农机装备水平，保障种粮农民合理收益。这一系列重大决策部署无不体现着党中央对粮食安全问题的高度重视，体现着种子、种源、种业在国民经济发展中的重要地位，为做好新时代种业法治工作指明了方向。

法治是加强种质资源保护利用、实现种源安全、推动种业高质量发展的基石，是打好种业翻身仗的保障。2021 年 12 月 24 日，第十三届全国人民代表大会常务委员会第三十二次会议通过《全国人民代表大会常务委员会关于修改〈中华人民共和国种子法〉的决定》。这是《中华人民共和国种子法》（以下简称《种子法》）自 2000 年颁布以来的第四次修改。此次修改与时俱进、亮点纷呈，总结了有关执法司法经验，建立了实质性派生品种制度，拓展了品种权保护范围，延伸了品种权的保护环节，提高了侵权赔偿额度和处罚力度。在此背景下，逐一解读《种子法》最新修改情况特别是亮点，更好吃透法律修改精神，对学好用好《种子法》、推动种业高质量发展具有重要意义。

本书秉持内容全面、重点突出、务实管用的原则，在结构上分为两篇，共十一章。第一篇“种子法实务问答”共七章，分别从种子及其管理，植物新品种权及其保护，种子选育、品种审定与登记，种子生产经营，法律责任等五个维度，就种子选育、繁殖、生产、经营、权利保护及责任承担等与种子育繁推密切相关的问题进行归纳、释义、剖析和梳理。同时增加了备受关注的转基因品种及其管理、农民种子维权常识两部分内容，以案说法，就种子实务问题答疑解惑。第二篇“典型案例精解”，分为行政处罚类、行政复审类、民事诉讼类、刑事犯罪类等四章。所选取的近 40 件典型案例均是从近年来颇具代表性的行政处罚案件和民事、刑事案例中精选出的，既有农业农村部发布的 2021 年农业植物新品种保护十大典型案例、2020 年上半年农资执法 10 大典型案例，也有人民法院种业知识产权司法保护典型案例（第一批）及最高人民检察院公布的指导性案例等。所有精选案例虽涉及不同的法律关系、不同的法律事实、不同的解决思路和案件启示，但都具有很好的指导价值和重要意义。本书所参照和引用的法律法规规章的效力截至 2022 年 3 月 1 日。

希望本书能给广大读者带来启迪和帮助，更希望能带动更多法律界同仁及种业实务工作者加入助力种业振兴的服务工作中来。真诚地期待与更多的朋友、学者、实务人员相互交流，为提升我国的种业知识产权保护水平、早日实现种业强国贡献力量。这也是我写作和出版本书的初衷。

春已至，万物始，拼搏奋进正当时。本书既是笔者对种业法律实务的一种探究，也是对自己十几年种业工作的一份梳理和总结，更是为推动种业振兴积极贡献自己的力量。当然，限于笔者的知识水平和研究能力，不足之处，敬请诸位专家学者及广大读者朋友批评指正。

是为序。

王海阳

2022年3月26日于北京

目 录

第一篇 种子法实务问答

第二篇 典型案例精解

附录　相关法规

·第一篇·

种子法实务问答

第一章　种子及其管理

第一节　种子与种子法

1. 什么是种子？我国是如何对种子进行管理规制的？

答：种子是种子植物物种延续、扩大植物种群空间分布的生命载体，它的含义广泛，有植物学意义上的种子、农业生产中使用的种子、法律含义上的种子等。

从植物学角度，种子是指由胚珠发育而成的繁殖器官。俗话说，“一粒种子可以改变一个世界”，种子是农业的“芯片”，蕴含着高科技。随着分子生物学、遗传学和基因科学的发展，种子对保障国家粮食安全和促进农业发展发挥着越来越重要的作用。

从农业生产的角度，种子是农业生产中最基本的、不可替代的、特殊的生产资料，作为农业种子的含义远比植物学种子广泛，可以说凡是在农业生产中可直接作为播种材料的植物器官均称为种子，具体可以分为真种子、类似种子的果实、营养器官和人工种子四类①。真种子是指植物学意义上的种子，是由胚珠发育而成的。类似种子的果实是指某些作物的果实干枯后，可直接转化为播种或繁殖材料，也叫“籽实”，如常见的杏果、板栗、向日葵、荞麦等果实或籽粒。营养器官是指无性繁殖材料的根茎等，如甘薯、山药的块根，马铃薯、芋头的块茎，葱、蒜的茎等，这些根茎类作物自然具有的无性繁殖器官即为种子。人工种子主要是指通过生物技术在实验室将植物离体培养产生的体细

---

① 张红生、王州飞主编：《种子学》（第三版），科学出版社 2021 年版，第 1 页。

胞胚包裹在有养分和保护功能的物质中，在适宜条件下能够正常发芽出苗，适用于播种或繁殖的颗粒体，又称人造种子、合成种子。

关于种子的法律含义，在我国最早可以追溯到1989年1月20日国务院第32次常务会议通过的《中华人民共和国种子管理条例》[①]（以下简称《种子管理条例》）。《种子管理条例》第二条规定，种子是指用于农业、林业生产的籽粒、果实和根、茎、苗、芽等繁殖材料。1991年6月19日，依据《种子管理条例》的规定，原农业部审议通过了《中华人民共和国种子管理条例农作物种子实施细则》[②]（以下简称《种子管理条例农作物种子实施细则》），该细则第二条规定农作物种子包括粮、棉、油、麻、桑、茶、糖、菜、烟、果、药、花卉、牧草、绿肥及其他种用的籽粒、果实和根、茎、苗、芽等繁殖材料。2021年修正的《种子法》第二条第二款规定种子是指农作物和林木的种植材料或者繁殖材料，包括籽粒、果实、根、茎、苗、芽、叶、花等。[③] 从上述三部种子管理规范来看，种子的范围包括农业和林业的种子，种子属性由单一繁殖材料发展为种植材料和繁殖材料，包括了植物上可以用来繁殖的器官部分。

2. 植物学中的种子的概念与《种子法》中所指的种子一样吗？

答：植物学中的种子概念与《种子法》或法律意义上的种子含义不同，两者的内涵和表达形式均有区别。植物学上的种子是指植物在有性世代中所形成的雄、雌性配子相结合以后，由受精胚珠发育而成的真种子，由种皮和胚珠构成，如瓜类植物和豆科、十字花科、茄科植物的种子等。[④] 换言之，植物学科的种子是作为植物的一种繁殖结构，与根、茎、叶、花、果实并列为植物的六大器官，是雄雌性配组结合而受精胚发育的有性物质，是胚珠经受精后长成的结构，一般由种皮、胚和胚乳等组成。

---

① 已失效。

② 已失效。

③ 2000年《种子法》颁布时，第二条第二款规定的种子不包括花，2015年修订时才将花加入进来。

④ 弓利英、梅四卫主编：《种子法规》，中国农业大学出版社2013年版，第5页。

《种子法》调整或界定的种子包括籽粒、果实、根、茎、苗、芽、叶、花等农作物和林木的种植材料或有性和无性繁殖材料。其范围属于能够产生社会关系，用于生产经营的商品种子，且对种子的质量活力有要求，列入行政监管的范畴。仅仅作为自用或商品粮食交易的种子，虽具有繁殖能力，但不属于《种子法》调整范围，也不属于《种子法》界定的种子。因此，植物学中的种子概念更多的是强调生物遗传原理，而《种子法》所指的种子则侧重于其功能和社会经济价值。

3. 种子类别有哪些？什么是原种？什么是大田用种？

答：根据《农作物种子标签和使用说明管理办法》第八条第二款的规定，种子类别分为常规种和杂交种，常规种又可以细分为育种家种子、原种、大田用种。

国家标准《粮食作物种子第 1 部分：禾谷类》（GB 4404. 1—2008）中对原种的定义是，指用育种家的种子繁殖的第一代至第三代，经确认达到规定质量要求的种子。大田用种是指用原种繁殖的第一代至第三代或杂交种，经确认达到规定质量要求的种子。

4. 种子在农业生产中的作用有哪些？

答：种子属于农业生产中基本的、特殊的生产资料，富含重要的农业生产技术。作为农业生产资料，种子具有重要和独特的作用：首先，种子是农业生产投入中最基本的生产资料。农业增产和增效尽管要依靠多种生产资料和因素，但种子是基本、是内因。只有良种才能发挥高产的潜力，良种配良法，适宜的种子用在适宜的区域，配套适用优良的种植和栽培技术，从而有利于实现农业的高产和高效。其次，种子是实现科学育种的载体。不同的作物品种具有不同的遗传基因，为了更好地发展农业，对不同作物种子的基因性状进行改良和科学研究，或对同一作物品种不同类型、不同性状的种子进行组配杂交，从而产生具有优良抗性和适应性的品种，更好地实现种子的育种商业化，进一步提高农业的产值，增加农民的收入。由此可见种子的重要作用，这也就是“一粒种子可以改变一个世界”的真实含义。

5. 种子属于商品吗？种子有何特性？

答：种子不仅属于商品，而且是一种特殊的商品。根据种子的定义及《种子法》调整的法律关系，特别是在市场经济发展越来越发达的时代，种子的商品属性越来越突出。建立商业化育种体系，科研培育、繁育制种、生产加工、检验检疫、包装运输、销售推广等环节，无不体现出市场化、商业化的特征。

基于种子具有生命力和繁殖能力，其商品属性不同于普通商品，必然对种子生产经营者提出了更高的要求。生产经营的种子要确保其种性功能，既要符合种子纯度、精度、芽率和水分的质量标准，又不破坏或丧失种子的遗传特性，符合品种特异性、稳定性和一致性要求，保证优良品种的性状稳定，从而给农业生产带来高产和附加值。

种子是人类通过选择培育创造出来的，在一定的环境条件下，保持稳定的生物种群特征，能够给人们带来一定经济价值的产物。种子具有特异性、稳定性、一致性和新颖性的特性要求。

6. 什么是作物？作物包括哪些类别？什么是农作物？

答：作物是指对人类有价值并为人类种植栽培及收获利用的植物。狭义的作物指粮食作物、经济作物和园艺作物；广义的作物泛指粮食、经济、园艺、牧草、绿肥、林木、药材、花草等一切人类栽培的植物。在农业、林业生产中，作物生产为人类生命活动提供能量和其他物质基础，也为以植物为食的动物和微生物的生命活动提供能量，所以说作物生产是根本。从作物的作用和用途来说，作物不仅能为人类提供蛋白质、淀粉、糖、油、纤维、调味品、维生素、药等多种生活必需品，还为保护和美化生态环境提供多种多样的绿化植物。

按照作物的功能和用途，作物大致可分为粮食作物、经济作物、工业原料作物、饲料作物，具体还可以分为谷类作物、豆类作物、油料作物、糖料作物、薯类作物、瓜菜作物、果树、药材、热带作物等。

农作物顾名思义，指农业上栽培的各种植物。农作物又分为主要农作物和非主要农作物。

7. 什么是主要农作物？主要农作物包括哪些？

答：主要农作物是相对于一般农作物而言的，根据《种子法》第九十条第一款第三项的规定，主要农作物的含义是指稻、小麦、玉米、棉花、大豆。《主要农作物品种审定办法》第三条对主要农作物的定义与《种子法》相同。除上述五类作物外的农作物，均属于非主要农作物。

8. 什么是非主要农作物？我国对非主要农作物如何管理？

答：根据《非主要农作物品种登记办法》第三条的规定，非主要农作物，是指稻、小麦、玉米、棉花、大豆五种主要农作物以外的其他农作物。根据《种子法》第二十二条第一款的规定，我国对部分非主要农作物实行品种登记制度。《种子法》之所以只规定对部分非主要农作物，而不是全部非主要农作物实行品种登记制度，主要是考虑到非主要农作物的多样性，以确保种子安全和消费安全为前提。因此，实行品种登记的农作物范围应当严格控制，并且要求列入非主要农作物登记目录的品种在推广前应当登记。应当登记的农作物品种未经登记的，不得发布广告、推广，不得以登记品种的名义销售。非主要农作物品种登记工作由农业农村部主管，并且制定、调整非主要农作物登记目录和品种登记指南，建立全国非主要农作物品种登记信息平台，具体工作由全国农业技术推广服务中心承担。

目前，我国已发布第一批非主要农作物登记目录，主要包括马铃薯、甘薯、谷子、高粱、大麦（青稞）、蚕豆、豌豆、油菜、花生、亚麻（胡麻）、向日葵、甘蔗、甜菜、大白菜、结球甘蓝、黄瓜、番茄、辣椒、茎瘤芥、西瓜、甜瓜、苹果、柑橘、香蕉、梨、葡萄、桃、茶树、橡胶树 29 种作物品种。在登记目录中的非主要农作物品种，在推广前须向省级农业农村主管部门提出品种登记申请，填写《非主要农作物品种登记申请表》，并提交相关申请文件和种子样品。省级农业农村主管部门受理审查后，报农业农村部复核，符合规定的，予以登记，登记信息实施公告并颁发非主要农作物品种登记证书。

9. 规范调整种子相关问题的法律渊源有哪些？

答：规范调整种子相关问题的法律渊源主要包括：第一，宪法是我国的根本大法，具有最高的法律地位和法律效力，是所有法律制定的根本依据。种子相关法也不例外，必须依据宪法制定，不得与宪法相抵触。第二，法律的狭义含义是指由全国人大及其常委会制定的普遍性规范，分为基本法律和基本法律以外的法律，其地位和效力仅次于宪法。如《种子法》《农业法》等。第三，行政法规是指由作为国家最高行政机关的国务院根据宪法和法律制定的。行政法规的效力低于宪法和法律，高于地方性法规。如国务院制定的《中华人民共和国植物新品种保护条例》（以下简称《植物新品种保护条例》）、《农业转基因生物安全管理条例》。第四，地方性法规是指省、自治区、直辖市以及省级政府所在地的市和经国务院批准的较大的市的人民代表大会及其常委会根据本行政区域的具体情况和实际需要制定的法律规范。地方性法规的法律效力和地位低于宪法、法律和行政法规，仅在本行政区域的范围有效。如北京市人大常委会制定的《北京市种子条例》、甘肃省人大常委会制定的《甘肃省农作物种子条例》。第五，部门规章是由国务院所属部门根据法律和行政法规，在各自职责权限内依法制定的行政性的规范性文件。在效力等级上，部门规章规定的事项属于执行法律或行政法规的决定、命令的事项，地位低于宪法、法律、行政法规。如农业农村部制定的《种子法》配套规章《主要农作物品种审定办法》《农作物种子生产经营许可管理办法》《农作物种子标签和使用说明管理办法》《农作物种子质量监督抽查管理办法》《植物新品种保护条例实施细则（农业部分）》《农业行政处罚程序规定》《农业转基因生物安全评价管理办法》以及原国家林业局制定的《林木种子生产经营许可证管理办法》等。第六，地方政府规章是省、自治区、直辖市和设区的市、自治州的人民政府，可以根据法律、行政法规和本省、自治区、直辖市的地方性法规制定的规章。第七，国际条约，如《国际植物新品种保护公约》（以下简称 UPOV 公约）等。

10. 《种子法》的立法宗旨是什么？

答：种子是农业的“芯片”，蕴含着农业高科技，关乎国家粮食安全和农业生产。针对品种选育、种子生产经营、保护和管理等须建立相应的规范和制度，而对这一系列行为活动进行规制需要一部法律的出台。

本着保护和合理利用种质资源，规范品种选育、种子生产经营和管理行为，加强种业科学技术研究，鼓励育种创新，保护植物新品种权，维护种子生产经营者、使用者的合法权益，提高种子质量，推动种子产业化，发展现代种业，保障国家粮食安全，促进农业和林业的发展的宗旨，制定了《种子法》。

11. 《种子法》迄今经历了几次修改？确立了哪些主要法律制度？

答：我国现行有效的《种子法》是在 2000 年 7 月 8 日第九届全国人民代表大会常务委员会第十六次会议通过的。历经 2004 年 8 月 28 日第十届全国人民代表大会常务委员会第十一次会议《关于修改〈中华人民共和国种子法〉的决定》第一次修正，2013 年 6 月 29 日第十二届全国人民代表大会常务委员会第三次会议《关于修改〈中华人民共和国文物保护法〉等十二部法律的决定》第二次修正，2015 年 11 月 4 日第十二届全国人民代表大会常务委员会第十七次会议修订，2021 年 12 月 24 日，第十三届全国人民代表大会常务委员会第三十二次会议通过《关于修改〈中华人民共和国种子法〉的决定》第三次修正，共计四次修改。

经过上述四次修改，逐步确立了种质资源保护制度、主要农作物品种审定和非主要农作物品种登记制度、植物新品种保护制度、实质性派生品种制度、种子生产经营许可制度、种子行政监督管理制度，以及种子违法侵权责任制度等多项法律制度。结合已制定的种子保护行政法规、种子法配套规章，我国已建立了具有中国特色的社会主义种子法律体系。

12. 2021 年最新修改的《种子法》有哪些亮点？

答：2021 年 12 月 24 日，第十三届全国人民代表大会常务委员会第三十二次会议审议通过了《关于修改〈中华人民共和国种子法〉的决定》。此次种子法修改亮点纷呈，富有新意。既顺应时代潮流，又符合未来发展需求，是贯彻落实党中央关于强化知识产权保护意见的重要部署，是落实《种业振兴行动方案》的重要体现。

虽然修改的条款内容不是很多，有增有减，法律条文调整为九十二条，比原来少了两条，删除了第三十九条和第八十四条，但是这次修改的内容翔实科学，具有可操作性和现实意义。这次修改的点都非常重要，凸显了新业态新领域保护制度的完善，强化了种业知识产权保护，增强了法治保障。如建立了新制度、提高了处罚力度，扩大了保护范围，延伸了保护环节，完善了侵权赔偿制度，推动了育种创新体系建设，加快了与国际接轨的步伐。具体亮点概括起来有六个度：有制度、有宽度、有额度、有力度、有高度、有温度。

亮点一是建立了新制度。如第二十八条建立了实质性派生品种制度。

亮点二是拓展了保护宽度。如第二十八条第三款扩大了植物新品种权保护范围，将保护范围由授权品种的繁殖材料延伸到收获材料。第二款将植物新品种权的保护环节，从原来的生产、繁殖、销售行为扩展到生产、繁殖和为繁殖而进行处理、许诺销售、销售、进口、出口、存储等整个生产经营链条。

亮点三是提高了赔偿额度。如第七十二条提高了侵害植物新品种权赔偿的额度。惩罚性赔偿倍数，将上限由原来的 3 倍提高到 5 倍；法定赔偿的上限由 300 万元提高到 500 万元。

亮点四是加大了处罚力度。如第七十四条和第七十五条加大了打击假劣种子的处罚力度。一是提高了对生产经营假种子的罚款。将违法生产经营的最低货值金额由 1 万元提高到 2 万元，罚款由 1 万元到 10 万元提高到 2 万元到 20 万元。二是提高了对生产经营劣种子的罚款。将违法生产经营的最低货值金额由 1 万元提高到 2 万元，罚款由 5000 元到 5 万元提高到 1 万元到 10 万元。

亮点五是强化了战略高度。如强化种质资源保护和育种创新的高度。一是明确种质资源出境必须获农业农村部和林业草原局的批准，进一步强化对种质资源的保护。二是明确支持生物育种。三是明确开展主要粮食作物、重要经济作物育种攻关。国家支持搞育种攻关，为解决“卡脖子”问题、坚决打赢种业翻身仗提供法律保障。

主要体现在将第一条法律制定目的增加“加强种业科学技术研究，鼓励育种创新”，在第九条中增加“重点收集珍稀、濒危、特有资源和特色地方品种”。将第十一条第一款修改为：“国家对种质资源享有主权。任何单位和个人向境外提供种质资源，或者与境外机构、个人开展合作研究利用种质资源的，应当报国务院农业农村、林业草原主管部门批准，并同时提交国家共享惠益的方案。国务院农业农村、林业草原主管部门可以委托省、自治区、直辖市人民政府农业农村、林业草原主管部门接收申请材料。国务院农业农村、林业草原主管部门应当将批准情况通报国务院生态环境主管部门。”将第十二条第一款、第二款修改为：“国家支持科研院所及高等院校重点开展育种的基础性、前沿性和应用技术研究以及生物育种技术研究，支持常规作物、主要造林树种育种和无性繁殖材料选育等公益性研究。国家鼓励种子企业充分利用公益性研究成果，培育具有自主知识产权的优良品种；鼓励种子企业与科研院所及高等院校构建技术研发平台，开展主要粮食作物、重要经济作物育种攻关，建立以市场为导向、利益共享、风险共担的产学研相结合的种业技术创新体系。”

亮点六是增加了惠益温度。增加了品种权许可惠益分享机制的温度，有助于科技成果转化及实现转化的效益，促进科技创新。

此次修改在植物新品种权许可实施方面，明确惠益分享机制，规定许可使用费收取方式可采用固定价款、加收益提成，这是对技术合同及技术创新价值的高度认可，同时与《民法典》对技术合同利益分成保护规定相吻合，是种业领域技术创新的价值体现。如《种子法》第二十八条新增规定，植物新品种权所有人可以将植物新品种权许可他人实施，并按照合同约定收取许可使用费；许可使用费可以采取固定价款、从推广收益中提成等方式收取。

第二节　种子管理

13. 种子行政管理的主体有哪些？有何职能？

答：首先，种子行政管理，是指各级农业农村和林业草原主管部门运用国家赋予的行政权力依法对种质资源、品种选育、种子生产经营和管理等行为进行规范调整的活动。

其次，种子行政管理的主体包括主管部门和管理人员，通常主要指种子的行政管理部门。广义的种子包括农作物种子和林木种子，在我国，农作物种子和林木种子由农业农村部门与林业和草原部门分别管理。比如，《种子法》第三条第一款规定：“国务院农业农村、林业草原主管部门分别主管全国农作物种子和林木种子工作；县级以上地方人民政府农业农村、林业草原主管部门分别主管本行政区域内农作物种子和林木种子工作。”

最后，种子行政管理主体的职能，按照内设机构的职责划分，在部级层面，分别由农业农村部种业管理司负责起草农作物和畜禽种业发展政策、规划；组织实施农作物种质资源、畜禽遗传资源保护和管理；监督管理农作物种子、种苗；组织抗灾救灾和救灾备荒种子的储备、调拨；承担农业植物新品种保护工作。由国家林业和草原局负责林草种苗生产，组织指导林草种子生产基地和保障性苗圃建设，组织指导林草种苗交易平台和信息化建设、供需信息发布；负责林草品种选、引、育、繁工作，负责林草品种审定和良种示范、推广工作；负责林草种质资源普查、收集、评价、利用和种质资源库建设管理工作；负责林草种苗市场监管和质量监督工作；承担林草种苗、种质资源、森林公园行政许可工作。县级以上农业农村部门负责管辖本行政区内农作物种子的监督管理工作；县级林业和草原部门负责管辖本行政区域内林木种苗的监督管理工作。

14. 农业行政执法部门是什么？农业综合行政执法机构如何设置？有何职责要求？其与农业行业监管是什么关系？

答：据农业农村部于 2018 年 11 月 9 日发布的《十三届全国人大一次会议第 3130 号建议的答复摘要》可知，农业农村部门是国家重要的行政执法部门，负责执行的农业法律 15 件、行政法规 29 件、部规章 151 件，依法承担的行政执法职责涵盖农产品质量安全、种子、农药、肥料、兽药、饲料和饲料添加剂、动物卫生监督、畜禽屠宰、种畜禽、植物检疫、农业野生植物、渔政渔港监督、植物新品种、农业转基因生物安全、农机监理等十多个执法领域。

长期以来，农业执法中存在多头重复执法、力量分散、执法缺位等问题，为解决这些问题，1997 年起原农业部在全国农业系统启动了农业综合执法改革，探索将法律法规赋予农业部门的行政处罚权统一交由农业综合执法机构实施。

2018 年 2 月 28 日，中国共产党第十九届三中全会审议通过《深化党和国家机构改革方案》，方案明确提出整合组建包括农业综合执法队伍在内的五支综合执法队伍。同年11月23日，中共中央办公厅、国务院办公厅印发了《关于深化农业综合行政执法改革的指导意见》（中办发〔2018〕61号）。2019年3月，农业农村部印发《关于加快推进农业综合行政执法改革工作的通知》（农办法〔2019〕4号）。由农业农村部指导，在我国农业系统整合组建农业综合执法队伍，将兽医兽药、生猪屠宰、种子、化肥、农药、农机、农产品质量安全等执法队伍整合，实行统一执法。

根据上述文件要求，各省陆续出台了深化农业综合行政执法改革的实施意见，明确组建统一实施法律法规赋予农业部门的行政处罚权的农业综合执法机构，以解决农业执法中存在的多头重复执法、力量分散、执法缺位等问题。

各省、直辖市、自治区的实施意见明确了农业综合执法队伍的整合范围和组建方式，对省市县三级农业综合执法机构的设置提出了明确要求。据农业农村部网站公开信息，结合队伍整合、机构设置改革的主要做法统计分析如下：

第一，明确农业执法队伍整合范围。实施意见明确要求省、市（州）和县（市、区）将兽医兽药、生猪屠宰、种子、肥料、农药、农机、农产品质量、渔业等分散在同级农业农村部门内设机构及所属单位的行政处罚以及与行政处罚相关的行政检查、行政强制职能剥离，整合组建农业综合行政执法队伍，由其集中行使，以农业农村部门的名义统一执法。

第二，设置省级农业综合执法机构。根据“三定”方案和《关于深化农业综合行政执法改革的指导意见》，省级农业农村部门原则上不设执法队伍，但实行综合执法，在部门内部设立综合执法处室，集中行使法律法规赋予省级部门及所属单位的行政执法职能。从内设机构来看，各省、直辖市、自治区农业农村厅（局）内设执法机构名称各有不同，如江西在省厅专门成立了执法监督处；山西在省厅法规处加挂执法监督处；福建、湖北在省厅单独设置农业综合行政执法监督局；甘肃、陕西、河北在省厅内设农业综合执法局（与法规处一个机构两块牌子）；浙江在省厅成立了法规与综合执法指导处；黑龙江、湖南、贵州、云南、安徽5个省由省厅法规处直接行使省级农业执法职能；北京、重庆组建了市农业综合行政执法总队。农业综合执法机构均以农业农村部门名义执法，集中行使法律、法规、规章规定应由省级农业农村主管部门行使的行政处罚权以及与之相关的行政检查、行政强制权。

第三，设置市县级农业综合执法机构。设区的市农业农村部门设置农业综合行政执法支队，作为同级农业农村部门的执法机构，市辖区不再设立执法队伍；县（市、区）可设置农业综合执法大队，作为同级农业农村部门的执法机构，一般与同级农业农村局实行“局队合一”体制。省会城市中心城区以外的其他市辖区可以实行区级执法。

农业综合行政执法，是指由省、市、县（区）三级农业综合行政执法机构，集中行使包括种子、农药、化肥、兽药、饲料、农机、渔政等多个领域的行政执法职能。严格落实法律法规赋予的农业农村部门行使行政处罚、行政检查、行政强制的权力，行使执法手段。

农业行业监管主要是通过监督、抽查、巡查和审核等方式方法，对种植业、畜牧业、渔业、农垦、农业机械化等农业产业的监督管理，对农产品质量安全的监督管理，对有关农业生产资料和农业投入品的监督管理等，按照国务院职能配置由农业农村部负责，具体由农业农村部种业管理司、种植业管理司、农产品质量安全监管司、渔业渔政管理局、农业机械化管理司、畜牧兽医局承担各自行业的监管职责。地方农业行业监管由县级以上农业农村主管部门承担。

从职责权限和地位来看。农业综合执法机构只承担农业行政检查、处罚、强制等手段措施，开展执法工作。而农业行业监管部门还具有行政许可、技术推广服务、品种管理、检验检测等与农业公共服务职能相关的行业管理活动。

综上所述，农业执法是农业监管的核心，也是农业监管的重要手段与保障，内设机构的行政许可、事业单位的技术推广、品种管理、检验检测等服务职能又为农业执法提供标准和技术服务支撑，两者既有独立职责，又相互协调配合，形成了综合能力提升、严格执法、高效服务的新农业、大农业建设和管理格局。

15. 种子行政执法人员在行使监督检查职责时可以采取哪些行政执法措施?

答: 首先，关于行使种子执法的机关。农业农村、林业草原主管部门是种子行政执法机关，县级以上地方人民政府农业农村主管部门内设或所属的农业综合行政执法机构承担并集中行使行政处罚以及与行政处罚有关的行政强制、行政检查职能，以农业农村主管部门名义统一执法。

其次，关于执法的合法性。依据《种子法》《农业行政处罚程序规定》，种子行政执法人员依法执行公务时应当出示行政执法证件，并按规定着装和佩戴执法标志，且执法人员不得少于两人。

最后，关于执法的措施。农业农村、林业草原主管部门在依法履行种子监督检查职责时，有权采取下列措施：（1）进入生产经营场所进行现场检查；（2）对种子进行取样测试、试验或者检验；（3）查阅、复制有关合同、票据、账簿、生产经营档案及其他有关资料；（4）查封、扣押有证据证明违法生产经营的种子，以及用于违法生产经营的工具、设备及运输工具等；（5）查封违法从事种子生产经营活动的场所。

农业农村、林业草原主管部门在依法行使职权时，当事人应当协助、配合，不得拒绝、阻挠。

第三节　种质资源

16. 什么是种质和种质资源?

答: 种质又称遗传物质，是具有遗传性能的生物体亲代传递给后代的遗传物质。而携带具有这种遗传物质的载体被称为种质资源，它既可以是群体，也可以是一个植株，还可以是某个器官、组织或基因。

《种子法》第九十条第一款第一项规定：“种质资源是指选育植物新品种的基础材料，包括各种植物的栽培种、野生种的繁殖材料以及利用上述繁殖材料人工创造的各种植物的遗传材料。”基于《种子法》对种质资源的定义，可以理解种质资源的形态既包括果实、籽粒、苗、根、茎、叶、芽、花等具有繁殖能力的繁殖材料，又包括组织、细胞、DNA、DNA 片段等有生命遗传能力的遗传材料。

17. 种质资源的作用及其重要性是什么？

答：种质资源是育种工作的物质基础，是新品种、新作物的主要来源，是人类赖以生存和国家经济发展的重要物质基础。种源安全属于遗传资源和生物资源安全的范畴，关系到国家粮食安全。

根据《中华人民共和国生物安全法》第三条的规定，生物安全是国家安全的重要组成部分。习近平总书记强调：“农业现代化，种子是基础，必须把民族种业搞上去，把种源安全提升到关系国家安全的战略高度，集中力量破难题、补短板、强优势、控风险，实现种业科技自立自强，种源自主可控。”

2021 年中央一号文件，提出打好种业翻身仗的重要任务。而要打赢这场种业翻身仗，就必须重视种子这一农业“芯片”，加强农业种质资源的保护、开发和利用。加快第三次农作物种质资源、畜禽种质资源调查收集，加强国家作物、畜禽和海洋渔业生物种质资源库建设。

总而言之，种质资源根本上是战略性资源，国家将种质资源上升到国家战略高度，种质资源的重要性和作用不言而喻。种业之争实质是科技之争，焦点就是种质资源之争。因此可以说保护和利用好种质资源，是打赢种业翻身仗的关键。

18. 如何管理和保存（护）种质资源？

答：种质资源具有极其重要的社会作用和科学价值，为了更好地保存和利用生物多样性，促进种质资源的交流、研究和利用，我国农业农村部于2003年制定了《农作物种质资源管理办法》，《种子法》第二章专章设置了四条规定对种质资源保护进行规制。

从管理层面，国务院农业农村、林业草原主管部门应当建立种质资源库、种质资源保护区或者种质资源保护地。农业农村部专门设立国家农作物种质资源委员会，研究提出国家农作物种质资源发展战略和方针政策，协调全国农作物种质资源的管理工作。各省、自治区、直辖市农业农村主管部门可根据需要，建立种质资源库、种质资源保护区、种质资源保护地，确定相应的农作物种质资源管理单位。另外，国家对种质资源享有主权。无论是向境外输出还是从境外引入种质资源，均需履行审批手续，获得国家机关的批准。如《种子法》第十一条规定，任何单位和个人向境外提供种质资源，或者与境外机构、个人开展合作研究利用种质资源的，应当报国务院农业农村、林业草原主管部门批准，并同时提交国家共享惠益的方案。国务院农业农村、林业草原主管部门可以委托省、自治区、直辖市人民政府农业农村、林业草原主管部门接收申请材料。

从保护层面，国家依法保护种质资源，任何单位和个人不得侵占和破坏种质资源。禁止采集或者采伐国家重点保护的天然种质资源。因科研等特殊情况需要采集或者采伐的，应当经国务院或者省、自治区、直辖市人民政府的农业农村、林业草原主管部门批准。

鉴于种质资源的重要性，2021年修改《种子法》时，对涉及种质资源保护的条款进行了修改，突出了保护重点，更加重视种质资源的收集、研究、利用和保护。国家有计划地普查、收集、整理、鉴定、登记、保存、交流和利用种质资源，重点收集珍稀、濒危、特有资源和特色地方品种，定期公布可供利用的种质资源目录。未经批准，境外人员不得在中国境内采集农作物种质资源。

第二章 植物新品种保护及维权

第一节 植物新品种

19. 什么是品种？何为优良品种？怎样选育出优良品种？

答：品种是人类对植物进行选择和培育的结果。人类最早是对野生植物进行选择和培育，使其遗传性符合人类发展和农业生产需求。《种子法》第九十条第一款第二项对品种进行了定义："品种是指经过人工选育或者发现并经过改良，形态特征和生物学特性一致，遗传性状相对稳定的植物群体。"

从《种子法》的定义来看，品种不是自然分类系统的分类单位，也不是植物分类学意义上的概念。只有从种内选择出来的植物群体才能被称为品种，它是一个栽培学意义上的概念。[①] 因此，植物品种是人工选育、人工改良进化的结果，是人类育种的产物。有专家学者从品种的演变和内涵归纳出其定义，认为品种系指已知植物最低分类单元中单一的植物群，该植物群具有三个特征：第一，它以某一特定基因型或基因型组合表达的特性来确定；第二，它至少能够表达出一个与其他植物群不同的特性，从而区分于其他植物群；第三，这种特性经繁殖后不发生变化。[②] 这个定义既考虑到品种的基因特性又兼顾了植物的生物学特征，符合 UPOV 公约意义上的品种含义。

优良品种是一个相对概念，是相对于普通或一般品种而言的，是指在充分利用自然和栽培环境的条件下，能够避免或减少不利因素的影响，适宜于人类生产应用，能有效解决农业生产中的特殊问题或缺陷，并表现为高产、稳产、

① 李秀丽主编：《植物新品种保护法律教程》，中国农业出版 2020 年版，第 31 页。
② 李秀丽著：《植物新品种权保护原理》，知识产权出版社 2021 年版，第 10 页。

优质、抗性强、适应性好，具有推广价值和经济价值的品种。

优良品种的选育是根据育种目标，应用杂交选育、人工诱变、系统育种、多代回交、生物技术育种等方法，从中选择符合育种目标的植株，经多年的鉴定筛选，选育出稳定的优良品系。然后再通过对品系进行品比实验、国家或省级区域实验和生产实验，与生产推广中已大面积应用的品种对照比较，证明其比对照品种在特征特性、适应性、抗性等方面具有优良的、先进的优势和推广价值，并且经国家或省级品种审定委员会审定通过，最终成为在生产经营中推广应用的优良新品种。

因此，优良品种是研发主体培育方向，农业主推、农民喜爱的好品种。当然，优良具有一定的地域和时间限制，并非永恒不变。现在优良不代表永远优良，随着科技进步，现在的优良品种也会逐渐被更优良、更优质的品种所淘汰，不断地推陈出新，新老品种更新换代，这也是种业发展的必然规律。

20. 品种和品系有何不同？

答：关于品种和品系的概念，近几年在水稻市场常见，也容易混淆，经常有投机取巧者将品系代替品种进行推广，破坏了种业监管秩序，甚至损害了农民利益。以水稻为例，水稻品系是水稻育种工作者利用育种手段，育成性状基本稳定，表现优良但尚未通过生产鉴定的水稻群体。品系是选育的一个阶段，还没有或正在参加国家或省级区域实验和生产实验，尚未正式通过审定，是否能大面积推广应用，其价值尚未得到正式肯定，仅可小面积实验示范，不得大面积推广。

品种是育种过程的最终产品，是经过多年的区域实验和生产实验检验，并经国家或省级品种审定委员会审定通过的正式品种，具有合法的命名和身份。品种是经得起考验，允许在适宜种植区大面积推广应用的新品种。品系是正在实验或未通过审定而被淘汰，在特殊年份不一定经得起考验，或存在某种缺陷，只能小范围试种，并需要进一步鉴定。

21. 什么是植物品种？

答：关于植物品种，我国法律没有明确的定义，但是从 UPOV 公约条文中可见相关规定。根据 UPOV 公约 1991 年文本第一章“定义”第一条第六项的规定，“品种”系指已知植物最低分类单元中单一的植物群，不论授予育种者的权利的条件是否充分满足，该植物群可以是：（1）以某一特定基因型或基因型组合表达的特征来确定；（2）至少表现出上述的一种特性，以区别于任何其他植物群；（3）作为一个分类单元其适用性经过繁殖不发生变化。这里的“品种”即为“植物品种”之意。

因此，作为植物品种应具备相应的条件：一是它必须能够被清楚地定义；二是至少有一个性状区别于其他任何植物群；三是该植物群经过繁殖后特征能够保持不变。

22. 什么是植物新品种？

答：植物新品种是一个法律概念，属于法学范畴，是从品种基础上发展而来的。我国关于植物新品种的定义体现在《植物新品种保护条例》第二条：“本条例所称植物新品种，是指经过人工培育的或者对发现的野生植物加以开发，具备新颖性、特异性、一致性和稳定性并有适当命名的植物品种。”

《植物新品种保护条例实施细则（农业部分）》第二条对农业植物新品种的概念范畴予以明确：“农业植物新品种包括粮食、棉花、油料、麻类、糖料、蔬菜（含西甜瓜）、烟草、桑树、茶树、果树（干果除外）、观赏植物（木本除外）、草类、绿肥、草本药材、食用菌、藻类和橡胶树等植物的新品种。”

《植物新品种保护条例实施细则（林业部分）》第二条第一款对林业植物新品种的概念予以明确：“本细则所称植物新品种，是指符合《条例》第二条规定的林木、竹、木质藤木、木本观赏植物（包括木本花卉）、果树（干果部分）及木本油料、饮料、调料、木本药材等植物品种。”

从上述定义，可分析出品种与植物品种的意义基本相同，但与植物新品种存在区别，两者是包含与被包含的关系，品种未必就是植物新品种，但是植物新品种必然是品种或植物品种。另外，从是否系受保护品种的角度，无论是品种还是植物品种，都未必是可受保护品种，只有满足植物新品种的授权条件方为可受保护品种。

23. 植物新品种有哪些特征？

答：植物新品种之所以称为新品种，须具备如下特征，缺一不可。

第一，符合新颖性。申请植物新品种权的品种在申请日前，经申请人自行或者同意销售、推广其种子，在中国境内未超过一年；在境外，木本或者藤本植物未超过六年，其他植物未超过四年。《种子法》施行后新列入国家植物品种保护名录的植物属或者种，从名录公布之日起一年内提出植物新品种权申请的，在境内销售、推广该品种种子未超过四年的，具备新颖性。

如果品种经省级人民政府农业、林业主管部门依据播种面积确认已经形成事实扩散或农作物品种已审定或登记两年以上而未申请植物新品种权，那么就会丧失品种的新颖性。

第二，具备特异性。符合一个植物品种有一个以上性状明显区别于已知品种的特征。

第三，具备一致性。符合一个植物品种的特性除可预期的自然变异外，群体内个体间相关的特征或者特性表现已知。

第四，具备稳定性。符合一个植物品种经过反复繁殖后或者在特定繁殖周期结束时，其主要性状保持不变。

第五，具有适当的品种名称。符合植物品种命名规定。

24. 什么是繁殖材料？什么是收获材料？

答：繁殖材料系植物新品种权的保护范围，实务中不容易理解，特别是未曾接触种子业务的人员，有必要厘清。目前，法律条文尚无关于认定繁殖材料的明确规定，但相关法律、规章有关于种子、繁殖材料的明确定义。

《种子法》第二条第二款规定："本法所称种子，是指农作物和林木的种植材料或者繁殖材料，包括籽粒、果实、根、茎、苗、芽、叶、花等。"

《植物新品种保护条例实施细则》（农业部分）第五条规定："《条例》所称繁殖材料是指可繁殖植物的种植材料或植物体的其他部分，包括籽粒、果实和根、茎、苗、芽、叶等。"

《植物新品种保护条例实施细则》（林业部分）第四条规定："《条例》所称的繁殖材料，是指整株植物（包括苗木）、种子（包括根、茎、叶、花、果实等）以及构成植物体的任何部分（包括组织、细胞）。"

《进境植物繁殖材料检疫管理办法》第四条规定："本办法所称植物繁殖材料是植物种子、种苗及其它繁殖材料的统称，指栽培、野生的可供繁殖的植物全株或者部分，如植株、苗木（含试管苗）、果实、种子、砧木、接穗、插条、叶片、芽体、块根、鳞茎、花粉、细胞培养材料（含转基因植物）等。"

从《植物新品种保护条例》对植物新品种保护的授权条件看，繁殖材料被认定为具有繁殖能力的活体，且能够繁殖出与授权品种特征特性相同的新个体。如此繁殖材料即种子、种苗及其他具有繁殖能力的活体或组织、细胞器官的统称，包括有性繁殖材料和无性繁殖材料。

收获材料较繁殖材料易理解，通常是指通过种植或是使用繁殖材料后而收获的植物整体或植株的部分，如收获的玉米、稻谷、橘子、柚子等。

第二节　植物新品种权及保护

25. 什么是植物新品种权？

答：关于植物新品种权的定义，学理上存有一定争议，目前尚未形成统一确切的规定。有学者将植物新品种权称为植物育种者权，是指法律赋予植物新品种培育者对其所培育的品种享有的专门权利。有学者认为植物新品种权是指依法授予经过人工培育或者对发现的野生植物加以开发，具备新颖性、特异性、一致性和稳定性并有适当命名的植物新品种所有人对其生产、销售、繁殖该品种繁殖材料享有排他的独占权利。而且不同国家称谓不同，有的国家将植物新品种权称为植物品种权，如澳大利亚、加拿大、瑞典、肯尼亚、南非等。

无论哪种定义，在我国植物新品种权已在执法和司法实践中得以确认，是指由国家植物新品种保护主管机关依据法律规定，授予品种培育者（完成育种的单位或个人）对其人工培育或开发的野生植物符合新颖性、特异性、一致性和稳定性并有适当命名的植物新品种享有排他的独占权利。该独占权利具有经济权利和精神权利特征，亦即包括财产权和人身权，属于知识产权的范畴。

26. 申请植物新品种权保护的目的和意义是什么？

答：我国实行植物新品种保护制度。关于植物新品种保护的目的，《种子法》第二十五条第二款规定：“国家鼓励和支持种业科技创新、植物新品种培育及成果转化。取得植物新品种权的品种得到推广应用的，育种者依法获得相应的经济利益。”根据《种子法》的规定，植物新品种保护的目的是鼓励育种创新，培育新品种，促进科技成果转化和实现农业高质量发展。因此，植物新品种保护具有重要的意义和作用。

第一，育种者选育植物新品种，付出了智力劳动成果，通过法律对科技成果予以权利保护，让育种者享有一项排他的独占权，不仅是知识产权法律保护合法权益的应有之义，也是对农业科技工作者地位的肯定。既有利于科技成果实现转化，也有利于鼓励育种者全心投入科研当中，进一步提高了育种的积极性。

第二，植物新品种保护或受保护的新品种在农业增产增效、农民增收及种子品质改善中起着至关重要的作用。

第三，为推动农作物育种不断创新，就要为其提供一种内在的激励机制，创造一个良好的保护育种成果的政策和法律环境。

第四，受保护的植物新品种在农业生产推广中能够充分发挥应用价值和作用，推广面积更大，是增强企业效益的主要来源和动力。

第五，植物新品种获得授权保护是种业企业的核心竞争力，能促使企业增加科研投入，提高竞争力，实现高质量发展。

第六，对植物新品种进行保护，让育种者权有所获、权有所依，面对侵权、假冒等不法行为时，可以拿起法律武器维护自身合法权益。

第七，对植物新品种实施知识产权保护，是当今世界的形势发展需要和人类文明进步的体现，既有利于促进国际品种交流与合作，也有利于先进技术和优良品种的引进。

27. 什么是植物新品种保护的追偿权？

答：追偿权是知识产权制度中一项临时许可制度的变通。关于植物新品种保护领域的追偿权主要法律依据是《植物新品种保护条例》第三十三条，该条规定：“品种权被授予后，在自初步审查合格公告之日起至被授予品种权之日止的期间，对未经申请人许可，为商业目的生产或者销售该授权品种的繁殖材料的单位和个人，品种权人享有追偿的权利。”实践中，品种权人在发现任何单位或个人未经许可，以商业目的生产或销售该授权品种的繁殖材料的，可以向行为人主张该项权利，一旦行为人拒绝或协商未果，可以向人民法院提起诉讼。

《最高人民法院关于审理侵害植物新品种权纠纷案件具体应用法律问题的若干规定（二）》第十九条对植物新品种权临时保护制度作出了进一步解释。该条第一款规定：“他人未经许可，自品种权初步审查合格公告之日起至被授予品种权之日止，生产、繁殖或者销售该授权品种的繁殖材料，或者为商业目的将该授权品种的繁殖材料重复使用于生产另一品种的繁殖材料，权利人对此主张追偿利益损失的，人民法院可以按照临时保护期使用费纠纷处理，并参照有关品种权实施许可费，结合品种类型、种植时间、经营规模、当时的市场价值等因素合理确定该使用费数额。”

28. 植物新品种权的权能构成有哪些？有何法律特点和作用？

答：《民法典》将植物新品种列为知识产权的保护客体之一，赋予权利人独占专有权。植物新品种权属于民事私权，具有独占性和排他性；植物新品种权是知识产权的新类型，作为一种民事权利，植物新品种权所有人即品种权人享有占有、使用、收益和处分的权利。从权利保护的角度，植物新品种权的民事权能由所有权、使用权、处分权和收益权构成。这一点可从《种子法》第二十八条找到依据。

植物新品种权的所有权是指植物新品种权所有人对其授权的品种享有排他的独占权。品种所有权也是整个权利当中最基本和最核心的权利，是使用权、处分权和收益权行使的源泉，是一种绝对权利、根本权利，决定使用、处分和收益的基础。

植物新品种权的使用权是指品种权人为商业目的生产、繁殖和为繁殖而进行处理、许诺销售、销售、进口、出口，以及为实施上述行为储存该授权品种的繁殖材料或收获材料的权利。如生产经营权、进出口权等。

植物新品种权的处分权，是指品种权人将所有的品种通过转让或许可的方式向第三方主体协议实施的权利。任何单位或者个人未经植物新品种权所有人许可，不得生产、繁殖和为繁殖而进行处理、许诺销售、销售、进口、出口，以及为实施上述行为储存该授权品种的繁殖材料，不得为商业目的将该授权品种的繁殖材料重复使用于生产另一品种的繁殖材料。如转让植物新品种的申请权和品种权，以独占、排他或普通许可方式许可其他单位或个人实施品种的权利，国家对品种实施强制许可除外。

植物新品种权的收益权，是指植物新品种权人对育成的品种享有实施科技成果转化，获得经济报酬和精神鼓励的权利。如通过对育种成果的转让、许可，既让品种生产经营者获得经济效益，又让育种者从中获得经济收益，从而进一步激励育种创新。除此以外，对完成关系国家利益或者公共利益并有重大应用价值的植物新品种育种的单位或者个人，由县级以上人民政府或者有关部门给予奖励。不仅是物质奖励，还包括精神鼓励，如科技成果奖荣誉、评职称、评先进等。

植物新品种权在运用中具有产业化、商品化、金融化和竞争性等特点。具体而言，一是品种权人享有品种权申请和品种权转让的权利；二是品种权人享有将品种权对外实施许可的权利；三是品种权人可以将品种权作为无效资产投融资标的在金融市场上进行投资、质押融资、品种保险、折价入股等行为。

植物新品种权是种子企业的核心竞争力，受保护优质品种的生产应用一方面可以增强企业的创新能力和竞争力，提高效率，实现经济效益，从而为社会带来高价值效能；另一方面使得品种的价值得以实现和发挥品种的价值，可以更好地激发育种者的积极性，鼓励原始创新，增强品种权的保护意识和能力，促进种业科技进步。

29. 什么是培育人？什么是育种者？

答：在我国的植物新品种权证书上，有培育人著录事项一栏，是对培育人署名的公告公示，类似于发明专利的发明人。这里的培育人是指对植物新品种的培育作出创造性贡献的自然人。而只负责组织管理工作、提供物质条件或者从事其他辅助工作的人则不能被视为培育人。

育种者是指完成植物新品种育种的单位或个人。一般是培育人依托一家育种单位或科研机构进行育种工作。

30. 什么是植物新品种申请权？申请权是否可以转让？

答：根据我国现行法律法规规定，植物育种者对其培育出的植物新品种不会当然或自动获得植物新品种权。因此，要想获得植物新品种保护，必须事先由申请人向国家植物新品种保护审批机关提出书面申请，由行政主管机关依照法定程序，对报审材料进行审查，并对品种进行审查测试，符合授权条件的才能授予植物新品种权。

植物新品种申请权是指单位就其职工所完成的职务育种或者完成育种的个人就其非职务育种所享有的申请植物新品种保护的权利和对该植物新品种申请在授权审查程序中依法所享有的权利。所以，植物新品种申请权是育种者获得植物新品种权的前置权利，申请活动是获得植物新品种权的前置程序。

植物新品种申请权既然作为申请者享有的一项民事权利，自然可以占有、使用、转让或放弃。在我国只要转让符合《植物新品种保护条例》第九条规定即发生法律效力。

31. 什么是植物新品种权申请人和植物新品种权人？

答：植物新品种权申请人，是指向国家植物新品种保护审批授予部门，提出书面申请的育种单位或个人或获得植物新品种申请权的受让人。在我国，农业植物新品种是向农业农村部植物新品种保护办公室申请保护，林业植物新品种是向国家林业和草原局植物新品种保护办公室申请保护。

植物新品种权人，也称植物新品种权所有人，是指完成育种的单位或个人或获得植物新品种申请权的受让人对其提出申请的授权品种，经审查符合品种权授予条件，最终获得审批机构授予植物新品种权的单位或个人。

32. 如何申请植物新品种权？

答： 首先，申请植物新品种授权的主体包括单位和个人，单位和个人既包括中国的单位和个人，又包括外国人、外国企业或者外国其他组织。申请品种权的单位或个人统称为品种权申请人。

其次，中国的单位和个人申请品种权的方式与外国人、外国企业或外国其他组织在中国申请品种权的方式不同。依据《植物新品种保护条例》第十九条和第二十条的规定，中国的单位和个人申请品种权，可以直接自行提出申请，也可以委托代理机构向审批机关提出申请。如果申请的植物新品种涉及我国国家安全或者重大利益需要保密的，应当按照国家有关规定办理。而外国人、外国企业或者外国其他组织需要在中国申请品种权的，应当按其所属国和中国签订的协议或者共同参加的国际条约办理，或者根据互惠原则，依照相关规定办理。《植物新品种保护条例实施细则（农业部分）》第十九条对外国人、外国企业或外国其他组织进一步解释为在中国没有经常居所的外国人、外国企业或外国其他组织，应当委托代理机构办理。言外之意，如果这些外国人、外国企业或外国其他组织在中国具有经常居所或办公场所，在中国提出品种权申请的，可以自行申请或委托代理机构办理。

再次，在我国受理和审批授予机关为农业农村部植物新品种保护办公室、国家林业和草原局植物新品种保护办公室。

最后，申请品种权的，需向审批机关提交符合规定格式要求的请求书、说明书和该品种的照片，并按照要求提交种子样品。

33. 向哪个机构申请植物新品种保护？申请保护的流程是什么？是否需要缴纳相关费用？

答： 在我国，根据农业和林业主管部门的不同，农业、林业植物新品种的审批授权实行“分别管理、分别授权”的保护制度，分别由国家农业农村部及国家林业和草原局主管，具体由两个主管部门的植物新品种保护办公室负责和承担植物新品种的申请受理、审查及权利授予工作。

植物新品种权申请保护的具体流程如下图所示：

为深入贯彻落实“放管服”改革要求，进一步优化完善农业、林业植物新品种权申请受理、审查程序，为申请者提供更加便捷高效的服务，农业农村部、国家林业和草原局已分别于2020年6月和2021年7月启动了农业品种权申请系统（http：//zwfw. moa. gov. cn/nyzw/index. html？redirectValue = 63100#/homeList）和林草植物新品种保护管理系统（www. cnpvp. net）。通过管理系统注册账户，实现申请、受理、异议、授权、复审等全流程线上办公和线下邮寄繁殖材料、纸质文件等相结合的管理模式。

我国农业植物新品种权申请、受理、审查和测试工作由农业农村部科技发展中心植物新品种保护处和植物新品种测试处承担，农业农村部种业管理司承担农业植物新品种保护工作。

我国林业植物新品种申请、受理、审查、测试、授权、复审工作由国家林业和草原局科技发展中心（国家林业和草原局植物新品种保护办公室）承担。

申请植物新品种权费用经历了收费、降费到停征的过程。为减轻企业和个人负担，2017年3月15日，财政部和国家发展改革委下发了《关于清理规范一批行政事业性收费有关政策的通知》，将植物新品种保护权收费列入停征的涉企行政事业性收费清单。随后，农业部植物新品种保护办公室发布了《关于停征农业植物新品种保护权收费有关事项的公告》，自2017年4月1日起，停征植物新品种权申请费、审查费和年费。也就是说，从2017年的4月1日开始，申请植物新品种权不需要向行政机关缴纳包括申请费、审查费和年费在内的植物新品种权收费，大大减轻了企业和个人的负担。

附：

关于停征农业植物新品种保护权收费有关事项的公告

根据《财政部 国家发展改革委关于清理规范一批行政事业性收费有关政策的通知》（财税〔2017〕20号）要求，自2017年4月1日起，停征植物新品种保护权收费。为进一步规范管理、保障权益，按照合理合法、公平公正的原则，现将农业植物新品种保护权收费有关事项公告如下：

一、自2017年4月1日起，停征植物新品种保护权申请费、审查费和年费。

二、2017年3月31日前已发缴纳申请费、审查费通知，或者年费截止日在2017年3月31日前的，品种权申请人、品种权人、品种权代理机构应按规定时限足额缴纳。

三、2017年3月31日前因未按时缴纳相关费用被视为撤回、视为放弃或终止，在规定期限内请求恢复权利的，经审查合格且补足相关费用，方予以恢复。

四、缴费期限在2017年3月31日后但已缴纳费用的，不予退还。

特此告知。

农业部植物新品种保护办公室

2017年3月31日

34. 授予品种权的植物新品种应具备哪些条件？

答：依据《植物新品种保护条例》的规定，对一个植物的属或种拟授予植物新品种权，应具备以下条件：

（1）申请品种权的植物新品种应当属于国家植物品种保护名录中列举的植物的属或者种；

（2）授予品种权的植物新品种应当具备新颖性；

（3）授予品种权的植物新品种应当具备特异性；

（4）授予品种权的植物新品种应当具备一致性；

（5）授予品种权的植物新品种应该具备稳定性；

（6）授予品种权的植物新品种应当具备适当的名称，并与相同或者相近的植物属或者种中已知品种的名称相区别。

上述6个条件缺一不可，其中是否属于植物品种保护名录列举的植物属或者种的范围、是否符合新颖性的规定、植物新品种的命名是否适当，是审批机关初步审查的内容。植物新品种是否具备特异性、一致性和稳定性是审批机构进行实质审查的内容，也是授予植物新品种权的必要条件。

35. 什么是植物新品种新颖性、特异性、一致性和稳定性？有何认定标准？

答：植物新品种的新颖性、特异性、一致性和稳定性是授予品种权所应具备的主要条件。

（1）新颖性，是指申请品种权的植物新品种在申请日前，经申请权人自行或者同意销售、推广其种子，在中国境内未超过1年；在中国境外销售藤本植物、林木、果树和观赏树木品种繁殖材料未超过6年，销售其他植物品种繁殖材料未超过4年。

《种子法》施行后新列入国家植物品种保护名录的植物的属或者种，从名录公布之日起1年内提出植物新品种权申请的，在境内销售、推广该品种种子未超过4年的，也具备新颖性。

除销售、推广行为丧失新颖性外，视为已丧失新颖性的情形还包括：品种经省、自治区、直辖市人民政府农业农村、林业草原主管部门依据播种面积确认已经形成事实扩散的；农作物品种已审定或者登记两年以上未申请植物新品种权的。

依据《植物新品种保护条例实施细则（农业部分）》的规定，影响新颖性的“销售”情形，包括以买卖、易货、入股方式将申请品种的繁殖材料转移他人或以申请品种的繁殖材料签订生产协议。“育种者许可”包括育种者自己、育种者内部机构、育种者的全资或者参股企业销售等行为。

例如，2018年，先某国际良种公司就“先某335”的亲本繁殖材料申请植物新品种权，备受种业界和法律人士关注。“先某335”的亲本能否授予品种权，最先需要考虑的恐怕就是新颖性问题。“先某335”在2004年就通过了国审，2010年1月1日获得植物新品种权，在生产繁殖“先某335”杂交种时，必然会使用亲本材料即“PH6WC”（母本）和“PH4CV”（父本），在生产“先某335”时以有偿方式许可生产企业或制种村社并签订预约生产合同，这里实际上已经形成了销售。2004年在中国境内就已形成销售事实的杂交种及其亲本，在14年后再申请植物新品种权，显然已丧失了新颖性，欲获授权于法相悖。

（2）特异性，是指一个植物品种有一个以上性状明显区别于已知品种。具体到授予植物新品种权的品种应当是有一个以上性状明显区别于在递交申请以前已知的植物品种。品种的特异性一般通过田间种植来观察其农艺性状的差异。

（3）一致性，是指一个植物品种的特性除可预期的自然变异外，群体内个体间相关的特征或者特性表现一致。具体到申请植物新品种权的品种应当是经过繁殖后，除可以预期的自然变异外，该品种相关的特征或者特性一致，还是原来的品种。

（4）稳定性，是指一个植物品种经过反复繁殖后或者在特定繁殖周期结束时，其主要性状保持不变。具体到授予植物新品种权的品种应当是经过反复繁殖，该品种的主要性状保持稳定不变。比如，玉米的花丝颜色、水稻的粳与糯、粒型等，不能在繁殖后性状发生变化。

36. 品种权的保护期限是多长时间？

答：关于植物新品种权的保护期限，我国加入的UPOV公约1978年文本，在品种权保护期限上较国际大多发达国家执行的1991年文本要短。我国现行有效的《植物新品种保护条例》第三十四条规定，品种权的保护期限，自授权之日起，藤本植物、林木、果树和观赏树木为20年，其他植物为15年。

随着国际经济的发展和知识产权保护的形势，农业植物新品种的保护期限已不能适应实际需要，如美国、欧盟对品种权保护期限一般较长。为与国际对标，我国在2019年发布的《植物新品种保护条例修订草案（征求意见稿）》

中考虑到期限问题，拟调整藤本植物或者木本植物保护期限为 25 年，其他植物保护期限为 20 年。

37. 植物新品种权保护的内容和范围有哪些？

答：我国现行的植物新品种保护法律制度，对植物新品种的保护内容和范围较窄，没有开放到所有植物的属或者种。因此，申请品种权的植物新品种仅限于公开的国家植物品种保护名录中列举的植物的属或者种，没有列入国家植物品种保护名录中的不能授予植物新品种保护，这是实现植物新品种全面保护的制度缺陷。目前，农业植物新品种保护目录已公开发布至第十一批，林业植物新品种保护目录已公开发布至第七批。

关于植物新品种权权利保护内容，涉及品种权权能及其保护水平，保护范围的宽窄自然会影响到国家对植物新品种保护的力度、宽度和高度。UPOV 公约 1978 年文本较 1991 年文本，保护范围较窄，只限于繁殖材料，保护环节只是生产繁殖、销售行为，我国在加入 UPOV 公约后一直执行 1978 年文本。

2015 年修订的《种子法》在保护范围上仍为授权品种的繁殖材料，保护环节为品种的生产、繁殖和销售行为。2021 年修改《种子法》时，对保护范围和保护环节作出重大修改，将保护范围由繁殖材料扩大到收获材料，有利于解决无性繁殖材料和常规作物品种维权困难的问题。将保护环节由生产、繁殖、销售扩展到生产、繁殖、销售、为繁殖而进行处理、许诺销售、进口、出口及储存八个环节，对侵权行为可实现全链条打击，极大地减少了维权举证的难度，提高了植物新品权保护的力度和维度。

38. 对授予植物新品种权的新颖性有何特殊规定？

答：考虑到我国实施植物新品种保护的时间相对较晚的现实情况，在执行《植物新品种保护条例》时，可以对植物新品种的新颖性作出变通，如该条例第四十五条规定，审批机关可以对本条例施行前首批列入植物品种保护名录的和本条例施行后新列入植物品种保护名录的植物属或者种的新颖性要求作出变通性规定。

《植物新品种保护条例实施细则（农业部分）》第十四条规定，依照《植物新品种保护条例》第四十五条的规定，列入植物新品种保护名录的植物属或者种，从名录公布之日起1年内提出的品种权申请，凡经过育种者许可，申请日前在中国境内销售该品种的繁殖材料未超过4年，符合《植物新品种保护条例》规定的特异性、一致性和稳定性及命名要求的，农业部可以授予品种权。这里就是对新品种新颖性的特殊规定。

39. 什么是已知品种？

答：《种子法》第九十条第十一项规定，已知品种是指已受理申请或者已通过品种审定、品种登记、新品种保护，或者已经销售、推广的植物品种。《植物新品种保护条例实施细则（农业部分）》第十六条规定，《植物新品种保护条例》第十五条所称“已知的植物品种”包括品种权申请初审合格公告、通过品种审定或者已推广应用的品种。从定义角度，《种子法》对已知品种的定义范围涵盖了《植物新品种保护条例实施细则（农业部分）》的已知品种范围，两者相比《种子法》的规定更为广泛。

40. 什么是近似品种？

答：《植物新品种保护条例实施细则（农业部分）》第二十一条第二款对近似品种进行了定义：是指在所有已知植物品种中，相关特征或者特性与申请品种最为相似的品种。从该定义可以看出，近似品种主要表现在品种的相关特征、特性相似，如品种的基因血缘、性状特征、生育特性等方面表现相似，否则，两个完全不同的品种或特征差异较大的品种，无法作为近似品种进行对照，也没有对照的意义。我国国家标准《植物新品种特异性、一致性和稳定性测试指南总则》（GB/T19557.1—2004）对近似品种的定义是，指在所有的已知品种中，相关特征或者特性与申请品种最为相似的品种。

上述规章和国家标准对近似品种的定义基本相同。近似品种的概念在有关植物新品种的待测样品与对照标准样品的同一性检测中使用较多，如通过检测得出待测样品与对照样品是否不同、相同或相似的结论。

第三节　植物新品种权的运用

41. 植物新品种的申请权和品种权是否可以转让？有哪些转让规定？

答：植物新品种权属于知识产权范畴，其取得与否是一项民事权利的授予或驳回。植物新品种是否申请保护、由谁来申请及权利授予后是否可以转让，应遵循意思自治原则。

依据《种子法》的规定，为促进科技成果转化和利用，使其更好地发挥品种的价值和效益，在植物新品种权被授予后，国家鼓励和支持品种权转让。考虑到种质资源的保护，防止优秀资源盲目输出，向境外转让须获得批准。

《植物新品种保护条例》规定，植物新品种的申请权和品种权均可以依法转让，但对相关转让条件和程序作出了限制规定，如果转让未获有关部门批准，则会影响转让的效力。

比如，中国的单位或者个人就其在国内培育的植物新品种向外国人转让申请权或者品种权的，应当经审批机关批准。

国有单位在国内转让申请权或者品种权的，应当按照国家有关规定报经有关行政主管部门批准。

转让申请权或者品种权的，当事人应当订立书面合同，并向审批机关登记，由审批机关予以公告。

42. 对植物新品种权实施强制许可有哪些要求？

答：关于对植物新品种权实施强制许可，在我国现行有效的种业法律、法规和规章中均有相关规定。

一是《种子法》第三十条规定："为了国家利益或者社会公共利益，国务院农业农村、林业草原主管部门可以作出实施植物新品种权强制许可的决定，并予以登记和公告。取得实施强制许可的单位或者个人不享有独占的实施权，并且无权允许他人实施。"

二是《植物新品种保护条例》第十一条规定："为了国家利益或者公共利益，审批机关可以作出实施植物新品种强制许可的决定，并予以登记和公告。取得实施强制许可的单位或者个人应当付给品种权人合理的使用费，其数额由双方商定；双方不能达成协议的，由审批机关裁决。品种权人对强制许可决定或者强制许可使用费的裁决不服的，可以自收到通知之日起3个月内向人民法院提起诉讼。"

三是《植物新品种保护条例实施细则（农业部分）》第十二条第一款规定："有下列情形之一的，农业部可以作出实施品种权的强制许可决定：（一）为了国家利益或者公共利益的需要；（二）品种权人无正当理由自己不实施，又不许可他人以合理条件实施的；（三）对重要农作物品种，品种权人虽已实施，但明显不能满足国内市场需求，又不许可他人以合理条件实施的。"

四是《植物新品种保护条例实施细则（林业部分）》第九条第一款规定："依照《条例》第十一条规定，有下列情形之一的，国家林业局可以作出或者依当事人的请求作出实施植物新品种强制许可的决定：（一）为满足国家利益或者公共利益等特殊需要；（二）品种权人无正当理由自己不实施或者实施不完全，又不许可他人以合理条件实施的。"

从上述规定可以总结出的主要几点有：其一，决定实施植物新品种权强制许可的主体是国务院农业农村、林业草原主管部门；其二，实施目的主要是基于国家利益或公共利益的需要；其三，获得实施强制许可的主体须支付合理的使用费给品种权人，数额可以协商；其四，品种权人对实施强制许可不服的，可以通过司法途径寻求救济。

43. 关于植物新品种权未授予或宣告品种权无效有何规定？

答：一个植物新品种未授予品种权，存在几种可能，要么不符合某个授予条件，如品种已通过审定两年，丧失了新颖性；品种不符合特异性标准；命名不符合要求；等等。但是，申请人在收到未授予品种权通知后，可以依法申请复审。

依据《植物新品种保护条例》第三十七条的规定，自审批机关公告授予品种权之日起，植物新品种复审委员会可以依据职权或者依据任何单位或者个人的书面请求，对不符合新颖性、特异性、一致性和稳定性规定的品种，宣告品种权无效；对不符合品种适当名称规定的，予以更名。宣告品种权无效或者更名的决定，由审批机关登记和公告，并通知相关当事人。当事人对植物新品种复审委员会作出的宣告品种权无效或更名的决定不服的，可以自收到通知之日起 3 个月内向人民法院提起诉讼。

依法被宣告无效的品种权视为自始不存在，但是宣告品种权无效的决定不具有追溯力。比如，对在宣告决定前人民法院已作出并执行的植物新品种侵权的判决、裁定，省级以上人民政府农业农村、林业草原主管部门已作出并执行的植物新品种侵权处理决定，以及已经履行的植物新品种实施许可合同和植物新品种权转让合同，并不当然无效。

基于民事行为公平原则，品种权被宣告无效的，品种权人或者品种权让与人应向被许可人或者受让人返还全部或者部分许可费或者转让费，否则显失公平。如果涉及因品种权人的恶意给他人造成损失的，还应当给予赔偿。

44. 植物新品种权是否属于知识产权？有哪些规定？

答：知识产权又称智力成果权，是权利人对从事智力创造性活动所取得的成果依法享有的专有权利，是一种无形的财产权利。人工培育或开发野生植物所取得的植物品种包含了培育人的智力创造性活动，其获得的成果完全是人类智力创造性活动的科技体现，与专利、商标、版权、集成电路布图设计等知识产权表现形式相同，均是人类智力劳动的成果。

作为智力成果的植物新品种符合知识产权保护客体的特征，权利属性为私权，是排他的独占权，具备知识产权专有性、无形性、地域性和时间性等特征。

关于植物新品种属于知识产权保护客体的规定，主要体现在《民法典》第一百二十三条。该条规定民事主体依法享有知识产权。知识产权是权利人依法就下列客体享有的专有的权利：（1）作品；（2）发明、实用新型、外观设计；（3）商标；（4）地理标志；（5）商业秘密；（6）集成电路布图设计；（7）植物新品种；（8）法律规定的其他客体。

《民法典》将“植物新品种”明确为知识产权的权利客体之一，以法典形式明确植物新品种作为知识产权客体保护，确认其法律地位，具有重要的开创先河之意。一言以蔽之，植物新品种权当属知识产权的范畴。

45. 何为植物新品种权许可？植物新品种权许可有哪些类型？

答：植物新品种权属于知识产权保护客体，那么知识产权的许可方式自然适用于植物新品种权的许可。知识产权许可，是指自然人、法人或其他组织以订立书面知识产权合同的方式，权利人许可被许可人在一定期限、一定区域范围以一定方式使用或者实施该项知识产权，并由被许可人支付许可费的一种行为。植物新品种权许可，是指植物新品种权人许可被许可人在一定期限和一定区域范围以一定方式使用或实施该品种权，并由被许可人支付许可费的行为。

其许可类型根据知识产权的许可方式和范围不同，主要包括独占许可、排他许可、普通许可。

植物新品种权独占许可，是指品种权人与被许可人签订独占方式的许可合同，许可被许可人在一定条件下，并且在合同约定的期限和范围内，独占使用或实施该品种权。独占许可后，许可人不得将该品种权的使用权再许可给被许可人之外的第三人，同时品种权人也不得自行使用或实施该项品种权。

植物新品种权排他许可，是指品种权人与被许可人签订排他方式的许可合同，许可被许可人在一定条件下，并且在合同约定的期限和范围内，排他使用或实施该品种权。排他许可后，许可人不得将该品种权的使用权再许可给被许可人之外的第三人，但是品种权人本身可以自行使用或实施该项品种权。

植物新品种权普通许可，是指品种权人与被许可人签订普通方式许可合同，在允许被许可人使用或实施该品种权的同时，品种权人仍保留在该地域内使用或实施品种权的权利，同时品种权人还可以在未经被许可人同意的情况下将该品种权的使用权授予其他任何第三人行使。

除了上述三种许可以外，还有强制许可和交叉许可。强制许可一般是指为了国家或社会公共利益，国家主管部门对某项品种权作出强制实施许可的决定。如《种子法》第三十条规定，为了国家利益或者社会公共利益，国务院农业、林业主管部门可以作出实施植物新品种权强制许可的决定，并予以登记和公告。取得实施强制许可的单位或者个人不享有独占的实施权，并且无权允许他人实施。

交叉许可或称相互许可，是指品种权人双方采用互相许可对方实施植物新品种权的方式，从而免除相互支付许可使用费。实施交叉许可能够清除相互阻止地位，避免侵权诉讼，促进科技成果更好地实现应用价值，更好地商业化，从而减少交易成本。如最高人民法院发布的86号指导案例①，某水稻品种的父本与母本各属不同当事人，因双方不能相互许可互诉至法院，导致植物新品种

① 天津天某种业科技有限公司与江苏徐某种业科技有限公司侵害植物新品种权纠纷案，江苏省高级人民法院（2011）苏知民终字第0194号、（2012）苏知民终字第0055号民事判决。

不能继续生产，损害双方利益，也不符合合作育种的目的。为维护社会公共利益，保障国家粮食安全，促进植物新品种转化实施，确保已广为种植的新品种继续生产，在衡量父本与母本对植物新品种生产具有基本相同价值的基础上，人民法院直接判令双方当事人相互授权许可并相互免除相应的许可费。该案例即植物新品种权强制许可与交叉许可使用的典型。

46. 植物新品种权利转让与许可有何异同?

答：首先，植物新品种权利转让与许可作为品种权利实施的两种不同法律行为，既有相同点又存在显著区别，要注意分清两者的概念和关系。

其次，植物新品种的权利转让属于知识产权人身权和财产权的合并转让，是权利人行使其权利处分的基本方式。广义的植物新品种权利转让包括植物新品种申请权转让和植物新品种权转让。通过转让使得权利主体发生变更，原申请人或品种权人不再享有植物新品种申请权或植物新品种权，从而不能继续实施该品种权，当然包括不能继续实施许可。植物新品种申请权，是指申请人向国家植物新品种保护机构提出申请以后对该品种申请所享有的权利，即对该品种申请保护的权利，与品种权转让有所不同。该申请权的转让发生在植物新品种授权以前，转让人为品种申请人，而品种权转让则发生在该品种授权之后，转让人为品种权人。

最后，从转让或许可的实施主体角度，植物新品种权转让和许可存在相同点，实施主体均为植物新品种权人。两者的显著区别是对该品种的商业开发权实施不同。前文已述，品种权转让发生了权利主体变更，让与人不再享有转让标的的实施权。而植物新品种权许可仅仅是品种权使用和实施权的许可，是对该品种商业开发这一财产权的许可，品种权的权利主体不发生变化，所有权权属不变。根据许可方式的不同，品种权人即让与人仍享有自行行使或共同行使或不行使该品种商业开发的权利。所以说，植物新品种权利转让与许可存在较大区别，不应混淆。

47. 植物新品权转让是否属于技术转让？转让合同是否属于技术合同？

答：植物新品种作为知识产权的保护客体之一，具有技术性特征，在品种选育过程中，育种家利用科学技术、经验等对资源材料进行组配、选择、改进技术方案，最终选育出的新品种，属于技术成果。因此，植物新品种权转让属于技术转让的范畴。从《民法典》和《最高人民法院关于审理技术合同纠纷案件适用法律若干问题的解释》中也有章可循。

首先，对新品种的开发属于技术开发。如《民法典》第八百五十一条规定，技术开发合同是当事人之间就新技术、新产品、新工艺、新品种或者新材料及其系统的研究开发所订立的合同。

其次，植物新品种权转让属于技术转让。如《民法典》第八百七十六条规定，集成电路布图设计专有权、植物新品种权、计算机软件著作权等其他知识产权的转让和许可，参照适用本节的有关规定。

再次，植物新品种属于技术成果。如《最高人民法院关于审理技术合同纠纷案件适用法律若干问题的解释》第一条规定，技术成果，是指利用科学技术知识、信息和经验作出的涉及产品、工艺、材料及其改进等的技术方案，包括专利、专利申请、技术秘密、计算机软件、集成电路布图设计、植物新品种等。

又次，就植物新品种权转让或实施许可订立的合同按技术转让合同认定登记。如《技术合同认定规则》第二十七条规定，当事人就植物新品种权转让和实施许可、集成电路布图设计权转让与许可订立的合同，按技术转让合同认定登记。

最后，部委规范性文件中对技术转让的范围包含植物新品种。财政部、国家税务总局《关于居民企业技术转让有关企业所得税政策问题的通知》（财税〔2010〕111 号）规定，符合条件的技术转让是指居民企业转让专利技术、计算机软件著作权、集成电路布图设计权、植物新品种、生物医药新品种，以及财政部和国家税务总局确定的其他技术的所有权或5年以上（含5年）全球独占许可使用权的行为。

综上所述，植物新品种作为新技术，植物新品种权作为一项技术专有权利，对其转让或许可，可以申请技术合同认定登记。

48. 有关技术合同认定及登记有何规定和要求？植物新品种权技术合同如何申请技术合同登记？被认定登记后可以享受何种优惠或奖励政策？

答：技术合同认定登记制度，是指为贯彻国家扶植技术市场的政策和规定，保障国家促进科技成果转化优惠政策的正确实施而建立的认定、登记和统计技术合同的管理制度。技术合同认定登记实行按地域一次认定登记的管理措施。

关于技术合同认定登记机构。依据《技术合同认定登记管理办法》第三条的规定，科学技术部管理全国技术合同认定登记工作。省、自治区、直辖市和计划单列市科学技术行政部门管理本行政区划的技术合同认定登记工作。地、市、区、县科学技术行政部门设技术合同登记机构，具体负责办理技术合同的认定登记工作。

关于技术合同认定登记程序。首先，依据认定办法，技术合同认定登记实行按地域一次登记制度，同一项技术合同不得重复登记。其次，由当事人在技术合同成立后，向所在地区的技术合同登记机构申请认定登记。申请登记的当事人是指技术开发合同的开发人、技术转让合同的让与人、技术许可合同的许可人、技术咨询和技术服务合同的受托人，以及技术培训合同的培训人、技术中介合同的中介人。再次，当事人应向登记机关提交的材料包括：（1）完整的技术合同文本和相关附件，合同文本可采用科学技术部监制的技术合同示范文本或符合《民法典》规定的书面合同文本。（2）填写《技术合同登记表》。（3）如果是首次申请，技术卖方需要注册账号，一般都是在技术合同认定登记系统注册申报。（4）《技术合同认定规则》中要求申办人出具的材料：①法人、其他组织的内部职能机构或课题组订立的合同申请认定登记的，应当提交其法定代表人或组织负责人的书面授权证明；②承担政府项目而订立的合同申请认定登记的，应当提交项目主管部门同意的证明；③技术合同标的依照国家有关规定，投产前需经有关部门审批或领取生产许可证的，应当提交生产许可证或有关批准文件。（5）技术合同履行后，当事人在办理核定技术性收入或审批技术交易奖酬金手续时，应提交加盖单位财务章、财务负责人章以及单位公章和主管财务负责人章的《技术合同技术性收入核定表》。最后，登记机构对当事人所提交的合同文本和有关材料涉及是否属于技术合同进行审查和认定，给予认定的，按合同性质分类登记和存档并核定技术性收入。

关于技术合同认定登记的优惠政策。依据我国相关法律规定和国家政策，对技术合同经认定登记的，给予政策保障和税收优惠。比如：

根据《企业所得税法》第二十七条第四项的规定，符合条件的技术转让所得可以免征、减征企业所得税。

根据《企业所得税法实施条例》第九十条的规定，居民企业技术转让所得不超过500万元的部分，免征企业所得税；超过500万元的部分，减半征收企业所得税。

《北京市技术市场条例》第二十一条规定："技术合同经认定登记，当事人可以按照国家和本市的规定享受优惠政策。从境外引进技术所订立的合同，当事人凭商务部门出具的技术转让合同批准文件，可以按照国家的规定享受税收优惠政策。"

关于技术成果转化的奖励。按照国家政策及技术合同认定登记的有关规定，被认定登记为技术合同的，法人或其他组织根据所订立的技术合同，可以从技术开发、技术转让、技术咨询和技术服务的净收入中提取一定比例作为奖励和报酬，给予职务技术成果完成人和为成果转化做出重要贡献的人员。

《促进科技成果转化法》第四十五条第一款规定："科技成果完成单位未规定、也未与科技人员约定奖励和报酬的方式和数额的，按照下列标准对完成、转化职务科技成果做出重要贡献的人员给予奖励和报酬：（一）将该项职务科技成果转让、许可给他人实施的，从该项科技成果转让净收入或者许可净收入中提取不低于百分之五十的比例；（二）利用该项职务科技成果作价投资的，从该项科技成果形成的股份或者出资比例中提取不低于百分之五十的比例；（三）将该项职务科技成果自行实施或者与他人合作实施的，应当在实施转化成功投产后连续三至五年，每年从实施该项科技成果的营业利润中提取不低于百分之五的比例。”

第四节 植物新品种权纠纷

49. 植物新品种纠纷案件有哪些？

答：随着现代种业的发展，植物新品种领域纠纷日益增多，逐渐发展成为知识产权领域纠纷案件的重要表现类型。依据最高人民法院 2020 年修正发布的《民事案件案由规定》，涉及植物新品种权权属和侵权的纠纷案由主要有四类：（1）植物新品种申请权权属纠纷；（2）植物新品种权权属纠纷；（3）侵害植物新品种权纠纷；（4）植物新品种临时保护期使用费纠纷。

依据《最高人民法院关于审理植物新品种纠纷案件若干问题的解释》第一条的规定，人民法院受理的植物新品种纠纷案件主要包括以下几类：

（1）植物新品种申请驳回复审行政纠纷案件；

（2）植物新品种权无效行政纠纷案件；

（3）植物新品种权更名行政纠纷案件；

（4）植物新品种权强制许可纠纷案件；

（5）植物新品种权实施强制许可使用费纠纷案件；

（6）植物新品种申请权权属纠纷案件；

（7）植物新品种权权属纠纷案件；

（8）植物新品种申请权转让合同纠纷案件；

(9) 植物新品种权转让合同纠纷案件；

(10) 侵害植物新品种权纠纷案件；

(11) 假冒他人植物新品种权纠纷案件；

(12) 植物新品种培育人署名权纠纷案件；

(13) 植物新品种临时保护期使用费纠纷案件；

(14) 植物新品种行政处罚纠纷案件；

(15) 植物新品种行政复议纠纷案件；

(16) 植物新品种行政赔偿纠纷案件；

(17) 植物新品种行政奖励纠纷案件；

(18) 其他植物新品种权纠纷案件。

50. 侵害植物新品种权纠纷的情形有哪些？

答：近年来，农作物品种市场井喷、品种同质化现象日益严重，植物新品种侵权纠纷也愈演愈烈，其表现形式主要有：

(1) 直接侵权。如未经品种权人许可直接生产经营授权品种。

(2) 假冒授权侵权。如在种子包装上标注假冒的品种权号侵犯他人权利。

(3) 套牌方式侵权，又称隐蔽侵权。如生产经营的包装标注名称是 A 品种，包装袋内实际装的是 B 品种，而 B 品种是他人的授权品种。

(4) 以授权品种名称名义对外销售，侵害他人品种权。如销售白包种子，种子包装上无任何品种名称，但在开具销售凭证或对外宣传时以授权品种名称名义进行销售，同样侵害了他人的品种权。

51. 起诉侵害植物新品种权的条件是什么？

答：针对侵害植物新品种权行为，通过向人民法院提起诉讼来主张民事权利，不失为一种较好的维权方式。那么起诉侵权需要具备哪些基本条件呢？依据《民事诉讼法》第一百二十二条的规定，起诉必须符合如下条件：

（1）原告是与本案有直接利害关系的公民、法人和其他组织。即向法院起诉主张权利的原告主体要适格，与诉争事实有直接的利害关系，是具备诉权的法人、自然人或其他组织。

（2）有明确的被告。即能提供起诉对象具体明确的姓名或者名称、住所等与他人相区别的信息。

（3）有具体的诉讼请求和事实、理由。如主张被告停止侵权、赔偿损失等请求，并说明侵害植物新品种权的事实和理由。

（4）属于人民法院受理民事诉讼的范围和受诉人民法院管辖。侵害植物新品种权纠纷案件属于人民法院受理民事诉讼的范围。关于管辖法院，根据知识产权案件管辖规定和最高人民法院关于知识产权法院案件管辖规定，侵害植物新品种权纠纷案件一般由省会市中级人民法院、专门的知识产权法院及最高人民法院确定的可以审理植物新品种纠纷案件的部分地级市中级人民法院这三类法院管辖。

52. 具备起诉侵害植物新品种权纠纷的诉讼主体有哪些？

答：植物新品种权所有人或者利害关系人是法律规定的适格原告。这里的品种权所有人或利害关系人可以是自然人、法人或其他组织，只要符合民事主体身份要件，符合民事诉讼法规定的起诉要件，均可成为侵害植物新品种权纠纷案的诉讼主体。

依据《最高人民法院关于审理侵害植物新品种权纠纷案件具体应用法律问题的若干规定》第一条的规定，可以依法向人民法院提起诉讼的主体是，认为植物新品种权受到侵害的植物新品种权所有人或者利害关系人。

该规定所称利害关系人，包括植物新品种实施许可合同的被许可人、品种权财产权利的合法继承人等。

其中，植物新品种权所有人即品种权人可以依法单独提起诉讼，实施许可的被许可人根据权利不同，提起诉讼的诉讼资格也不同。

被许可人根据许可方式的不同又分为独占实施许可的被许可人、排他实施许可的被许可人和普通实施许可的被许可人。

独占实施许可合同的被许可人依法可以单独向人民法院提起诉讼；排他实施许可合同的被许可人可以和品种权人共同起诉，也可以在品种权人不起诉时，自行提起诉讼；普通实施许可合同的被许可人必须经品种权人明确授权，才可以提起诉讼。

53. 受理植物新品种纠纷案件的管辖法院有哪些？有何规定？

答：依据《最高人民法院关于审理植物新品种纠纷案件若干问题的解释》第三条的规定，植物新品种申请驳回复审、植物新品种权无效、植物新品种权更名行政纠纷、植物新品种权强制许可和植物新品种权实施强制许可使用费纠纷案件由北京知识产权法院作为第一审人民法院审理。植物新品种申请权和品种权权属纠纷案件，植物新品种申请权和品种权转让合同纠纷案件，侵害和假冒他人植物新品种权纠纷案件，植物新品种培育人署名权纠纷案件，植物新品种临时保护期使用费纠纷案件，植物新品种行政处罚、行政复议、行政赔偿和行政奖励纠纷案件，其他植物新品种权纠纷等十三类案件，由知识产权法院，各省、自治区、直辖市人民政府所在地和最高人民法院指定的中级人民法院作为第一审人民法院审理。

当事人对植物新品种纠纷民事、行政案件第一审判决、裁定不服，提起上诉的，由最高人民法院审理。

根据最高人民法院相关批复文件并参照最高人民法院知识产权法庭网站“法庭介绍”下面的“管辖分布”栏信息①，截至 2022 年 3 月 1 日，发生在我国大陆行政辖区的植物新品种纠纷第一审知识产权民事、行政案件管辖法院及联系方式如下：

---

① 参见最高人民法院知识产权法庭网站：https：//ipc. court. gov. cn/zh-cn/news/more-2-28. html。

一、北京市
北京知识产权法院统一管辖发生在北京市辖区的植物新品种纠纷第一审知识产权民事、行政案件 联系电话：010-12368；010-89082000 地址：北京市海淀区彰化路 18 号
二、天津市
天津知识产权法庭统一管辖发生在天津市辖区的植物新品种纠纷第一审知识产权民事案件 联系电话：022-84969155 地址：天津市空港经济区含章路 16 号
三、河北省
（1）石家庄市中级人民法院管辖河北省石家庄市、邯郸市、邢台市、沧州市、衡水市辖区内植物新品种纠纷第一审知识产权民事、行政案件 联系电话：0311-85187161 地址：河北省石家庄市新华区北二环西路 191 号
（2）河北雄安新区中级人民法院管辖本辖区及河北省保定市、廊坊市、秦皇岛市、唐山市、张家口市、承德市辖区内植物新品种第一审知识产权民事、行政案件 联系电话：0312-6098827 地址河北雄安新区容城县容城镇容美路 48 号
四、山西省
太原市中级人民法院统一管辖发生在山西省内的植物新品种纠纷第一审知识产权民事案件 联系电话：0351-7667676 地址：山西省太原市万柏林区新晋祠路 211 号
五、内蒙古自治区
呼和浩特市中级人民法院统一管辖发生在内蒙古自治区辖区内的植物新品种纠纷第一审知识产权民事案件 联系电话：0471-4502806；0471-4502823 地址：内蒙古自治区呼和浩特市赛汗区金桥开发区世纪四路
六、辽宁省
（1）沈阳市中级人民法院管辖发生在沈阳市、抚顺市、本溪市、锦州市、阜新市、铁岭市、朝阳市、葫芦岛市辖区内的植物新品种纠纷第一审知识产权民事案件 联系电话：024-22763719；024-22763294 地址：辽宁省沈阳市沈河区市府大路 268 号

续表

（2）大连市中级人民法院管辖发生在大连市、鞍山市、丹东市、营口市、辽阳市、盘锦市辖区内的植物新品种纠纷第一审知识产权民事案件 联系电话：0411-83723320 地址：辽宁省大连市西岗区人民广场2号
七、吉林省
长春知识产权法庭统一管辖发生在吉林省内的植物新品种纠纷第一审知识产权民事案件 联系电话：0431-88558333 地址：吉林省长春市南关区超达路3999号
八、黑龙江省
哈尔滨市中级人民法院统一管辖发生在黑龙江省内的植物新品种纠纷第一审知识产权民事案件 联系电话：0451-82376580 地址：黑龙江省哈尔滨市南岗区长江路81号
九、上海市
上海知识产权法院统一管辖发生在上海市辖区的植物新品种纠纷第一审知识产权民事案件 联系电话：021-58951988 地址：上海市浦东新区张衡路988号
十、江苏省
（1）南京知识产权法庭管辖发生在南京市、镇江市、扬州市、泰州市、盐城市、淮安市辖区内的植物新品种纠纷第一审知识产权民事案件 联系电话：025-83522456 地址：江苏省南京市鼓楼区凤凰西街152-1号
（2）苏州知识产权法庭管辖发生在苏州市、常州市、南通市辖区内的植物新品种纠纷第一审知识产权民事案件 联系电话：0512-68553902 地址：江苏省苏州市高新区科技城科普路36号
（3）无锡知识产权法庭管辖发生在无锡市辖区的植物新品种纠纷第一审知识产权民事案件 联系电话：0510-82226606 地址：江苏省无锡市崇宁路50号
（4）徐州知识产权法庭管辖发生在徐州市、宿迁市、连云港市辖区内植物新品种纠纷第一审知识产民事案件 联系电话：0516-85952012 地址：江苏省徐州市泉山区淮海西路第416号

续表

十一、浙江省
（1）杭州知识产权法庭管辖发生在杭州市、湖州市、衢州市辖区内的植物新品种纠纷第一审知识产权民事案件 联系电话：0571-87393497 地址：浙江省杭州市上城区鲲鹏路 52 号 邮寄地址：浙江省杭州市上城区之江路 768 号
（2）宁波知识产权法庭管辖发生在宁波市、嘉兴市、绍兴市、台州市、舟山市辖区内的植物新品种纠纷第一审知识产权民事案件 联系电话：0574-87009094 地址：浙江省宁波市鄞州区兴宁东路 568 号
（3）温州知识产权法庭管辖发生在温州市、金华市、丽水市辖区内的植物新品种纠纷第一审知识产权民事案件 联系电话：0577-88018665 地址：浙江省温州市市府路 512 号
十二、安徽省
合肥知识产权法庭统一管辖发生在安徽省内的植物新品种纠纷第一审知识产权民事案件 联系电话：0551-62310077 地址：安徽省合肥市包河区东流路 868 号附近
十三、福建省
（1）福州知识产权法庭管辖发生在福建省福州市、南平市、宁德市、莆田市、三明市和平潭综合试验区辖区内统一管辖发生在福建省内的植物新品种纠纷第一审知识产权民事案件 联系电话：0591-87073008 地址：福建省福州市鼓楼区江滨西大道 58 号 14-15 层
（2）厦门知识产权法庭域管辖发生在福建省厦门市、泉州市、漳州市、龙岩市辖区内的植物新品种纠纷第一审知识产权民事案件 联系电话：0592-5302091；0592-5302092 地址：福建省厦门市湖里区象兴一路 15 号
十四、江西省
（1）南昌知识产权法庭管辖发生在江西省南昌市、抚州市、吉安市、宜春市、赣州市、新余市、萍乡市辖区内的植物新品种纠纷第一审知识产权民事案件 联系电话：0791-88162695 地址：江西省南昌市北京东路 1858 号

续表

（2）景德镇知识产权法庭管辖发生在江西省景德镇市、九江市、鹰潭市、上饶市辖区内的植物新品种纠纷第一审知识产权民事案件 联系电话：0798-8388788 地址：江西省景德镇市紫晶路159号
十五、山东省
（1）济南知识产权法庭管辖发生在济南市、淄博市、枣庄市、济宁市、泰安市、莱芜市、滨州市、德州市、聊城市、临沂市、菏泽市辖区内的植物新品种纠纷第一审知识产权民事案件 联系电话：0531-89256394 地址：山东省济南市市中区经二路1号
（2）青岛知识产权法庭管辖发生在青岛市、东营市、烟台市、潍坊市、威海市、日照市辖区内的植物新品种纠纷第一审知识产权民事案件 联系电话：0532-83098841 地址：山东省青岛市崂山区东海东路99号
十六、河南省
郑州知识产权法庭统一管辖发生在河南省内的植物新品种纠纷第一审知识产权民事案件 联系电话：0371-86567675 地址：河南省郑州市白佛路与明理路交叉口
十七、湖北省
武汉知识产权审判庭统一管辖发生在湖北省内的植物新品种纠纷第一审知识产权民事案件 联系电话：027-87698588 地址：湖北省武汉市东湖新技术开发区光谷资本大厦2楼
十八、湖南省
长沙知识产权法庭统一管辖发生在湖南省内的植物新品种纠纷第一审知识产权民事案件 联系电话：0731-85798381 地址：湖南省长沙市岳麓区梅溪湖街道梅溪湖路南81号梅溪湖智城数控中心
十九、广东省
（1）广州知识产权法院管辖发生在广东省内（深圳市除外）的植物新品种纠纷第一审知识产权民事案件 联系电话：020-62932300 地址：广东省广州市黄埔区开创大道2662号 官网：http：//www. gipc. gov. cn/ 官方微信：广州知产院

续表

（2）深圳知识产权法庭管辖发生在深圳市辖区内的植物新品种纠纷第一审知识产权民事案件 联系电话：0755-83535046 地址：深圳市南山区前湾一路与怡海大道交叉口万科企业公馆
二十、广西壮族自治区
南宁市中级人民法院统一管辖发生在广西壮族自治区辖区内的植物新品种纠纷第一审知识产权民事案件 联系电话：0771-5679158 地址：广西壮族自治区南宁市竹溪大道 88 号
二十一、海南省
海南自贸港知识产权法院统一管辖发生在海南省内的植物新品种纠纷第一审知识产权民事案件 联系电话：0898-36689588 地址：海南省海口市龙华区正义路 8 号
二十二、重庆市
重庆知识产权法庭管辖发生在重庆市辖区内的植物新品种纠纷第一审知识产权民事案件 联系电话：023-67679000 地址：重庆市渝北区龙塔街道黄泥磅紫薇支路 36 号
二十三、四川省
成都知识产权审判庭统一管辖发生在四川省内的植物新品种纠纷第一审知识产权民事案件 联系电话：028-67674320；028-67674367 地址：四川省成都市天府新区煎茶镇兴隆湖湿地公园
二十四、贵州省
贵阳市中级人民法院统一管辖发生在贵州省内的植物新品种纠纷第一审知识产权民事案件 联系电话：0851-85364148 地址：贵州省贵阳市南明区市府路 31 号 邮箱：2943108862@ qq. com
二十五、云南省
昆明市中级人民法院统一管辖发生在云南省内的植物新品种纠纷第一审知识产权民事案件 联系电话：0871-64096879 地址：云南省昆明市西山区滇池路 485 号

续表

二十六、西藏藏族自治区
拉萨市中级人民法院统一管辖发生在西藏藏族自治区辖区内的植物新品种纠纷第一审知识产权民事案件 联系电话：0891-6549715 地址：西藏藏族自治区拉萨市城关区纳金路热嘎曲果路
二十七、陕西省
西安知识产权法庭统一管辖发生在陕西省内的植物新品种纠纷第一审知识产权民事案件 联系电话：029-87658195 地址：陕西省西安市灞桥区国际港务区港务大道 6 号
二十八、甘肃省
兰州知识产权法庭统一管辖发生在甘肃省内的植物新品种纠纷第一审知识产权民事案件 联系电话：0931-8235980 地址：甘肃省兰州市城关区雁南路 279 号兰州科技大市场 13 楼
二十九、青海省
西宁市中级人民法院统一管辖发生在青海省内的植物新品种纠纷第一审知识产权民事案件 联系电话：0971-4119521 地址：青海省西宁市城东区互助东路 25 号
三十、宁夏回族自治区
银川市中级人民法院统一管辖发生在宁夏回族自治区辖区内的植物新品种纠纷第一审知识产权民事案件 联系电话：0951-6922330 地址：宁夏回族自治区银川市金凤区正源北街人民巷 5 号
三十一、新疆维吾尔自治区
（1）乌鲁木齐知识产权法庭统一管辖发生在新疆维吾尔自治区辖区内的植物新品种纠纷第一审知识产权民事案件 联系电话：0991-4687639 地址：新疆维吾尔自治区乌鲁木齐市水磨沟区南湖东路南一巷 26 号
（2）新疆生产建设兵团农八师中级人民法院统一管辖发生在新疆生产建设兵团农八师、农四师、农五师、农七师、农十师辖区内的植物新品种纠纷第一审知识产权民事案件 联系电话：0993-2915091 地址：新疆维吾尔自治区石河子市 40 小区北三路 97 号

续表

（3）新疆生产建设兵团农十二师中级人民法院统一管辖发生在新疆生产建设兵团农十二师、农一师、农二师、农三师、农六师、农十三师、农十四师、建工师辖区内，以及发生在乌鲁木齐市城区范围内的符合《关于新疆生产建设兵团人民法院案件管辖权问题的若干规定》的植物新品种纠纷第一审知识产权民事案件 联系电话：0991-3778907 地址：新疆维吾尔自治区乌鲁木齐市新市区百园路439号

2018年10月26日，第十三届全国人民代表大会常务委员会第六次会议通过《全国人民代表大会常务委员会关于专利等知识产权案件诉讼程序若干问题的决定》，根据该决定，对涉及植物新品种纠纷知识产权民事和行政案件第一审判决、裁定不服，提起上诉的，以及再审案件，由最高人民法院审理。

附：

全国人民代表大会常务委员会关于专利等知识产权案件诉讼程序若干问题的决定

为了统一知识产权案件裁判标准，进一步加强知识产权司法保护，优化科技创新法治环境，加快实施创新驱动发展战略，特作如下决定：

一、当事人对发明专利、实用新型专利、植物新品种、集成电路布图设计、技术秘密、计算机软件、垄断等专业技术性较强的知识产权民事案件第一审判决、裁定不服，提起上诉的，由最高人民法院审理。

二、当事人对专利、植物新品种、集成电路布图设计、技术秘密、计算机软件、垄断等专业技术性较强的知识产权行政案件第一审判决、裁定不服，提起上诉的，由最高人民法院审理。

三、对已经发生法律效力的上述案件第一审判决、裁定、调解书，依法申请再审、抗诉等，适用审判监督程序的，由最高人民法院审理。最高人民法院也可以依法指令下级人民法院再审。

四、本决定施行满三年，最高人民法院应当向全国人民代表大会常务委员会报告本决定的实施情况。

五、本决定自2019年1月1日起施行。

54. 如何认定构成侵害植物新品种权？

答：依据《最高人民法院关于审理侵害植物新品种权纠纷案件具体应用法律问题的若干规定》第二条的规定，未经品种权人许可，生产、繁殖或者销售授权品种的繁殖材料，或者为商业目的将授权品种的繁殖材料重复使用于生产另一品种的繁殖材料的，人民法院应当认定为侵害植物新品种权。

被诉侵权物的特征、特性与授权品种的特征、特性相同，或者特征、特性的不同是因非遗传变异所致的，人民法院一般应当认定被诉侵权物属于生产、繁殖或者销售授权品种的繁殖材料。

被诉侵权人重复以授权品种的繁殖材料为亲本与其他亲本另行繁殖的，人民法院一般应当认定属于为商业目的将授权品种的繁殖材料重复使用于生产另一品种的繁殖材料。

根据上述规定，判定品种构成侵权，主要是判定被诉侵权物的特征、特性与授权品种的特征、特性相同，或者特征、特性的不同是因非遗传变异所致的，即要证明被诉侵权物与授权品种的同一性。而判定两个品种是否具有同一性的主要技术支撑是 DNA 室内分子鉴定和田间表型种植鉴定，通过鉴定来验证品种身份的真实性、同一性及特异性，从而进一步认定是否构成侵害植物新品种权。

55. 使用享有植物新品种权的品种有哪些豁免情形？

答：植物新品种权属于知识产权，也是一项民事权利，其私权的属性决定了在利用、转让、许可等时必须取得权利所有人的许可，否则可能会涉及侵权。毕竟知识产权是科技发展的成果，其作用和价值是要扩大和提升技术的创新，所以不应该过多地去限制权利的使用。为了更好地促进创新，让授权品种发挥更大的技术成果和应用价值，《种子法》明确在两种情形下允许使用他人的授权品种：一是在品种的选育科学研究中可以合理使用他人的授权品种，即科研豁免；二是农民可以自繁自用授权品种的繁殖材料。

《种子法》第二十九条规定："在下列情况下使用授权品种的，可以不经植物新品种权所有人许可，不向其支付使用费，但不得侵犯植物新品种权所有人依照本法、有关法律、行政法规享有的其他权利：（一）利用授权品种进行育种及其他科研活动；（二）农民自繁自用授权品种的繁殖材料。"

为了避免和防止私繁乱制引发侵权，这里对农民的定义有进一步的解释和限制。2019 年 1 月 4 日，农业农村部办公厅发布的《农业农村部办公厅关于种子法有关条款适用的意见》对《种子法》第二十九条第二项所称"农民"的解释是以家庭联产承包责任制的形式签订农村土地承包合同的农民个人。农民专业合作社、家庭农场等新型农业生产经营主体使用授权品种的繁殖材料用于生产的，不属于农民自繁自用，应当取得植物新品种权人的许可。

《最高人民法院关于审理侵害植物新品种权纠纷案件具体应用法律问题的若干规定（二）》第十一条，对《种子法》规定的科研豁免例外作出了进一步解释："被诉侵权人主张对授权品种进行的下列生产、繁殖行为属于科研活动的，人民法院应予支持：（一）利用授权品种培育新品种；（二）利用授权品种培育形成新品种后，为品种权申请、品种审定、品种登记需要而重复利用授权品种的繁殖材料。"

56. 侵害植物新品种权应承担哪些法律责任？

答：如果涉及侵害了他人的植物新品种权，势必要承担法律责任，具体视侵权行为的不同情形及严重程度而定，包括：（1）承担停止侵害、赔偿损失的民事责任；（2）承担被责令停止违法行为、没收违法所得和种子、罚款、甚至吊销生产经营许可证的行政责任；（3）侵权行为严重、性质恶劣、造成严重后果，构成犯罪的，应承担刑事处罚责任。

57. 侵害植物新品种权有哪些惩罚性赔偿规定可以适用？

答：有关侵害植物新品种权适用惩罚性赔偿的规定，主要如下：

一是《民法典》专门设定了惩罚性赔偿条款。如《民法典》第一千一百八十五条规定："故意侵害他人知识产权，情节严重的，被侵权人有权请求相应的惩罚性赔偿。"

二是2021年修改的《种子法》设定并提高了惩罚性赔偿的基数倍数。如《种子法》第七十二条第三款规定："侵犯植物新品种权的赔偿数额按照权利人因被侵权所受到的实际损失确定；实际损失难以确定的，可以按照侵权人因侵权所获得的利益确定。权利人的损失或者侵权人获得的利益难以确定的，可以参照该植物新品种权许可使用费的倍数合理确定。故意侵犯植物新品种权，情节严重的，可以在按照上述方法确定数额的一倍以上五倍以下确定赔偿数额。"

三是有关司法解释进一步阐释和规定了惩罚性赔偿的适用情形。

其一，《最高人民法院关于审理侵害植物新品种权纠纷案件具体应用法律问题的若干规定》第六条是关于适用侵权赔偿责任的条款，该条第一款规定："人民法院审理侵害植物新品种权纠纷案件，应当依照民法典第一百七十九条、第一千一百八十五条和种子法第七十三条①的规定，结合案件具体情况，判决侵权人承担停止侵害、赔偿损失等民事责任。"

其二，《最高人民法院关于审理侵害植物新品种权纠纷案件具体应用法律问题的若干规定（二）》第十七条是关于适用惩罚性赔偿情节的认定情形的条款，该条规定："除有关法律和司法解释规定的情形以外，以下情形也可以认定为侵权行为情节严重：（一）因侵权被行政处罚或者法院裁判承担责任后，再次实施相同或者类似侵权行为；（二）以侵害品种权为业；（三）伪造品种权证书；（四）以无标识、标签的包装销售授权品种；（五）违反种子法第七

① 2021年新修改的《种子法》已调整为第七十二条。

十七条[①]第一款第一项、第二项、第四项的规定；（六）拒不提供被诉侵权物的生产、繁殖、销售和储存地点。存在前款第一项至第五项情形的，在依法适用惩罚性赔偿时可以按照计算基数的二倍以上确定惩罚性赔偿数额。”

其三，《最高人民法院关于审理侵害知识产权民事案件适用惩罚性赔偿的解释》是为正确实施知识产权惩罚性赔偿制度，依法惩处严重侵害知识产权行为，全面加强知识产权保护而制定的关于侵害知识产权民事案件适用惩罚性赔偿的专门司法解释。

58. 侵害植物新品种权的赔偿依据有哪些？

答：根据《种子法》和相关司法解释的规定，侵害植物新品种权案件的赔偿数额按照以下四个方面进行确定：

一是权利人所受损失。即按照权利人因被侵权所受的实际损失确定。

二是侵权所获得利益。即权利人的实际损失难以确定的，按照侵权人因侵权所获得的利益确定。

三是参照许可使用费的倍数。即权利人的损失或者侵权人获得的利益难以确定的，可以参照该植物新品种权许可使用费的倍数合理确定。

如果侵犯植物新品种权，情节严重的，可以按照通过上述 3 种方法确定数额的 1 倍以上 5 倍以下确定赔偿数额。

四是法定赔偿。即权利人的损失、侵权人获得的利益和植物新品种权许可使用费均难以确定的，人民法院可以综合考虑侵权类型、侵权行为性质、情节、侵权期间、后果、品种权许可费、许可的种类、时间、范围及维权合理开支等因素，确定给予 500 万元以下的赔偿。

值得注意的是，2021 年新修改的《种子法》第七十三条规定，无论按照哪种方式确定赔偿数额，其赔偿数额均应包括权利人为制止侵权行为所支付

---

① 2021 年新修改的《种子法》已调整为第七十六条，主要是指无证生产、弄虚作假、伪造变造租借生产证情形。

的合理开支。品种权人依法向人民法院主张权利时，可在诉讼请求中一并提出。

59. 种子违法案件中如何认定违法所得和货值金额？

答：《种子法》第九章“法律责任”第七十二条、第七十四条至第七十八条等条款中，均涉及没收违法所得和按照货值金额并处罚款的规定。这里的“违法所得”是指违反《种子法》的规定，从事种子生产、经营活动所取得的销售收入。换句话说，就是按照生产经营的种子数量乘以销售价格所得的全部销售额来计算。

“货值金额”的认定按照原农业部解释是参照《最高人民法院、最高人民检察院关于办理生产、销售伪劣商品刑事案件具体应用法律若干问题的解释》规定，以违法生产、销售的伪劣产品的标价计算；没有标价的，按照同类合格产品的市场中间价格计算；货值金额难以确定的，按照国家计划委员会、最高人民法院、最高人民检察院、公安部 1997 年 4 月 22 日联合发布的《扣押、追缴、没收物品估价管理办法》的规定，委托指定的估价机构确定。

《种子法》中所提到的“违法所得”与市场监督管理部门执法中对违法案件行政处罚时认定“违法所得”的思路存在差异。

2008 年 11 月 21 日原国家工商行政管理总局公布的《工商行政管理机关行政处罚案件违法所得认定办法》和 2021 年 12 月 6 日国家市场监督管理总局公布的《市场监督管理行政处罚案件违法所得认定办法（征求意见稿）》规定，以当事人因实施违法行为所取得的全部款项扣除直接用于生产经营活动的必需支出，为违法所得。《国家知识产权局关于商标侵权案件中违法所得法律适用问题的批复》的规定与农业领域中认定“违法所得”的计算方式也略有不同。

附：

农业部办公厅关于认定种子违法案件中违法所得和货值金额的复函

（农办政函〔2017〕4 号）

《国家级种子基地（张掖）管理协调领导小组办公室关于确认违法“货值

金额"的请示》（国张种管办〔2016〕6号）收悉。经研究，现答复如下。

一、关于违法所得的认定问题

种子违法案件中的"违法所得"，是指违反《中华人民共和国种子法》的规定，从事种子生产、经营活动所取得的销售收入。

二、关于货值金额的认定问题

根据《最高人民法院、最高人民检察院关于办理销售伪劣商品刑事案件具体应用法律若干问题的解释》（法释〔2001〕10号）第二条第三款的规定，货值金额以违法生产、销售的伪劣产品的标价计算；没有标价的，按照同类合格产品的市场中间价格计算；货值金额难以确定的，按照国家计划委员会、最高人民法院、最高人民检察院、公安部1997年4月22日联合发布的《扣押、追缴、没收物品估价管理办法》的规定，委托指定的估价机构确定。

农业部办公厅

2017年1月17日

国家知识产权局关于商标侵权案件中违法所得法律适用问题的批复

国知发保函字〔2021〕206号

湖南省知识产权局：

《关于请求明确商标侵权行政处罚案件中违法所得法律适用问题的请示》收悉。经研究，现批复如下：

一、关于商标侵权案件中"违法所得"法律适用问题

2021年7月15日施行的《中华人民共和国行政处罚法》（以下简称《行政处罚法》）第二十八条第二款规定："当事人有违法所得，除依法应当退赔的外，应当予以没收……"该规定适用于负责商标执法的部门查处商标侵权案件。对于商标侵权案件，商标法除了规定"没收、销毁侵权商品和主要用于制造商品、伪造注册商标标识的工具"外，同时规定了"罚款"的行政处罚，负责商标执法的部门应当遵循过罚相当原则，综合考虑具体案情，实施没收违法所得、罚款的处罚。

二、关于商标侵权案件中“违法所得计算方式”法律适用问题

《行政处罚法》第二十八条第二款规定：“……法律、行政法规、部门规章对违法所得的计算另有规定的，从其规定。”现行有效的《工商行政管理机关行政处罚案件违法所得认定办法》第二条规定：“工商行政管理机关认定违法所得的基本原则是：以当事人违法生产、销售商品或者提供服务所获得的全部收入扣除当事人直接用于经营活动的适当的合理的支出，为违法所得”，该规定可以理解为对《行政处罚法》第二十八条关于计算方式的细化，适用于负责商标执法的部门在查处商标侵权案件中确定违法所得。

特此批复。

国家知识产权局

2021 年 12 月 14 日

第五节　实质性派生品种

60. 什么是原始品种？什么是实质性派生品种？实质性派生品种应具备哪些条件？

答：原始品种较易理解，最先完成培育并获授权的新品种即原始品种。

关于建立实质性派生品种制度，理论界、实务界和种子行业呼吁多年，一直是种业知识产权保护的关注点和热点。值得庆幸的是，2021 年 12 月 24 日第十三届全国人民代表大会常务委员会第三十二次会议通过《关于修改〈中华人民共和国种子法〉的决定》，建立了实质性派生品种制度，真是“千呼万唤始出来”。

实质性派生品种即 EDV，我国 2021 年修改的《种子法》第九十条第十项对其进行了定义，是指由原始品种实质性派生，或者由该原始品种的实质性派生品种派生出来的品种，与原始品种有明显区别，并且除派生引起的性状差异外，在

表达由原始品种基因型或者基因型组合产生的基本性状方面与原始品种相同。

例如，有 A、B、C、D 四个品种，关系如下图所示：

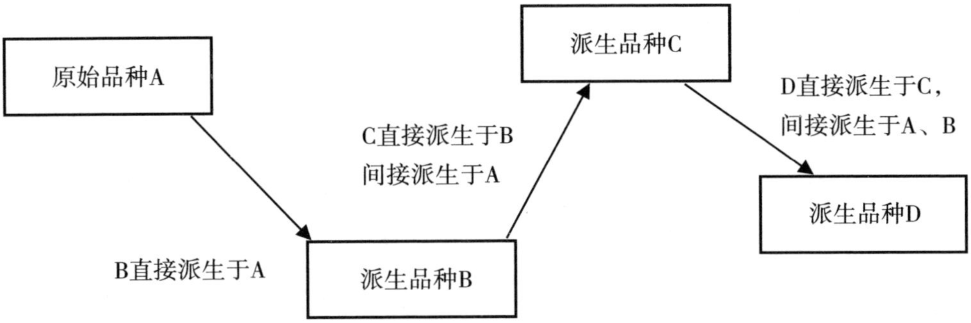

那么，A 不能实质性派生于其他任何品种，它是 B、C、D 的原始品种，且是四个品种的唯一原始品种。经 A 授权且在有效期内，才能对 B、C、D 享有权利。B、C、D 均具有特异性，系三个新品种，且是对 A 的简单修饰，才能成为 A 的实质性派生品种。从示例可知，原始品种只有一个，而实质性派生品种可以多个。

根据 UPOV 公约 1991 年文本的定义，实质性派生品种应具备以下条件：

（1）主要从原始品种派生而来，或主要从原始品种派生的品种再派生而来，且保留了受原始品种基因型或基因型组合控制的基本性状表达；

（2）与原始品种有明显区别；

（3）除派生过程产生的差异外，受原始品种的基因型或基因型组合控制的基本性状的表达与原始品种相同。

我国在 2021 年修改《种子法》时建立了实质性派生品种制度，与 UPOV 公约 1991 年文本成员国相比虽然滞后，但是毕竟向前迈出了一大步。

61. 实质性派生品种能申请植物新品种权保护吗？如何进行判定？

答：实质性派生品种本身是一个新品种，只是对授权的原始品种进行简单修饰而育成的衍生品种。在符合植物新品种授权条件下，可以申请植物新品种权保护，且不需要征得原始品种的品种权人许可。但是如果实质性派生品种的品种权人要对该品种实施开发，实施了生产、繁殖和为繁殖而进行处理、许诺销售、销售、进口、出口，以及为实施上述行为储存等行为的，根据《种子法》第二十八条第四款的规定，应当征得原始品种的植物新品种权所有人的同意。否则，原始品种的权利人可以向实质性派生品种的实施者主张权利，要求支付费用或赔偿损失。

关于对实质性派生品种如何判定，《种子法》作出了授权性规定。《种子法》第二十八条第五款规定，实质性派生品种制度的实施步骤和办法由国务院规定。实际上为修订《植物新品种保护条例》提供了上位法支撑。至于判定方法，有关部门尚未发布，预计在《植物新品种保护条例》修订后会配套发布相应的判定指南。2020 年，农业农村部组织水稻良种联合攻关组，在 36 家单位试点实质性派生品种制度，约定遗传相似度阈值为 92%，大于 92%即为实质性派生品种。从国际保护来看，如国际种子联盟（ISF）在 2004 年和 2007 年发布的《实质性派生品种判定准则》，对生菜、棉花、玉米、油菜的实质性派生品种判定标准分别规定为遗传相似系数大于等于 96%、87.5%、82%和 85%。另外，在认定机构上，大多数国家并未指定机构来认定授权品种是否为另一品种的实质性派生品种，一般是由原始品种的权利人或其指定的代理人负有举证责任，指控授权品种是实质性派生品种，若产生争议，由法院作出裁判。

第六节 国际植物新品种保护

本节主要介绍植物新品种的国际保护，以及美国、欧盟、日本在植物新品种保护方面的模式与制度。

62. 与植物品种保护相关的国际公约主要有哪些？

答：要说植物品种的国际保护，最主要的国际公约非 UPOV 公约莫属，但它不是唯一的国际公约，还有其他国际公约或条约、协议。简要介绍如下：

一是1961年在巴黎签订通过的UPOV公约。该公约最初是欧洲主要国家为寻求解决植物育种创新私权保护之路而设立的专门保护制度。该公约具有广泛的国际影响力，已成为国际植物新品种保护的最主要公约，截至2021年年底已有78个成员国加入公约。该公约自1961年制定以来先后经历了三次修订，分别形成了UPOV公约1972年文本、UPOV公约1978年文本和UPOV公约1991年文本，世界主要发达国家目前大多执行UPOV公约1991年文本，我国于1999年加入该公约，执行的是UPOV公约1978年文本。

二是1994年达成的《与贸易有关的知识产权协定》（又称TRIPS协议）。TRIPS协议第二十七条第三款（b）项规定，各成员可以拒绝对除微生物外的植物和动物，以及除非生物和微生物外的生产动物和植物的主要生物方法授予专利权。但是，各成员应规定通过专利或一种有效的特殊制度或通过这两者的组合来保护植物品种。也就是说，成员国有义务通过专利或有效的专门制度或两者相结合的方式，来保护植物新品种。

三是1992年联合国环境大会通过的《生物多样性公约》。该公约是世界上第一部有关生物资源可持续利用与全面保护的全球多边环境协议，旨在保护生物的多样性和实现生物资源的可持续利用，规定遗传资源国家主权原则、事先知情同意原则和利益分享原则等。

四是2001年通过的《联合国粮农组织保护植物资源相关条约》。该公约与知识产权相关的涉及植物遗传资源的主要两个规定是关于农民权利及获取和利益分享多变系统的。其中农民权利是指源于过去、现在和将来，农民在保护、改进和取得遗传资源中，特别是原产地中心或多样中心的遗传资源所作出的贡献的权利。强调缔约方应采取措施保护和加强农民的权利。在获取和惠益分享多变机制方面，公约承认各国对本国粮食和农业植物遗传资源的主权，包括承认决定获取资源的权力来源于各国政府，同时提出建立多边系统，以方便获取粮食和农业遗传资源，并在互补基础上公平分享利用这些资源所获取的利益。

63. UPOV 公约 1978 年文本与 1991 年文本的主要区别有哪些？

答：国际植物新品种保护联盟（简称 UPOV）是一个政府间国际组织，总部设在瑞士日内瓦。该联盟是依据 UPOV 公约建立的。UPOV 公约于 1961 年 11 月由比利时、法国、联邦德国、意大利和荷兰在巴黎签署，1968 年生效并分别于 1972 年、1978 年和 1991 年在日内瓦经历 3 次修订，分别形成了 1972 年文本、1978 年文本和 1991 年文本三个不同文本。目前，在国际上通行的主要是 1978 年文本和 1991 年文本，中国于 1999 年 4 月 23 日正式加入 UPOV 公约 1978 年文本，成为 UPOV 第 39 个成员国。

UPOV 公约 1991 年文本比 1978 年文本更严格地保护育种者的权利。如 1978 年文本允许农民保留种子再次播种，可以自繁自用；1991 年文本却严格地限制农民的这种特权，将育种者的权利延伸至收获的材料。1991 年文本还将育种者的权利扩大到禁止侵权品种进出口。1991 年文本较 1978 年文本的实质区别包括保护形式不同、强调品种的基因型或基因型组合的特征、受保护植物品种范围扩大、品种权保护权能拓宽、品种权保护期延长、保护实质性派生品种、限制农民特权等方面。具体区别如下表：

序号	内容	UPOV 公约 1978 年文本	UPOV 公约 1991 年文本
1	“品种”的定义	无“品种”定义	“植物品种”定义更加明确，系指已知植物最低分类单元中单一的植物群
2	双重保护	植物品种双重保护禁止	双重保护不禁止
3	受保护的属或种数量	自加入公约时至少保护 5 个属或种。随后，在不同年限应对更多的属或种实施本公约的规定：（1）3 年内至少有 10 个属或种；（2）6 年内至少有 18 个属或种；（3）8 年内至少有 24 个属或种	一切植物的属或种：（1）已加入其他文本的，自受 1991 年文本约束之日起，5 年内适用于所有植物属和种；（2）直接加入 1991 年文本的缔约方，自受本公约约束之日起，至少适用于 15 个植物属和种；最迟自上述之日起至 10 年期满时，适用于所有植物属和种

续表

序号	内容	UPOV 公约 1978 年文本	UPOV 公约 1991 年文本
4	受保护的权利范围及保护的环节	受保护的权利范围是以商业为目的的生产、销售受品种权保护的繁殖材料 保护权利的环节主要是生产、销售、繁殖权利	权利保护范围除了繁殖材料外，还包括收获材料或收获材料的直接制成品。权利保护环节也进行了扩展，除了例外情况，涉及受保护品种繁殖材料的下列活动需要育种者授权： （1）生产或繁殖； （2）为繁殖而进行的种子处理； （3）提供销售； （4）售出或其他市场销售； （5）出口； （6）进口； （7）用于上述（1）至（6）项目的的原种制作
5	保护期限	保护期限不少于 15 年，藤本植物、林木、果树和观赏植物及其砧木，保护期限为 18 年	自授予育种者权利之日起不少于 20 年，对于树木和藤本植物，该期限应自所述之日起不少于 25 年
6	派生品种	不受保护	受同样保护
7	农民特权	允许农民自繁自用，合理使用，不需经育种者授权	属于非强制性例外，允许农民用自种自收

64. 美国对植物新品种的保护模式是什么？有哪些法律规定？

答： 国际植物新品种保护的模式主要有一元式、二元式和三元式，美国的植物新品种保护发展较早，采用专门立法和专利法相结合方式实施保护，即在同一国家，针对不同植物新品种的繁殖方式采取了由专利局管理和由农业部领导下进行植物新品种保护的混合管理。依据美国的有关法律规定，与植物品种有关的“发明”可以通过植物专利法、植物品种保护法和植物发明专利三种途径来保护，一般将美国植物新品种的保护模式称为“双重保护”或“三足鼎立”。

（1）植物专利法保护。美国的“植物专利法”是指美国《专利法》的第

15 章，最早美国专利法中没有关于植物品种的保护规定。1930 年，美国国会通过了一个专门的《植物专利法案》，作为对《专利法》的补充，开始对无性繁殖的植物新品种予以保护。因此，美国《植物专利法》不是一部单独的专利法，而是将法案并入专利法，设置了专门的关于无性繁殖材料的保护条款，即美国专利法第 15 章的第 161 条至第 164 条：

第 161 条 植物专利

凡发明或发现并以无性方式繁殖任何显著而新颖的植物品种者，包括培育芽变、变异体、杂种，以及新发现秧苗者，但不包括块茎培育的植物和未培育状态下发现的植物，可以依据本编所规定的条件和要求获得专利。

本编与发明专利有关的规定，应适用于植物专利，除非另有规定。

第 162 条 说明书、权利要求

如果有关的描述是尽可能合情合理的完整，则不得以不符合本卷第 112 条为由宣告任何植物专利为无效。

说明书中的权利要求，应当与所显示和描述之植物的外形有关。

第 163 条 授权

就植物专利的授权来说，应当是有权排除他人无性繁殖植物、销售和使用如此繁殖的植物。

第 164 条 农业部之协助

应（专利）局长之请求，总统可用行政命令指示农业部长，为实施本卷与植物有关的规定而（1）提供农业部掌握的信息，（2）通过该部适当的局或处就某些特定问题进行研究，或者（3）向专利局选派该部的官员和雇员。

（2）植物品种保护法保护。上述“植物专利法”仅仅是对无性繁殖的植物新品种予以保护，未涉及有性繁殖材料。1970 年，美国国会通过了《植物品种保护法》，对培育、开发或发现符合新颖性的有性繁殖材料实施保护。这部法律与“植物专利法案”不同，是一部独立于《专利法》的专门法律，权利的授予由美国的农业部实施，具体由美国农业部所属的植物品种保护局进行审查、管理。由此，这部法律也被纳入了美国法典第 7 编有关农业的部分。如依据美国法典第7编第2402条，以有性繁殖或者块茎繁殖而培育、开发出植物新品种者，可以就该品种申请植物新品种的保护，在符合品种新颖性、显著性、一致性和稳定性特征下，可以获得植物新品种权。同时该法第2483条规定，获得植物新品种保护证书的权利人，享有类似于专利权的独占排他性权利，享有排他的生产、繁殖、销售、许诺销售、进出口及使用新品种的权利。植物品种的保护期限与UPOV公约1991年文本一致，树木和藤本植物是25年，其他植物是20年。

（3）植物发明专利保护。植物品种是否为《专利法》第101条关于发明专利保护客体，在当时的美国引起了不小的争论，涉及三个重要的植物品种专利案件不得不提起。最早是源于美国联邦最高法院在1980年裁决的“查克拉巴蒂”案（焦点是专利局对涉及有生命的微生物体能否获得发明专利保护）。美国联邦最高法院裁定观点认为可专利标的未排除有生命的东西，亦即有生命的生物体是受专利法保护的客体，这为植物发明专利提供了保护路径。1985年的“希伯特”案（焦点是申请人提出玉米种子、植株和组织专利保护的权利要求能否获得专利保护），专利复审委员会驳回了专利审查员的答辩，依据“查克拉巴蒂”案的判决，将发明专利的保护客体延伸到了植物、植物种子和植物组织。专利复审委员会认为，虽然《专利法》第101条规定的专利保护客体与具体植物法律的保护客体有重叠，但不能由此而得出结论，这些法律之间存在着不可调和的冲突。大量的案例表明，一种法律形式提供的保护，并不排除依据另一种法律形式提供的保护。到了2001年“先驱者”案（焦点是原告作为一家玉米品种培育公司，拥有数项关于种子的发明专利，起诉被告的制造、使用、销售等行为侵犯了其专利权，而被告则主张原告的专利权无效），历经地方法院、联邦巡回上诉法院和联邦最高法院的判决。联邦最高法院认为《专利法》第101条专利保护的范围具有最广泛的含义，植物发明从一开始就应当属于广义的发明。

事实上，植物发明专利保护的要求和强度要高于植物品种保护，因为发明专利要符合新颖性、创造性和实用性的要求，与植物品种保护的新颖性、特异性、一致性和稳定性特征存有差别。而且发明专利要求申请人必须充分全面描述出相关的发明，具有全面公开性；植物品种保护只要具备特异性、一致性和稳定性，告知血缘谱系和选育方法即可。另外，植物品种保护在监管上允许科研豁免和农民特权的例外，而发明专利则不存在这些例外。

总而言之，美国对植物新品种保护允许植物专利、植物品种保护和发明专利三种保护方式并存，给植物“发明”提供了不同的保护路径，植物新品种培育者可根据不同法律的要求，选择适合的保护方式，建立了较为全面的种业知识产权法律保护体系。笔者认为，美国的模式有利于促进育种创新，保护育种者的利益，但也应该适当考虑到社会公众利益特别是农民利益的保障，所以我国在植物新品种保护思路建设上，应研究、借鉴美国的精华，同时也不得不考量中国的国情。

65. 欧盟对植物新品种的保护有何规定？

答：欧盟植物新品种保护制度体系中，现行有效的保护制度主要有三个主要的条约。

一是 UPOV 公约。该公约的相关情况前文已述及，公约起源于欧洲，是欧洲国家率先制定通过的保护植物新品种的国际条约，赋予育种者植物新品种权，成员国组成国际植物新品种保护联盟，公约有三个重要的文本，目前大多数欧盟国家适用 UPOV 公约 1991 年文本。

二是 TRIPS 协议的规定。TRIPS 协议第二十七条第三款（b）是对植物新品种保护的相关规定。该条规定要求成员国必须采取专利或专门权方式对植物新品种实施保护。欧洲专利公约禁止通过专利保护保护植物新品种，因此，欧盟成员国基本都是通过专门法来保护植物新品种的。

三是《共同体植物品种保护条例》。1994 年 7 月 27 日，欧共体通过了《欧洲共同体植物品种保护条例》，该条例旨在建立共同体统一的植物新品种保护体系，与各成员国国内的植物新品种保护制度并存，依据条例授予的植物新品种权，在共同体范围内具有统一的法律效力。设在法国昂热的欧盟植物品种局（CPVO）是具有独立法人地位的欧共体下属组织。在CPVO成立前，育种者申请植物新品种权需向欧盟成员国提交申请文件；CPVO成立后，育种者只需向欧盟植物品种局提出申请获得批准即可。《欧洲共同体植物品种保护条例》禁止双重保护，因此CPVO授予品种权的效力优先于成员国品种权或专利权。该条例对植物新品种的保护范围包括繁殖材料、收获材料及其直接制成品，除此以外，还对实质性派生品种实施保护，与UPOV公约规定基本上一致。在品种保护期限上，欧共体植物新品种权的保护期限较长，一般为25年，树木和藤本植物品种保护期限为30年，而且欧盟理事会还可以对某些特定种类植物品种再延长5年保护期。

在权利限制方面，《欧洲共同体植物品种保护条例》规定较为详细。比如，将私人非商业行为、为实验目的行为及为了培育、发现或开发其他品种而从事的行为列为侵权例外情形。在农民特权上，允许农民将受保护品种的收获材料用于再种植，如同我国法律规定下的农民自繁自用，同时该条例对农民身份及农民的土地范围作出限制规定，须在农民自己的土地及在自己的控制下，为自己种植而获得品种繁殖材料。区分小型和大型农场主，小型农场主无须付费，而大型农场主需要支付补偿金，但金额明显低于同地区同品种的许可费。

66. 日本对植物新品种的保护有何规定？

答：日本是亚洲最早实行植物新品种保护制度的国家，早在1947年公布的《农业种苗法》中首次确立了品种注册制度和对植物新品种实施保护，但当时的法律规定品种注册保护范围仅限于品质优良的品种，且保护的期限也较短，育种者的权益很难得到有效保护。

受UPOV公约1978年文本影响，日本在1978年颁布《种苗法》，建立了植物新品种保护制度。日本在1982年加入UPOV公约1978文本。为了适应UPOV公约1991年文本的需要，日本于1998年对《种苗法》进行了一次修改，即现行《种苗法》（1998年法律83号），并加入了UPOV公约1991年文本。将植物新品种保护制度进一步扩展到包含先申请者优先制度、拒绝理由通知制度、申请公示制度、新品种权延伸制度、新品种权例外制度等。

随后，日本在2003年、2005年和2007年对现行《种苗法》进行了修订。2003年6月，日本国会通过了种苗法修正案，新的《种苗法》除去附则，由“总则”“品种注册制度”“认定种苗”“罚则”四章共七十五条构成，扩大了保护范围，加大了处罚力度。日本对侵害育种者权利、以欺诈方式获得品质注册、使用假标签以及申报材料造假等行为实行“双重处罚”，即除对有前述违法行为的行为人个人进行处罚外，对其法人单位也按照相应规定处罚，法人单位或个人同犯均罚，而且处罚较我国严厉，涉及种苗的犯罪包括侵权罪、欺诈罪、使用假标签罪、违反保密命令罪等。

近年来，日本越来越重视种苗的保护，为防止国内优良的品种向海外流出，于2020年12月2日通过《种苗法修正案》，并于2021年4月1日起施行新法。从日本公布的禁止带往海外的农产品种苗清单来看，受保护品种涉及1900多个，包括日本选育的老牌优秀品种阳光玫瑰葡萄。此次修法旨在严格保护国内优良农产品品种，对违反国内栽培限定的行为规定了严厉的处罚，如对个人判处10年以下有期徒刑及1000万日元以下的罚款；对法人判处3亿日元以下罚款，并依法追究刑事责任，同时民事赔偿并行。

日本的《种苗法》经过多次修改，每一次的修改都在强化对植物新品种的保护，同时不忘借鉴国际上发达国家植物品种保护制度的先进做法。日本实行品种注册制度，将品种审定和品种保护“二合一”，品种权自品种申请注册起生效，协调了品种审定和品种保护，非常有日本特色，值得学习和研究。

第三章　品种选育、审定与登记

第一节　品种选育

67. 什么是品种选育？

答：品种选育或选育品种是创造新品种的基础和源泉，是育种者利用农作物种质资源，通过科学的方法进行研究，选择和培育出具有符合需要的特征特性品种的一种研发活动。品种选育是新品种落地和新品种推广应用的最前端，也是种子工程中最重要的一环，没有前端的育种工作，就没有繁育、制种、生产经营的延续。

68. 品种选育的技术路径如何？

当前，我国品种选育技术不断攻坚克难，育种方向逐步由传统育种向基因编辑育种、智能设计育种等前沿、高新技术转变。育种机制逐步由单一育种向联合育种、联合攻关转变。《种子法》第十二条规定，“国家支持科研院所及高等院校重点开展育种的基础性、前沿性和应用技术研究以及生物育种技术研究，支持常规作物、主要造林树种育种和无性繁殖材料选育等公益性研究。国家鼓励种子企业充分利用公益性研究成果，培育具有自主知识产权的优良品种；鼓励种子企业与科研院所及高等院校构建技术研发平台，开展主要粮食作物、重要经济作物育种攻关，建立以市场为导向、利益共享、风险共担的产学研相结合的种业技术创新体系”。

技术攻关不断更新，关键技术、关键性状的研究开发和利用，已为开发特色优良品种提供技术支撑，更为种质资源保护发挥出巨大的经济效益和社会作用。如我国的水稻杂交育种居世界领先水平，中国杂交水稻之父、共和国勋章获得者袁隆平先生，一生致力于杂交水稻技术的研究、应用与推广，发明“三系法”籼型杂交水稻，成功研究出“两系法”杂交水稻，创建了超级杂交稻技术体系。让杂交水稻走向世界，其研发成果为解决世界粮食问题作出卓越贡献。

第二节　品种审定与登记

69. 什么是品种审定？品种审定的程序有哪些？

答：品种审定是我国品种管理制度的重要部分。根据《种子法》规定，国家对主要农作物和主要林木实行品种审定制度。在中华人民共和国境内的主要农作物品种和主要林木品种在推广前应当通过国家级或者省级审定。

关于其定义，品种审定是指由国家级或省级农作物品种或林木品种审定委员会对新选育的或新引进的农林植物品种通过品种实验，对品种丰产性、稳产性、适应性、抗逆性进行区域化鉴定，以及进行品质分析、DNA 指纹检测、转基因检测等验证，最终结合实验数据及验证结果来审查和决定申请品种能否推广并确定适宜种植区推广范围的活动行为。换言之，品种审定是指特定审批机关根据申请人的申请，对新选育的品种进行品种实验，按照法定程序进行审查，决定申请品种能否推广并确定推广范围的行政管理制度。

品种审定要经过申请人向国家级或者省级农作物品种审定委员会提出申请，由品种审定委员会办公室作出是否受理决定，进而由全国农业技术推广服务中心或省级种子管理机构组织实施品种实验（包括区域实验、生产实验和

DUS 测试[①]），完成实验程序后向审委会办公室提交实验数据、汇总结果和 DUS 测试报告，再由品种审定委员会进行初审，并在农业主管部门官网公示，最终由品种审定委员会主任委员会审核、通过审定，颁发证书，同级农业主管部门予以公告这一系列程序。

70. 什么是审定公告？审定公告的内容及其意义是什么？

答：公告是法定事项的对外公示、宣布，具有法律效力，如政府、团体对重大事件当众正式公布或者公开宣告、宣布。我国对主要农作物和林木品种不仅实行审定制度，而且对审定通过的品种建立公告制度，具有重要的法律意义。作为品种推广前的市场准入制度，品种通过审定符合依法准予从事特定获得的行政许可行为，属于授予权益的重大事件和法定事项，依法应由政府通过官方平台正式公布、宣告，通过公告宣示品种的市场准入许可行为。

依据《主要农作物品种审定办法》第三十三条的规定，审定通过的品种，由品种审定委员会编号、颁发证书，同级农业农村主管部门公告。并且省级审定的农作物品种在公告前，还应当由省级人民政府农业农村主管部门将品种名称等信息报农业农村部公示，公示期为 15 个工作日。

依据《主要农作物品种审定办法》第三十五条第一款的规定，审定公告内容包括：审定编号、品种名称、申请者、育种者、品种来源、形态特征、生育期（组）、产量、品质、抗逆性、栽培技术要点、适宜种植区域及注意事项等。

通过公告的形式将上述规定的信息公之于众，具有多重意义：一是进一步确认了品种的合法性；二是可以让品种接受社会公众的监督；三是广而告之，可以让广大种植户知晓品种的相关信息，找准适宜、适合种植的品种，进一步确认使用过程中所发生的问题；四是可以达到追溯来源和市场监管的目的；五是依据《种子法》的规定，公告公布的品种名称为该品种的通用名称，任何单

---

① DUS 测试是指对申请保护的植物新品种进行特异性（Distimctness）、一致性（Uniformity）和稳定性（Stabiliby）测试。

位或个人在生产经营推广过程中不得擅自更改该品种的通用名称，且不得使用与该品种名称相同或相近的名称另行申请品种审定或品种保护。因此，品种审定公告具有重要的现实目的和法律意义。

71. 申请审定的品种需具备什么条件？

答：依据《主要农作物品种审定办法》第十二条的规定，申请审定的品种应当具备下列条件：

（1）人工选育或发现并经过改良；

（2）与现有品种（已审定通过或本级品种审定委员会已受理的其他品种）有明显区别；

（3）形态特征和生物学特性一致；

（4）遗传性状稳定；

（5）具有符合《农业植物品种命名规定》的名称；

（6）已完成同一生态类型区 2 个生产周期以上、多点的品种比较实验。

其中，申请国家级品种审定的，稻、小麦、玉米品种比较试验每年不少于 20 个点，棉花、大豆品种比较试验每年不少于 10 个点，或具备省级品种审定试验结果报告；申请省级品种审定的，品种比较试验每年不少于 5 个点。

72. 什么是品种登记制度？

答：为充分释放育种创新活力，根据政府机构简政放权的要求，2015 年在修订《种子法》时，缩小了主要农作物的范围，规定主要农作物只包括稻、小麦、玉米、棉花、大豆 5 种作物，大大减少了审定作物种类，由原来的 28 种减少到了 5 种。2016 年 7 月 8 日，农业部第 4 号令公布《主要农作物品种审定办法》，该办法只对上述 5 种主要农作物进行审定，取消对原来农业部确定的油菜、马铃薯 2 种农作物和各省确定的 1—2 种农作物品种的审定。

《种子法》规定对主要农作物品种建立品种审定制度，同时对非主要农作物品种实行品种登记制度。为了规范非主要农作物品种管理，2017 年制定并施行了《非主要农作物品种登记办法》。该办法第四条规定："列入非主要农作物登记目录的品种，在推广前应当登记。应当登记的农作物品种未经登记的，不得发布广告、推广，不得以登记品种的名义销售。"从品种管理角度，我国对五种主要农作物以外的其他农作物即非主要农作物品种实行附目录登记制度。品种登记管理工作由农业农村部主管，并由其制定和调整非主要农作物登记目录和品种登记指南，建立非主要农作物品种登记信息平台。

73. 品种审定和植物新品种保护有何异同？

答：品种审定和植物新品种保护是我国种业管理的两大重要制度，在我国建立植物新品种保护制度之前，品种管理主要实行的是品种审定制度。审定制度是为保护种子安全、粮食安全和农业安全而采取的一项行政许可管理措施。

关于品种审定和品种保护的关系，很容易混淆，两者既存在着联系，又有着显著区别，可以说是两个独立的制度体系，又存在着交叉。

两者的区别主要体现在以下九个方面。

（1）法律关系不同。品种审定是一项行政许可，是对农作物品种是否符合生产应用和市场推广的准入制度，强调的是行政准入的公权管理。品种保护是审批机关对申请者申请保护的品种是否符合品种特异性、一致性、稳定性、新颖性以及特定命名等条件予以审查批准的保护制度，强调的是民事权利授予的私权保护。

（2）实施机关不同。品种审定实施的主体是国家级或省级农作物品种审定委员会。国务院农业农村、林业和草原行政部门作为审批机关，按照职责分工共同负责植物新品种权申请的受理和审查并对符合《植物新品种保护条例》规定的植物新品种授予植物新品种权。

（3）法律适用不同。品种审定的法律依据是《种子法》《主要农作物品种审定办法》和《主要林木品种审定办法》。品种保护主要适用《植物新品种保护条例》。

（4）实施对象不同。品种审定的农作物或林木品种，依据该类作物的农艺性状和推广价值，并不是所有的植物品种都需要通过审定才可进入市场。以农作物品种为例，只有《种子法》规定的稻、小麦、玉米、棉花、大豆五类主要农作物品种，才需要申报国家或省级农作物品种审定委员会的审定，通过审定方可进行大面积生产应用和市场推广。而非主要农作物品种就不需要经过严格的品种实验等审定程序，只需要通过相对简化的品种登记程序即可入市。品种保护既然作为一项民事权利的授予，囊括了所有的植物品种，只要是国家植物新品种保护名录的植物属或种，申请人提出申请，行政审批机关就要审查是否符合授予条件，而不区分作物的种类。因此，品种保护的对象较品种审定的对象范围更广。

（5）申请程序和效力范围不同。品种审定作为一项严格的市场准入制度，申请者可以单独申请国家级审定或省级审定，也可以同时申请国家级审定和省级审定，还可以同时向几个省、自治区、直辖市申请审定。审定通过的品种存在不同生态适宜区，只能在相应的适宜区推广销售，效力范围受限。而品种保护只能向国家植物新品种保护审批机关即向国家级层面申请保护，一旦获得植物新品种权，则权利范围是全国。

（6）通过条件不同。通过审定的品种不仅要求具备特异性、一致性、稳定性和适当的名称，还要完成同一生态类型区两个生产周期以上、多点的品种比较试验。除此以外，还要提交品种选育报告和转基因检测报告。如果是转基因主要农作物品种申请审定，除了应当提交上述材料外，还应当提供转化体相关信息、转化体所有者许可协议、农业转基因生物安全证书、有检测条件和能力的技术检测机构出具的转基因目标性状与转化体特征特性一致性检测报告，非受体品种育种者申请品种审定的，还应当提供受体品种权人许可或者合作协议。可以说审定程序既严格又复杂。品种保护的授予条件相对于品种审定而言不同，申请品种权的植物新品种除应属于国家植物品种保护名录中列举的植物的属或者种，具备适当的名称、符合新颖性外，被授予品种权的主要决定条件是通过 DUS 测试，即符合品种的特异性、一致性和稳定性。

（7）价值作用或考察指标不同。品种审定着重考察申请品种的丰产性、稳产性、适应性、抗逆性，并通过实验多次验证，其价值作用主要体现在生产利用上，与对照品种相比，能否给农业带来增产、增效经济价值和社会效益。品种保护主要考察申请品种与已知品种相比是否有一个以上性状的明显区别，是否是一个新的品种，不考虑是否生产利用的因素。

（8）保护期限不同。通过审定的品种，只要不存在《主要农作物品种审定办法》第四十四条规定应当撤销审定的情形，就可以无期限地应用于生产推广，直至自然退市。但是，如果使用过程中出现不可克服的严重缺陷及其他应当撤销审定的情形，无论审定时间长短都会被撤销，以免给农业生产造成损失。对于品种权的保护期限，依据现行有效的法律法规规定，自授权之日起，藤本植物、林木、果树和观赏树木为 20 年，其他植物为 15 年。而且品种权到期不可续展，期满即进入公有领域，就是说品种保护是有期限限制的。

（9）权利丧失不同。对于已审定品种，依据《主要农作物品种审定办法》第四十四条的规定，出现如下应当撤销审定的五种情形，即会丧失权利，停止生产、广告、推广、销售：一是在使用过程中出现不可克服严重缺陷的；二是种性严重退化或失去生产利用价值的；三是未按要求提供品种标准样品或者标准样品不真实的；四是以欺骗、伪造试验数据等不正当方式通过审定的；五是农业转基因生物安全证书已过期的。依法公告撤销审定的品种，自撤销审定公告发布之日起停止生产、广告，自撤销审定公告发布一个生产周期后停止推广、销售。而且品种审定委员会认为有必要的，可以决定自撤销审定公告发布之日起停止推广、销售。对于已授予品种权保护的品种，其权利无效或丧失的情形包括：一是品种权保护期限届满；二是在保护期届满前出现终止情形，诸如“品种权人以书面声明放弃品种权的，品种权人未按照审批机关的要求提供检测所需的该授权品种的繁殖材料的，经检测该授权品种不再符合被授予品种权时的特征和特性的”；三是对虽已授予品种权，但植物新品种复审委员会依据职权或者依据任何单位或者个人的书面请求，发现此品种不具备新颖性、特异性、一致性和稳定性的，宣告此品种权无效。依法被宣告无效的品种权视为自始不存在。

除了上述不同之外，品种审定和品种保护也有交叉和联系。品种 DUS 测试是品种审定和品种保护的必经程序，测试报告可以通用，以提高行政审查效率。两者不分先后，但如果一个获得品种权保护的品种，想进一步推向市场得以生产应用，就必须进行品种审定；反过来，通过品种审定的新品种，如果未获得品种授权，其生产推广就难以保障。若想让审定品种的经济价值得以发扬光大，还需要品种权的保护，同时，获得品种权保护的品种，在市场推广中有权利护航，其经济价值能更好实现，也能进一步激发育种者创新的积极性，选育出更多更好的优良品种。品种审定的选育报告和审定公告，会同时将品种的亲本公之于众，从这个角度，建议品种保护申请的时间越早越好。

总之，品种审定和品种保护不同，两者虽无先后之分，但不能等同或混淆。两者又有着共同的目标，都是为促进我国农业生产的高质量发展。

第四章 种子生产经营

第一节 种子生产经营许可

74. 什么是种子生产经营？什么是种子生产？

答：在2015年修订《种子法》之前，农作物种子生产经营实行分开许可制度，生产和经营需分别取得生产许可证和经营许可证；在此之后，实行“两证合一”，统一为种子生产经营许可证。这里的种子生产经营是指种植、采收、干燥、清选、分级、包衣、包装、标识、贮藏、销售及进出口种子的活动。基本上涵盖了从最初的田间播种、收获、晾晒，到中间的工厂烘干、脱粒、清选、包装，再到下游的市场销售、运输等种子的田间制收、工厂加工、市场销售整个环节。按环节划分，种子生产是指繁（制）种的种植、采收的田间活动，不包括工厂内种子清选、包衣、包装等活动。

75. 什么是种子生产经营许可制度？

答：种子属于特殊商品，从事种子业务的企业主体要从事种子的生产经营活动需要根据不同情况获得进入市场的生产经营许可。因此，根据《种子法》的规定，我国实行种子生产经营许可制度，针对生产经营种子的不同，实行分类许可管理制度。根据政府“放管服”原则，由过去生产和经营的分别许可，合并为生产经营统一许可。因此，为规范在中华人民共和国境内从事种子生产经营的活动，对申请、受理、审核、核发和管理的行为过程进行规制，是为种子生产经营许可制度。

76. 我国的种子生产经营许可管理有哪些规定？

答：我国实行种子生产经营许可管理制度，从事农作物种子和林木种子的生产经营，分别由农业农村和林业草原主管部门管理。根据不同的作物及类型，有不同等级的农业农村和林业草原部门来管理。具体而言，《农作物种子生产经营许可管理办法》第三条规定，县级以上人民政府农业农村主管部门按照职责分工，负责农作物种子生产经营许可证的受理、审核、核发和监管工作。《林木种子生产经营许可证管理办法》第五条规定，县级以上人民政府林业草原主管部门负责林木种子生产经营许可证的审核、核发和管理工作，具体工作可以由其委托的林木种苗管理机构负责。

77. 我国关于种子生产经营许可证的期限及延续是如何规定的？

答：根据《农作物种子生产经营许可管理办法》第十九条和《林木种子生产经营许可证管理办法》第十四条的规定，无论是农作物种子还是林木种子，其种子生产经营许可证有效期限均为五年。其中，转基因农作物种子生产经营许可证有效期不得超出农业转基因生物安全证书规定的有效期限。

在种子生产经营许可证期满后如继续从事种子生产经营，对重新提出申请的时间有不同规定。如根据《农作物种子生产经营许可管理办法》第十九条第四款规定，种子生产经营许可证期满后继续从事种子生产经营的，企业应当在期满 6 个月前重新提出申请。根据《林木种子生产经营许可证管理办法》第十五条的规定，林木种子生产经营许可证有效期届满需要延续的，生产经营者应当在有效期届满 30 日前向原发证机关提出延续的书面申请。申请者应当提交林木种子生产经营许可证延续申请表和上一年度生产经营情况说明。

78. 农作物种子生产经营许可证包括哪些生产经营类型？

答：依据2022年1月21日农业农村部令2022年第2号修订的《农作物种子生产经营许可管理办法》第十七条规定，种子生产经营许可证设主证和副证。主证需要注明许可证编号、企业名称、统一社会信用代码、住所、法定代表人、生产经营范围、生产经营方式、有效区域、有效期至、发证机关、日期等信息。其中，许可证编号根据生产经营类型标注样式为“——（××××）农种许字（××××）第××××号”。“____”上标注生产经营类型。

种子生产经营类型根据生产经营作物种类具体分为7类：

A类为实行选育生产经营相结合的生产经营许可证；

B类为生产经营主要农作物杂交种子及其亲本种子的许可证；

C类为生产经营其他主要农作物种子的许可证；

D类为生产经营非主要农作物种子的许可证；

E类为从事种子进出口业务的生产经营许可证；

F类为外商投资企业办理的种子生产经营许可证；

G类为转基因农作物种子生产经营许可证。

企业根据生产经营的作物种类不同，可以申请一个或多个不同类别的种子生产经营许可证。

79. 不需要办理种子生产经营许可证的情形有哪些？

答：我国实行种子生产经营许可制度，同时法律规定了不需要办理种子生产经营许可证的例外情形。许可制度符合我国种业发展的要求，同时兼顾了农民自繁自用、少量串换种的现实需求。具体情形包括：一是农民（以家庭联产承包责任制的形式签订农村土地承包合同的农民）个人自繁自用常规种子有剩余，在当地集贸市场（是指农民所在的乡或镇区域）上出售、串换的（数量限定为不超过其家庭联产承包土地的年度用种量)，不需办理许可证；二是在种子生产经营许可证载明的有效区域设立分支机构的，分支机构不需再办许可证；三是专门经营不再分装的包装种子的，如经销商销售小包装种子；四是受具有种子生产经营许可证的企业书面委托生产、代销其种子的，可以不再办理许可证，但需要向当地农业农村主管部门备案。

80. 种子生产经营者是否需要建立生产经营档案？档案内容包括哪些？

答：种子企业和广大种子经销者，往往忽视了种子生产经营档案的建立，每年因未按规定建立、保存种子生产经营档案而被行政处罚的案例不在少数。

依据《种子法》第三十六条的规定，作为种子生产经营者，建立种子档案是一项法定义务，否则将会受到处2000元以上2万元以下罚款的行政处罚。建立档案的主体既包括种子生产经营企业，也包括种子销售者。建立种子生产经营档案制度，通过对种子来源、产地、数量、质量、销售去向、销售日期和有关责任人员等内容进行记载和保存，确保种子田间生产、加工包装、销售流通等上下游环节均有原始记录，可以实现种子溯源，有利于市场监管。

建立种子生产经营档案的出发点是实现种子可追溯，规范种业市场秩序，因此，档案记载信息要连续、完整、真实、可靠。按照要求，档案应包括如下内容：

(1) 田间生产环节：技术负责人，作物类别、品种名称、亲本（原种）名称、亲本（原种）来源，生产地点、生产面积、播种日期、隔离措施、产地检疫、收获日期、种子产量等。如果委托种子生产的，还应当包括种子委托生产合同。

(2) 加工包装环节：技术负责人，品种名称、生产地点，加工时间、加工地点、包装规规、种子批次、标签标注，入库时间、种子数量、质量检验报告等。

(3) 销售流通环节：经办人，种子销售对象姓名及地址、品种名称、包装规格、销售数量、销售时间、销售票据。批量购销的，还应包括种子购销合同。

随着信息化、电子化、大数据时代的到来，现代化大型种子企业基本实现了办公自动化，种子生产经营电子档案不仅便捷、高效，还方便保存、节约能源，未来将会普及。

此外，法律规定种子生产经营档案的保存期至少为5年。

81. 同一生态区引种，农业农村主管部门不给备案，能否销售？

答：该种情形是可以销售的。对于同一生态区引种备案的，在符合引种条件的情况下，申请者确实按规定提出了备案申请，但由于农业主管部门不作为而未能受理或不予备案的，种子可以销售，但同时建议申请者保留好申请备案的证据。

82. 有效期内变更生产信息是否需要重新办证？

答：这种情况不需要重新办证。仅变更生产信息而不变更经营信息的，只需变更副证相关信息，但需要种子生产经营者提交相应变更信息的材料，提请农业相关部门办理变更手续。

83. 种子生产经营企业如何进行委托生产备案、代销？

答：为加强种子管理，农业农村主管部门建立了全国统一种子管理综合业务平台，包括种业信息、数据库查询、信息调度、种子管理系统等。委托方应事先将委托生产、委托代销的信息输入平台，平台自动生成信息代码，委托方再将信息代码交于被委托方，由被委托方凭信息代码办理备案。农业农村部种业管理司依托原中国种业信息网建立了中国种业大数据平台，设置了详情查询、公共服务、业务办理等模块，供查询品种审定、品种登记、品种保护及生产经营备案等信息。

第二节 种子扦样与种子质量

84. 什么是种子扦样？什么是种子批？如何对种子批扦样？

答：扦样是从大量的种子中，随机取得一个重量适当、有代表性的供检样品。样品应由从种子批不同部位随机扦取若干次的小部分种子合并而成，然后从这些样品中经对分递减或用随机抽取法分取规定重量的样品。不管哪一个步骤都要有代表性。另外，扦样要严格按照扦样程序扦取样品，而且扦样只能由受过扦样训练、具有实践经验的扦样员（检验员）担任，按《农作物种子检验规程扦样》（GB/T 3543.2—1995）规定扦取样品。

种子批是指在同一年度、同一时期收获，来源相同、品种相同、质量基本一致的规定数量之内的种子。在划分种子批时，须按照规定的最大重量和样品重量扦取，一批种子不得超过规定的重量，其容许差距为5%。若超过规定重量时，须分成几批，分别给以批号。以玉米为例，种子批的最大重量是40吨，扦取种子送验样品的最小重量是1千克。

在对种子批进行扦样时要考虑到种子批的均匀度，被扦的种子批应在扦样前进行适当混合、掺匀和机械加工处理，使其均匀一致。扦样时，若种子包装物或种子批没有标记或能明显地看出该批种子在形态或文件记录上有异质性的证据时，应拒绝扦样。如对种子批的均匀度发生怀疑，应按规定进行异质性测定。扦样的容器应严格随机选择。从容器中取出的样品必须代表种子批的各部分，应从袋的顶部、中部和底部扦取种子。送验样品根据其测定指标不同，样品重量要求也不同，如对水分进行测定，需磨碎的种类为100克，不需磨碎种类则为50克。

初次扦样，根据不同的样品形式而采用不同的扦样方法。

一是袋装扦样法。根据种子批袋装的数量确定扦样袋数，具体如袋装扦样数表，为扦样袋数的最低扦取要求。扦样中如袋装（或容器）种子堆垛存放时，应随机选定取样的袋，从上、中、下各部位设立扦样点，每个容器只需扦取一个部位。不是堆垛存放时，可平均分配，间隔一定袋数扦取。

袋装的扦样袋（容器）数表	
种子批的袋数（容器数）	扦取的最低袋数（容器数）
1—5	每袋都扦取，至少扦取5个初次样品
6—14	不少于5袋
15—30	每3袋至少扦取1袋
31—49	不少于10袋
50—400	每5袋至少扦取1袋
401—560	不少于80袋
561以上	每7袋至少扦取1袋

二是散装扦样法。根据种子批散装的数量确定扦样点数，具体如散装的扦样点数表，为扦样的最低点数要求。散装扦样时应随机从各部位及深度扦取初次样品。要求每个部位扦取的数量大体相同。

散装的扦样点数表	
种子批大小（千克）	扦样点数
50以下	不少于3点
51—1500	不少于5点
1501—3000	每300千克至少扦取1点
3001—5000	不少于10点
5001—20000	每500千克至少扦取1点
20001—28000	不少于40点
28001—40000	每700千克至少扦取1点

85. 对扦样种子样品的保存有何要求?

答: 实践中,无论是种子执法检查还是市场监督抽查,均涉及对种子的扦样送检问题。那么,对扦样种子送检的样品和留样如何保存,以及保存好坏关系到种子的检验效果,甚至会影响到对该批种子的质量认定及处罚结果。因此,对种子样品的保存要符合要求。

送验样品验收合格并按规定要求登记后,应从速进行检验,如不能及时检验,须将样品保存在凉爽、通风的室内,使种子质量的变化降到最低限度。同时为便于复验,应将保留的样品在适宜条件(低温干燥)下保存一个生长周期。

86. 什么是种子活力和种子健康?什么是千粒重?

答: 种子活力是指种子发芽的潜在能力或种胚具有的生命力。种子具有活力,这也是种子与商品粮的重要区别。

种子是具有生命力的,其生命力的强弱与种子是否健康具有关联性,通常情况下健康的种子往往表现为活性好,发芽率高,苗势强,反之不健康的种子活性差,发芽率低,苗势弱。种子的健康状况,还表现为是否携带了病菌(如真菌、细菌及病毒)或有害物质(如害虫)。

千粒重是指在符合国家种子质量水分标准规定的范围,以克为单位,每1000粒种子的重量。种子千粒重与种子的饱满度有一定关系,而种子饱满度又关系到种子发芽率,甚至影响到最终产量。以水稻为例,水稻的产量与穗数、粒数、粒重三要素直接挂钩。随着科学技术的发展,育种的侧重点越来越倾向于提高粒重,从而提高水稻的产量。

87. 什么是种子质量?种子的质量要求有哪些?

答: 种子质量是种子不同特性综合而成的概念,通常包括品种质量和播种质量，质量要求主要是由质量指标和质量标注值组成。农作物品种的质量指标包括品种纯度、净度、发芽率、水分四个部分，不同作物名称要符合质量要求，且标注值真实。

以主要农作物品种玉米和稻为例，国家标准《粮食作物种子第 1 部分：禾谷类》（GB4404. 1—2008）对玉米种子的质量要求如下表：

作物名称	种子类别		纯度不低于	净度不低于	发芽率不低于	水分不低于
玉米	常规种	原种	99. 9%	99. 0%	85%	13. 0%
		大田用种	97. 0%			
	自交系	原种	99. 9%	99. 0%	80%	13. 0%
		大田用种	99. 0%			
	单交种	大田用种（非单粒播种）	96. 0%	99. 0%	85%	13. 0%
		大田用种（单粒播种）	97. 0%		93%	
	双交种	大田用种	95. 0%	99. 0%	85%	13. 0%
	三交种	大田用种	95. 0%			
注：长城以北和高寒地区的种子（单粒播种种子除外）水分允许高于 13. 0%，但不能高于 16. 0%，若在长城以南（高寒地区除外）销售，水分不能高于 13. 0%。						

对稻种子的质量要求如下表：

作物名称	种子类别		纯度不低于	净度不低于	发芽率不低于	水分不低于
稻	常规种	原种	99. 9%	98. 0%	85%	13. 0%（籼）
		大田用种	99. 0%			14. 5%（粳）
	不育系、恢复系、保持系	原种	99. 9%	98. 0%	80%	13. 0%
		大田用种	99. 5%			
	杂交种	大田用种	96. 0%	98. 0%	80%	13. 0%（籼）
						14. 5%（粳）
注：1. 长城以北和高寒地区的种子水分允许高于 13. 0%，但不能高于 16. 0%，若在长城以南（高寒地区除外）销售，水分不能高于 13. 0%。 2. 稻杂交种质量指标适用于三系和两系稻杂交种子。						

至于品种的播种质量是指种子播种后与田间出苗有关的质量，主要表现在种子的清洁干净程度、出苗芽势程度、种子饱满程度、干燥耐藏程度、种子活力程度等。保证种子质量是企业应尽的责任和义务，优良的种子深受种植者青睐，重质量守信用是种子企业竞争的法宝和关键，更是农业安全的保障。

88. 种子质量指标是指什么？如何正确标注质量指标？

答：种子的质量指标是指种子生产经营者公开承诺的质量标准，且该标准不得低于国家或者行业标准规定。换言之，质量指标一旦承诺必须执行，且遵循就高不就低原则。

如果针对某作物的种子质量尚未制定国家标准或行业标准，就按企业标准或种子生产经营者承诺的质量标准进行标注。质量指标按照质量特性和特性值进行标注。具体按照如下要求标注：

（1）应标注品种纯度、净度、发芽率和水分四项指标，但不宜标注水分、发芽率、净度等指标的无性繁殖材料、种苗除外。

（2）脱毒繁殖材料按品种纯度、病毒状况和脱毒扩繁代数进行标注。

（3）国家、行业标准或国务院农业农村主管部门对某些农作物种子有其他质量特性要求的，还应当加注特殊要求。

（4）在特性值的标注上应当标注具体数值，品种纯度、净度、水分标注百分率要保留一位小数，如纯度 97.0%；发芽率要保留整数，如发芽率 85%。

按照现行林业行业标准《林木种苗标签》（LY/T 2290—2018）第 4.1.6 条的规定，林木种子的质量指标包含种子含水量、种子净度、种子发芽率或生活力或优良度，指标标注方式、方法遵循 GB/T 2772 要求。根据该标准第 4.2.8 条的规定，苗木质量指标包括苗高、地径、根系长度大于 5cm Ⅰ级侧根数、根辐等，标注的数值遵照 GB 6000—1999 中 5.3 规定，按照 95%苗木能达到的数值填写。根据该标准第 4.3.6 条的规定，穗条的质量指标包括穗条长度、穗条粗度、每根穗条着生芽数量、芽体要求等，标注的数值要求同 4.2.8。

89. 什么是种子真实性？什么是品种纯度、品种净度、发芽率和水分？

答：种子真实性是指供检品种与种子标签等文件记录是否相符。对种子真实性进行鉴定是判断种子真伪以及是否侵权的重要指标。

品种纯度、净度、发芽率和水分是衡量种子质量指标的重要组成部分。每项指标代表着种子的不同质量要求。

品种纯度是指品种在特征特性方面表现一致的程度，用本品种的种子数占供检本作物样品种子数的百分率表示。品种真实性和纯度鉴定主要有实验室电泳法测定和田间小区种植鉴定。

电泳法测定主要是指从种子中提取的醇溶蛋白在凝胶的分子筛效应和电泳分离的电荷效应作用下得到良好的分离，通过显色显示蛋白质谱带类型。不同品种由于遗传组成不同，导致种子内所含的蛋白质种类有差异，这种差异可利用电泳图谱加以鉴别，从而对品种真实性和纯度进行鉴定。

田间小区种植是鉴定品种真实性和测定品种纯度最为可靠、准确的方法之一。鉴定纯度要求品种特征特性得以充分表现，因而要选择气候环境条件适宜、土壤均匀、肥力一致、前茬无同类作物和杂草的田块，采用适宜的栽培管理措施进行田间鉴定。鉴定品种真实性，是将种子与标准样品种子进行比较，或将幼苗和植株与同期邻近种植在同一环境条件下的同一发育阶段的标准样品的幼苗和植株进行比较。因需要比较的是在田间表现的各个阶段，所以对照的标准样品应是最能代表品种原有的特征特性的种子，且质量符合标准，否则会影响鉴定结果的准确性。

净度分析是测定供检样品不同成分的重量百分率和样品混合物特性，提供给实验室的送验种子除去杂质、杂草异物种子及其他植物种子，凡能明确地鉴别出它们是属于所分析的种子，即使是未成熟的、瘦小的、皱缩的、带病的或发过芽的种子单位都属于净种子。

发芽是指在实验室内幼苗出现和生长达到一定阶段，幼苗的主要构造表明在田间的适宜条件下能否进一步生长成为正常的植株。发芽率是指在规定的时间和条件内，长成的正常幼苗数占供检种子数的百分率。

种子水分包括自由水和束缚水，易受外界环境影响，并可能氧化、分解或挥发，数据不是恒定的，为测定标准水分就要按规定程序把种子样品烘干，计算所失去的重量，用失去重量占供检样品原始重量的百分率表示种子的含水量。

第五章　种子监督管理

第一节　假劣种子、辨别及维权

【案例 1】非法制售假劣、侵权水稻种子行政处罚案①

2017 年秋天，正值水稻收获期，湖北省钟祥市东某镇的老王却一点也高兴不起来，面对 7 亩稻田愁眉苦脸，后悔当初贪图便宜，低价购买了 7 斤散装水稻种，导致严重的倒伏减产。遇到类似情况的不止老王一人，洋某镇的多家购买散装种子的农户均遭遇同样问题。

接到群众举报，湖北省钟祥市公安局治安大队联合市农业局开展调查，发现问题种子均来自东某镇一村庄窝点，经查该窝点利用现代通信手段向农户销售散装种子，购买种子需要事先订购并缴纳定金，近距离的农户到卖家家里取种，路远的由卖家送货到家。经过几个昼夜盯防，警方发现该窝点在东某镇，但涉案种子却存放在郢某镇某村一民房地下室内。当年年底时机成熟，警方一举捣毁东某镇和郢某镇非法销售水稻种子窝点，现场查处无种子标签（俗称白包）水稻种子 1.4 万斤，当场控制涉案人 2 名。

据调查，该非法销售种子窝点负责人曾是当地原种场的一名职工，看到同行纷纷下海销售水稻种子，嗅到商机，也开始步入种子销售市场。因没有办理正常的经营手续，又没有合法经营场所，便将自家住房变为买卖种子的场所，从事非法交易。警方进一步了解到，该非法经营者从 2016 年开始，通过朋友从江苏、广西水稻生产基地非法套购水稻种子，未经过严格的清选、检验、加工包装等环节，就直接以白袋子形式拉回家中，存放在自家小院和地下库房，再通过微信、QQ、短信、电话等即时通讯方式向当地及周边农户传播低价销售

---

① 钟祥市农业农村局：钟农（种子）罚〔2018〕1 号行政处罚决定书。

种子信息，同时许诺保证种子质量、绝对低价、送货到门。一些不明真相的农户贪图便宜，纷纷到该窝点购买了这种白包水稻种子。后来很多种植户发现这些种子存在发芽率低，出苗不齐，生长期容易倒伏、发生病虫害，后期减产减收等问题，这才想起种子无包装、无标签、无使用说明，但苦于无购买发票凭证，只好向当地农业部门反映投诉，后来便发生了警方联合农业部门的打假行动。涉案种子经有关农业机构检测鉴定，种子四项质量指标均不符合标准，属于假冒伪劣种子。

90. 何为“白包种子”或“白皮袋子种子”？

答：农资行业中俗称的“白包种子”说的就是没有种子标签，直接以白皮袋子灌装的种子，这种袋子上几乎没有任何关于种子的信息，更没有品种的特征特性、栽培种植方法、储藏介绍、风险提示等信息，俗称“白包种子”或“白皮袋子种子”。

类似案例在南北方水稻市场普遍存在，有不法企业以直销方式大量销售散装稻种，以合作社“彩色包装”销售违法种子。大豆市场也存在类似问题，将违法种子白包销售，不开发票，交代农户不能自留种，以常规种冒充杂交种等。

【案例 2】（2018）川 0683 刑初 151 号销售伪劣产品案和（2019）川 01 知民初 133 号“以知名品种名称销售白包种子”侵权案

2017 年，四川省德阳市公安局食药环支队侦办一起特大生产销售假冒伪劣种子案，主要违法事实是不法行为人无任何资质和授权，将非法生产繁育的“天某华占”“C 两某华占”侵权种子利用微信群散播销售，然后直接将“白包”种子送货入户，无中间商，牟取非法利益。最终两名不法行为人构成犯罪，被人民法院判处销售伪劣产品罪。

刑事案件判决后，本案品种权利人就不法行为人涉及侵害植物新品种权问题，依法向成都市中级人民法院提起诉讼，并获得支持。

91. 销售种子的名称与授权品种名称相同，是否构成侵权？

答：案例 2 说明，不仅销售无包装、无标签的白包种子属于违法行为；以真实品种名称名义对外销售未经许可的种子，同样是侵权行为。

针对种子领域名称侵权如何认定的问题，2021 年 7 月 5 日最高人民法院发布的《最高人民法院关于审理侵害植物新品种权纠纷案件具体应用法律问题的若干规定（二）》给予了明确回答。其中第六条规定："品种权人或者利害关系人（以下合称权利人）举证证明被诉侵权品种繁殖材料使用的名称与授权品种相同的，人民法院可以推定该被诉侵权品种繁殖材料属于授权品种的繁殖材料；有证据证明不属于该授权品种的繁殖材料的，人民法院可以认定被诉侵权人构成假冒品种行为，并参照假冒注册商标行为的有关规定确定民事责任。"因此，案例 2 的违法者不仅要承担生产经营伪劣种子的行政处罚甚至刑事惩罚的法律责任，还要承担民事侵权的赔偿责任。

92. 《农作物种子标签和使用说明管理办法》对于种子标签有何规定？该规章的出台给种业市场带来了哪些改变？

答：2016 年公布的《农作物种子标签和使用说明管理办法》是对种子标签全新的规定，对标签制作要求严格、规范，内容全面具体明确。比如，规定了生产经营的种子必须附有种子标签和使用说明，并且规定了标签应当标注的内容，尤其是新增了品种适应性、使用风险提示、标注二维码等。按规定制作种子标签是种子企业应尽的提示义务。

种子标签是指印制、粘贴、固定或者附着在种子、种子包装物表面的特定图案及文字说明。

《农作物种子标签和使用说明管理办法》要求标签标注内容至少包括 7 项：（1）作物种类、种子类别、品种名称；（2）种子生产经营者信息，包括种子生产经营者名称、种子生产经营许可证编号、注册地地址和联系方式；（3）质量指标、净含量；（4）检测日期和质量保证期；（5）品种适宜种植区域、种植季节；（6）检疫证明编号；（7）信息代码。

使用说明是指对种子的主要性状、主要栽培措施、适应性等使用条件的说明以及风险提示、技术服务等信息。

从定义可看出，使用说明应当包括：（1）品种主要性状；（2）主要栽培措施；（3）适应性；（4）风险提示；（5）咨询服务信息。（注：风险提示属于新增内容。如果是转基因种子的，还应当提示使用时的安全控制措施）

种子标签和使用说明中的风险提示，也是《农作物种子标签和使用说明管理办法》新增内容。依据该办法规定，风险提示包括种子贮藏条件以及销售区域主要病虫害、高低温、倒伏等因素对品种引发风险的提示及注意事项。

对于主要农作物，如玉米、水稻、大豆、小麦、棉花，风险提示应与品种审定公告或引种备案信息相一致；如果通过两个以上省级审定，风险提示应当与销售地所在地省级品种审定公告一致；如果是同一生态区引种，风险提示应当与引种备案信息一致。如果在实际生产中，因外界因素导致品种抗性发生变化，种子生产经营者应以品种的实际表现为准如实进行提示。如果存在公告内容以外的可知风险事项，种子生产经营者也要如实说明，这是企业应尽的义务。

对于登记目录内的非主要农作物，风险提示应与品种登记公告相一致；对于其他非主要农作物，风险提示应与品种在当地的实际表现相一致。

这里需要提醒的是，农户也好，其他种子使用者也好，一定要多留意、多看种子包装上是否有风险提示和注意事项，以及是如何提示的，因为不同的品种有不同的适宜种植区、不同的抗性、不同的储藏方法和种植时间等，处理不当可能会引起不良后果。

93. 什么是假种子？什么是劣种子？

答：我国对制售假劣种子行为的一贯态度是坚持严厉打击的政策，严禁生产经营假劣种子。多年以来，国家多部门时常联合行动，重拳出击、专项整治。在假劣种子的规制上，无论是《种子法》还是《刑法》，均有严格规定，下面通过案例逐一介绍。

【案例 3】以合作社名义生产销售假种子案①

2018 年 12 月，佳木斯市种子管理处接到群众举报，称其在佳木斯市东风区某种业公司购买到一种没有种子标签的合作社彩色包装水稻种子，与正规企业的种子包装不一样，怀疑是假种子。种子执法部门接到举报后高度重视。为了不打草惊蛇，执法人员乔装成农民进行暗访，通过调查，进一步确认了该公司在农村中的加工厂房、仓库位置及种子包装数量。为固定证据，种子管理部门协同市公安局食药环支队联合执法，依法查处了非法加工种子窝点，并现场封存无标签彩包种子 100 余吨，涉案金额 50 余万元。经鉴定，彩色包装袋内的种子与某公司享有品种权的种子真实性一致，而涉案公司并没有取得该种子的生产经营许可授权，涉嫌违法犯罪。农业部门、公安部门进一步调查发现，涉案人员王某从农户收购“常规水稻种子”，然后运到孟某的加工厂进行加工包装，最终再通过王某的门店对外销售。涉案公司的违法行为涉及种子田间生产、繁育到车间清选、加工包装再到销售的整个环节。

此案特殊性在于违法企业以合作社名义生产、繁育假种子，然后进行简单的加工包装后对外实施销售。

关于假劣种子的认定，《种子法》第四十八条第二款、第三款有明确规定。认定为假种子的情形有：

（1）以非种子冒充种子的，如用商品粮冒充种子出售，危害极大。

（2）以此品种种子冒充其他品种种子的，如用生育期相近、形态特征特性近似的品种冒充市场畅销品种，俗称“套包、套牌种子”，挂羊头卖狗肉。

（3）种子种类、品种与标签标注的内容不符的，如是杂交种、原种还是常规种，与标签不符的假冒品种。

（4）没有标签的，如白包、彩包种子，既没有品种名称，又没有品种的特

---

① 佳木斯市农业农村局：佳农（种子）罚〔2019〕1 号行政处罚决定书。

征特性、生产厂家、审定编号、种植栽培及检验检疫等标签信息。

认定为劣种子的情形有：

（1）种子质量低于国家规定标准的，如关于玉米种子水分，国家规定不高于 13%，包装标注 14%就属于劣质种子。

（2）种子质量低于标签标注指标的，包装标签标注的质量指标可以高于国家规定的标准，即属于企业自身对外承诺的企业标准，如果检测结果值低于其标注值，也属于劣种子情形，如包装标注发芽率不低于 90%，但检测是 85%，虽然符合国家标准，但是不符合标签标注指标，仍然会以劣质种子处罚。

（3）带有国家规定的检疫性有害生物的，如种子带有病菌，发生了污染。

案例 3 中，违法者生产经营的种子就属于《种子法》第四十八条第二款认定的第四种假种子情形，即制售无标签彩包种子的假种子行为。

94. 生产经营假劣种子如何处罚？需承担哪些责任？

答：法律严禁生产经营假劣种子，并严厉打击生产经营假劣种子的违法行为。生产经营假劣种子要承担行政和刑事法律责任，包括受到责令停止生产经营，没收违法所得和种子，吊销种子生产经营许可证，高额罚款的行政处罚；触犯生产经营假劣种子犯罪的刑事处罚；涉案企业法定代表人和直接责任人行业高管禁业的处罚。具体处罚在《种子法》第七十四条、第七十五条，以及《刑法》第一百四十条和第一百四十七条予以规定。

《种子法》

第七十四条　违反本法第四十八条规定，生产经营假种子的，由县级以上人民政府农业农村、林业草原主管部门责令停止生产经营，没收违法所得和种子，吊销种子生产经营许可证；违法生产经营的货值金额不足二万元的，并处二万元以上二十万元以下罚款；货值金额二万元以上的，并处货值金额十倍以上二十倍以下罚款。

因生产经营假种子犯罪被判处有期徒刑以上刑罚的，种子企业或者其他单位的法定代表人、直接负责的主管人员自刑罚执行完毕之日起五年内不得担任种子企业的法定代表人、高级管理人员。

第七十五条　违反本法第四十八条规定，生产经营劣种子的，由县级以上人民政府农业农村、林业草原主管部门责令停止生产经营，没收违法所得和种子；违法生产经营的货值金额不足二万元的，并处一万元以上十万元以下罚款；货值金额二万元以上的，并处货值金额五倍以上十倍以下罚款；情节严重的，吊销种子生产经营许可证。

因生产经营劣种子犯罪被判处有期徒刑以上刑罚的，种子企业或者其他单位的法定代表人、直接负责的主管人员自刑罚执行完毕之日起五年内不得担任种子企业的法定代表人、高级管理人员。

《刑法》

第一百四十条　【生产、销售伪劣产品罪】生产者、销售者在产品中掺杂、掺假，以假充真，以次充好或者以不合格产品冒充合格产品，销售金额五万元以上不满二十万元的，处二年以下有期徒刑或者拘役，并处或者单处销售金额百分之五十以上二倍以下罚金；销售金额二十万元以上不满五十万元的，处二年以上七年以下有期徒刑，并处销售金额百分之五十以上二倍以下罚金；销售金额五十万元以上不满二百万元的，处七年以上有期徒刑，并处销售金额百分之五十以上二倍以下罚金；销售金额二百万元以上的，处十五年有期徒刑或者无期徒刑，并处销售金额百分之五十以上二倍以下罚金或者没收财产。

第一百四十七条　【生产、销售伪劣农药、兽药、化肥、种子罪】生产假农药、假兽药、假化肥，销售明知是假的或者失去使用效能的农药、兽药、化肥、种子，或者生产者、销售者以不合格的农药、兽药、化肥、种子冒充合格的农药、兽药、化肥、种子，使生产遭受较大损失的，处三年以下有期徒刑或者拘役，并处或者单处销售金额百分之五十以上二倍以下罚金；使生产遭受重大损失的，处三年以上七年以下有期徒刑，并处销售金额百分之五十以上二倍以下罚金；使生产遭受特别重大损失的，处七年以上有期徒刑或者无期徒刑，并处销售金额百分之五十以上二倍以下罚金或者没收财产。

95. 如何理解《种子法》和《刑法》对假劣种子的认定？

答：《刑法》第一百四十条生产销售伪劣产品罪和第一百四十七条生产销售伪劣种子罪，关于假劣种子的客观表现形式的规定主要是掺杂、掺假，以假充真，以次充好或者以不合格产品冒充合格产品。

《刑法》意义上的以假充真，从狭义解释符合《种子法》假种子的定义，即以非种子冒充种子，将不具有种子功能的产品冒充种子，如同《种子法》规制的以商品粮冒充种子，以普通草籽冒充稻种子等。掺杂、掺假、以次充好情形的理解，与现实中存在差异。譬如在种子中掺混，现实中多是用此种子掺混在彼种子中，两者都是种子，而且特性类似，质量也均合格，该情形完全符合《种子法》定义的假种子，但是刑法意义上的假种子则强调失去了种子的功能，且产生损失后果，因此两者在假种子的认定上一直存在争议。

值得赞扬的是，2020年最高人民检察院发布的第61号指导案例，突破了《种子法》和《刑法》在对“假种子”认定上的冲突，案例要旨认为，以同一科属的此品种种子冒充彼品种种子，属于刑法上的“假种子”。行为人对假种子进行小包装分装销售，使农业生产遭受较大损失的，应当以生产、销售伪劣种子罪追究刑事责任。该案例对涉种子案件治理违法行为，追究刑事责任具有很好的指导意义，本书在第二篇案例精解中将对此进行具体分析。

96. 如何辨别假种子和劣种子？

答：从案例3我们可以看出，辨别是否为假种子相对容易些，通过直观辨别包装基本能识别一二，比如标签是否有品种名称，是否有品种特性内容及内容是否相符、有无漏洞或明显瑕疵等。如果从包装外观上分辨不出任何问题，就需要进一步查询、核实真伪，可以联系包装厂家进行确认或到当地种子管理部门指导辨别。

关于劣种子，直观辨别不太容易。种子质量是否达标需要经过检验，如发芽率，农民购种后在家可以自制发芽箱初步检测，而种子的净度、纯度就需要依赖科学仪器在实验室中进行检测，肉眼是无法辨别的。一般来说，发芽率不达标就已经说明问题了，种胚发育不好、苗弱，长势就差，生命力不高，庄稼生产情况参差不齐，会影响产量。

除了生产经营假劣种子以外，案例 3 中还存在几个需要探讨研究的问题：

（1）我国实行种子生产经营许可制度，依据《种子法》规定，种子生产企业生产繁育加工经营种子必须事先取得农作物种子生产经营许可证，并且对生产加工包装的种子进行农业备案。而涉案公司并没有取得相关种子的生产经营许可授权。

（2）案例中涉案种子公司以“农民专业合作社”名义生产经营种子违反了《种子法》和《农民专业合作社法》的规定，属于表面是以合法形式生产加工，实际是为掩盖非法经营目的。

97. 农民专业合作社是否具备生产种子的资格？能否以农民专业合作社的名义生产加工包装种子？

答：第一，《农民专业合作社法》第二条规定，本法所称农民专业合作社，是指在农村家庭承包经营基础上，农产品的生产经营者或者农业生产经营服务的提供者、利用者，自愿联合、民主管理的互助性经济组织。从定义看，农民专业合作社的主体是农民，类型是经济组织。这里的农民与《种子法》规制的农民含义一致，是指以家庭联产承包责任制的形式签订农村土地承包合同的农民个人。与户口在农村，实际在城镇工作且不具备家庭联产承包土地条件的“农民”不同。《种子法》第二十九条第二项规定，农民自繁自用授权品种的繁殖材料可以不经权利人许可，不向其支付费用。但该农民自繁自用的例外是有限定条件的，仅限于在农民所在地的乡镇集贸市场上出售、串换，而且农民个人出售、串换的种子数量不应超过其家庭联产承包土地的年度用种量，违反规定出售、串换种子的，视为无证生产经营种子。农民专业合作社、家庭农场等新型农业生产经营主体使用授权品种的繁殖材料用于生产的，不属于农民自繁自用，依法应当取得品种权人的许可，否则可能构成侵权。

第二，关于农民专业合作社能否从事种子业务，《种子法》无禁止规定，理论上只要是具备农作物种子生产经营许可条件就是可以的。但是《种子法》是规制种子业务的专门法，《农民专业合作社法》是规制农民合作社的专门法，涉及种子领域的生产经营业务应遵循种子专门法。种子属于农业生产资料，且属于特殊的生产资料，又与收获的初级农产品有显著区别，种子生产、加工、包装、销售行为需经行政机关许可审批，而农产品的加工、包装、销售行为主要是遵守市场流通环节的法律规制，如遵循《农产品质量安全法》相关规定。

第三，农民专业合作社的主要服务对象是合作社成员，业务内容有严格的限定。《农民专业合作社法》第三条规定："农民专业合作社以其成员为主要服务对象，开展以下一种或者多种业务：（一）农业生产资料的购买、使用；（二）农产品的生产、销售、加工、运输、贮藏及其他相关服务；（三）农村民间工艺及制品、休闲农业和乡村旅游资源的开发经营等；（四）与农业生产经营有关的技术、信息、设施建设运营等服务。"由此可以看出合作社开展的业务内容，也是限于生产资料的购买和使用，不包括生产、加工、包装等业务。主要考虑到合作社是农民个人自愿加入的、为农民成员服务的经济组织，不具备生产经营种子的设备和技术条件。

省级地方法规关于农民专业合作社经营种子的行为也有类似特殊规定，如《黑龙江省实施〈中华人民共和国种子法〉条例》第十五条规定，农民专业合作社可以为其成员提供农作物种子代购服务。向本社社员以外有偿提供农作物种子的，应当依法取得种子生产经营许可证或者依法向当地种子管理部门备案。换句话说，合作社向农民社员提供适量种子是允许的，如果范围扩大到社员外就属于经营行为，必须取得许可或备案。

第四，如果不符合合作社条件的种子公司，以合作社的名义对外包装销售种子，是违法的。案例 3 也告诉我们，合作社并非法外之地，天网恢恢疏而不漏，打着农民的幌子，披着“合作社”外衣实施侵权的坑农害农行为，最终会受到法律的制裁。

合作社主要是为社员提供农产品的销售、加工、运输、贮藏以及与农业生产经营有关的技术、信息等服务，不能滥用合作社名义，擅自生产经营侵权品种。在这里，笔者要特别提醒广大农民朋友，在购买种子时，包装上印有“某某合作社或某某研究所研制”字样的，一般都是问题种子。小作坊、家庭农场加工包装设备不达标，种子质量无法保障，购买此类种子不仅种植后无法保障农作物品质及产量，还可能带来很多其他问题，得不偿失，切莫贪图便宜。

98. 面对假劣种子，农民该如何预防上当受骗，科学选购种子？

答：科学种植、稳产丰收，前提是要科学地选购种子，选购到合适的真种子。为避免上当受骗，这里提示以下几个注意要点。

（1）要到正规（较大型、知名度高、信誉度高）种子经营单位或门店购种。要注意察看种子经营单位是否有种子生产经营许可证、委托代销证和营业执照，千万不要贪图便宜，购买流动商贩推销的散种子，以免上当受骗。

（2）要购买合法的种子。所谓合法的种子就是经国家或省级审定、认定或引种备案，持有品种审定、认定证书或备案号的品种。可从包装上看证书编号，非市场知名度高或畅销品种，如果审定编号已超过 10 年，要谨慎购买，很有可能是套牌销售的种子。

（3）要购买包装、标识符合规定的种子，不要购买散装种子或包装破损、标识不清的种子。按照《种子法》的规定，农作物种子应当加工、包装后才能销售，种子包装袋表面应当标注作物种类、品种名称、生产商、净含量、生产年月、警示标志等，如果没有这些必须标注的信息，就是可疑种子，应慎重购买。

（4）要选购适宜品种。购种时多了解品种的特征特性和栽培要点，根据所在地区气候、生育期长短、种植方式等选购适宜的品种。如春播、夏播、麦茬、作物套种等是有区别的。

（5）要索取正规购种凭证（发票、信誉卡、收据等）。凭证上要注明品种名称、数量、价格、时间、地点等，必要时可以索要品种简要性状、主要栽培措施、使用条件说明的宣传画、资料，并妥善保存。提醒一点，播种时最好能保存少许种子，以备发生争议时作为解决问题和索赔的依据。

（6）要去伪存真、科学种植。购种后播种前，一定要进行防伪查询，一般包装袋上会有二维码、防伪标识或查询电话，如果查询不到或查到信息不真实，可能是假种子，要及时退换。另外，要严格按包装袋或售种者提供的技术资料上载明的使用说明和栽培要求播种。

（7）要注意种子的保存。避免购买超过一个生产周期的种子，保存时间长短、保存方式会影响种子的发芽率，因此要将种子放到通风干燥的地方，不要置放在靠近暖气或阴冷潮湿的地方。

99. 在购买农资时，有何简单的鉴别方法？

答：农民在购买种子、农药、化肥时，要做到一看、二要、三留。

一看：看经营单位或门店是否有种子、农药、化肥经营许可证或营业执照，以及证照是否一致；看所购种子、农药、化肥外包装标签是否标有作物类别、品种名称、品种审定编号、厂名厂址、联系电话、质量指标、检疫证明编号、生产及经营许可证编号或进口审批文号、检测日期、使用说明和注意事项，是否有农药登记许可号，肥料登记许可编号等；用手机扫描包装袋上的二维码后看是否显示品种名称、生产厂家名称、单元识别代码、追溯网址等信息以及显示的信息是与包装标注的一致，必要时可以登陆网站进一步查询核实。

二要：向经营者索要购物凭证。凭证上要写明购物时间、购货人住址和姓名、所购货物名称数量价格等，还必须加盖经营商门店印章，要有销售者签名。这是《消费者权益保护法》和《种子法》赋予消费者的权利，也是经营者的义务。

三留：适当保留农资样品及种子包装袋、宣传单等，最好保留一个生产季，以便后期检测及佐证。

100. 如果买到假劣种子，应该怎么办？如何搜集和固定证据？

答：农民一旦买到假劣种子，维权的关键就是证据。具体要注意搜集和固定如下证据：

（1）搜集和固定书证，如在购种的时候一定记得索要购种凭证、信誉卡、发票等书面证据。

（2）保留好物证，如保存好种子包装袋以及实物。

（3）注意搜集、留存视听资料和电子证据。新媒体时代，要注意电子证据的固定使用，如照片、录音、录像等视听资料及网络广告宣传资料等证据的固定。

（4）必要时进行证据保全公证，在证据有可能毁损、灭失或以后难以取得的情况下，也为了提升证据的效力，保证证据的证明力，可以申请公证处或人民法院对涉争种子或田间现状进行证据保全。

（5）采集证人证言，如一同购买或使用种子的街坊邻居，或其他购买者的证明，同样地块、同一时间，种子使用的田间表现等。

（6）依靠科学鉴定，如及时就涉及纷争的种子实物或田间种植作物的长势、减产原因申请检验检测，以判断种子的真伪、种子与减产的因果关系及造成的损失。

101. 因买到假劣农资影响了收成，相关损失由谁承担？如何要求赔偿？

答：农民使用假劣农资遭受损失，可以请求赔偿。这里的损失包括购买农资的价款、可得利益损失和其他损失三部分。可得利益损失主要是指作物种植后可以预见和实现的客观、合理收益。计算标准可以参照地方规定，如《黑龙江省实施〈中华人民共和国种子法〉条例》第十九条第二款、第三款规定：

“农作物种子使用者遭受的可得利益损失，按照以下标准计算：按其所在乡（镇）前三年同种作物的单位面积平均产值乘以实际种植面积减去其实际收入计算；无统计资料的，可以参照所在乡（镇）当年同种作物的单位面积平均产值乘以实际种植面积减去其实际收入计算；无参照农作物的，按照资金投入和劳动力投入的一倍以上二倍以下计算；田间产量鉴定按照国家有关规定执行。林木种子使用者遭受的可得利益损失，按照购种价款和有关费用的三倍以上五倍以下计算。”

其他损失主要是指维权所发生的交通费、误工费、鉴定费、雇工费等与之有关、确实发生的必要费用。

关于请求赔偿的对象，既可以是农资的销售者，也可以是包装标注的生产者，由购买者视自身情况和需要向经营者主张权利。具体涉及使用假劣农资造成损失，使用者主张赔偿的法律依据如下。

《种子法》第四十五条规定：“种子使用者因种子质量问题或者因种子的标签和使用说明标注的内容不真实，遭受损失的，种子使用者可以向出售种子的经营者要求赔偿，也可以向种子生产者或者其他经营者要求赔偿。赔偿额包括购种价款、可得利益损失和其他损失。属于种子生产者或者其他经营者责任的，出售种子的经营者赔偿后，有权向种子生产者或者其他经营者追偿；属于出售种子的经营者责任的，种子生产者或者其他经营者赔偿后，有权向出售种子的经营者追偿。”

《农药管理条例》第六十四条规定：“生产、经营的农药造成农药使用者人身、财产损害的，农药使用者可以向农药生产企业要求赔偿，也可以向农药经营者要求赔偿。属于农药生产企业责任的，农药经营者赔偿后有权向农药生产企业追偿；属于农药经营者责任的，农药生产企业赔偿后有权向农药经营者追偿。”

《产品质量法》第四十条第一款、第二款规定：“售出的产品有下列情形之一的，销售者应当负责修理、更换、退货；给购买产品的消费者造成损失的，销售者应当赔偿损失：（一）不具备产品应当具备的使用性能而事先未作说明的；（二）不符合在产品或者其包装上注明采用的产品标准的；（三）不符合以产品说明、实物样品等方式表明的质量状况的。销售者依照前款规定负责修理、更换、退货、赔偿损失后，属于生产者的责任或者属于向销售者提供产品的其他销售者（以下简称供货者）的责任的，销售者有权向生产者、供货者追偿。”

《消费者权益保护法》第四十条规定：“消费者在购买、使用商品时，其合法权益受到损害的，可以向销售者要求赔偿。销售者赔偿后，属于生产者的责任或者属于向销售者提供商品的其他销售者的责任的，销售者有权向生产者或者其他销售者追偿。消费者或者其他受害人因商品缺陷造成人身、财产损害的，可以向销售者要求赔偿，也可以向生产者要求赔偿。属于生产者责任的，销售者赔偿后，有权向生产者追偿。属于销售者责任的，生产者赔偿后，有权向销售者追偿。消费者在接受服务时，其合法权益受到损害的，可以向服务者要求赔偿。”

102. 农民在购买种子时应当了解哪些常识以及需要注意哪些事项？

答：市面上的确有些不正规的企业以次充好、冒充名牌、坑害百姓，这里介绍一下购买步骤和识别种子真假的常识。

第一步，在购买种子前，要考虑种植习惯和喜好，选择适合当地种植的作物，比如种植水稻、玉米、大豆、小麦还是瓜果蔬菜，根据不同需求到相应农资店购买。

第二步，要到正规农资店购买。判断是否正规，一般是注意观察门店门面、经营资格资质，正规农资店信誉高、服务有保障，有销售凭证手续，出现问题容易解决。

第三步，购买大厂家生产的有品牌影响力的品种。大厂家通常品牌可信度高，生产的种子质量好，信誉高，技术服务到位，即使出现问题承担责任能力也强。

第四步，购种结算时索取电话、收据发票、信誉卡、宣传单页等凭证，以备后续技术服务或维权之用。

103. 购买到假劣种子应该如何维权？

答：维权分两个阶段：一是刚买回来还没有播种的阶段，二是播种后收获前发现种子质量问题阶段，如发生庄稼倒伏严重、抗病性差、减产、绝产等现象。

在第一阶段建议及时联络销售门店或实际经营者，进行退换货，如果厂家、门店涉及虚假宣传的还可以要求赔偿。

在第二阶段种子已实际播种了，要格外重视起来，当务之急是寻找证据、固定证据。

在证据搜集和固定方面注意以下几点：

（1）搜集书面证据，如购种凭证、发票、宣传单、信誉卡等。

（2）保存好物证，如包装袋及种子实物，这里建议在播种的时候一定要留有少量的种子以备后续检测比对之用。

（3）通过田间拍照、录音录像等视听资料进行证据固定。

（4）必要时申请公证处对田间现场进行证据保全公证。

（5）收集证人证言，请近邻或共同购买人作证。

（6）向农业农村主管部门，如种子管理站或农业综合行政执法机构申请田间调查鉴定检测。

关于维权途径和方式，寻求保护和维权的主要法律依据有《民法典》《种子法》《消费者权益保护法》等。一旦出现争议可以通过以下几种途径和方式来解决：

一是协商和解。出现问题最简便快捷的解决方式就是双方协商和平解决。这样既能节约时间又能节省费用，从而减少不必要的麻烦。前提是双方自愿平等。

二是第三方调解。当双方无法协商解决或者协商不成时，可以请求当地农业农村主管部门、市场监管部门、消费者协会、法律援助机构、律师调解中心等居中调解。通过政府部门或专业的机构来居中调解，也能节省很多时间和成本，一般达成率较高，一旦居中调解不成还可以寻求其他救济途径。

三是行政投诉。就是直接到政府部门投诉销售假劣种子等违法行为，由政府实施监管和执法处理。

四是法院起诉。学会拿起法律的武器，直接将销售假劣种子经营者依法起诉到人民法院，由人民法院依法裁判，由经营者依法赔偿受害者经济损失。

五是刑事报案。当发现购买的是假冒伪劣种子，给生产带来重大危害和经济损失时，可以向当地公安机关报案，由公安机关依法处理。

总之，农民平时一定要有自我保护意识，学会拿起法律武器来保护自己的合法权益，如果条件允许，一定要咨询专业人士，寻求法律帮助。

104. 如何保护农民农资消费方面的权益？

答：农村市场是农资销售的主要市场，农村消费者也是一个数量庞大的消费群体，应当受到各方的重视。要加大市场整治力度，做好普法宣传工作，提高农民的维权意识。

（1）政府行业主管部门要下沉服务到基层，切实整治农资市场乱象，农业农村部门是行业监管的职责部门，一方面要加大政策法规的宣传力度，提高服务水平，积极宣传新法新规新政策，开展法律培训班，成立农村阅览室、书屋等，普及和宣传农资法律和农业技术知识，良种好法配套实施，提高农民的法律意识；另一方面要持续严厉打击违法侵权、坑农害农行为，整治乡村农资假冒伪劣市场，积极营造农民维护合法权益的良好法治环境。

（2）农资企业要加强自律，做到诚信、合法经营。企业是农资销售的主力军，应主动承担社会责任，强化行业自律，主动宣传，做好售前、售后服务，开展技术服务培训和产品讲解，真正做到让农民了解产品，放心使用。

（3）农民朋友要自觉学习农业法律，提高法律意识。农民是农资消费的主体，要多渠道、多方位学习和提高农资认识，参加农业技术培训班和维权知识培训，做到了解农资、使用农资、维护农资权益。

(4) 社会中介要加大对乡村市场服务的投入力度。乡村市场基础落后，环境复杂，往往是社会中介服务机构的薄弱环节，应转变思维，加大投入，积极向乡村市场倾斜法律公共服务，真正使法律落地，解决农民困惑，让农民受益。

第二节　品种名称与包装

105. 什么是品种名称？品种名称应当符合哪些规定和要求？

答：品种名称是指对植物品种的适当命名，使其具有区分于其他品种的称呼，并与相同或者相近的植物属或者种中已知品种的名称相区别。该名称经注册登记或授权后即为该植物新品种的通用名称。

品种名称具有唯一性，同一植物品种在申请新品种保护、品种审定及品种登记、推广、销售时只能使用同一个名称。

品种名称具有优先性，一个植物品种只能使用一个中文名称，先使用的品种名称具有优先性，不能再使用其他的品种名称对同一品种进行命名。如相同或者相近植物属内的两个以上品种，以同一名称提出相关申请的，名称授予先申请的品种，后申请的应当重新命名；同日申请的，名称授予先完成培育的品种，后完成培育的应当重新命名。

品种名称与品种一一对应，一旦给予品种适当命名即与相应的品种建立身份对应关系，不得擅自更名。生产推广、销售的种子应当与申请植物新品种保护、品种审定、品种登记时提供的样品相符。

为了规范品种命名，加强对品种名称的管理，《种子法》《植物新品种保护条例》《农业植物品种命名规定》对禁止用于植物新品种命名的情形均作出了相应规定。

《种子法》第二十七条第二款规定："下列名称不得用于授权品种的命名：

（一）仅以数字表示的；（二）违反社会公德的；（三）对植物新品种的特征、特性或者育种者身份等容易引起误解的。”

《植物新品种保护条例》第十八条第二款不得用于品种命名的情形与《种子法》第二十七条第二款相同。

《农业植物品种命名规定》是专门规范农业植物品种命名的部门规章，2022 年修订后的第九条，详细列举了品种命名不得存在的 12 种情形：

（1）仅以数字或者英文字母组成的；

（2）仅以一个汉字组成的；

（3）含有国家名称的全称、简称或者缩写的，但存在其他含义且不易误导公众的除外；

（4）含有县级以上行政区划的地名或者公众知晓的其他国内外地名的，但地名简称、地名具有其他含义的除外；

（5）与政府间国际组织或者其他国际国内知名组织名称相同或者近似的，但经该组织同意或者不易误导公众的除外；

（6）容易对植物品种的特征、特性或者育种者身份等引起误解的，但惯用的杂交水稻品种命名除外；

（7）夸大宣传的；

（8）与他人驰名商标、同类注册商标的名称相同或者近似，未经商标权人书面同意的；

（9）含有杂交、回交、突变、芽变、花培等植物遗传育种术语的；

（10）含有植物分类学种属名称的，但简称的除外；

（11）违反国家法律法规、社会公德或者带有歧视性的；

（12）不适宜作为品种名称的或者容易引起误解的其他情形。

【案例 4】以商品名模仿品种名称销售种子侵权案①

当前，品种侵权、同质化现象越来越严重，不少中小企业选择走捷径，开

① 参见合肥市工商行政管理局（现合肥市市场监督管理局）合工商经检处罚字〔2016〕44 号行政处罚决定书、安徽省合肥市中级人民法院（2017）皖 01 民初 338 号民事调解书。

始“模仿”“攀附”“依傍”大企业大品牌品种。甚至不惜实施各种侵权手段在品种名称上大做文章，严重误导了广大农民朋友和种子使用者。发生在安徽水稻市场的多起攀附滥用知名水稻品种“C两某华占”名称引起法律诉讼的案件引起了行业的极大关注。

原告是北京一家集科研、繁育、生产、加工、推广为一体的大型种业科技企业，被告是安徽一家中小型种子销售公司。被告从2015年开始，生产经营包装标识“C某华占™”字样的水稻种子，从包装外观来看，一般大众很容易误认为是“C两某华占”种子，但事实上并不是，包装背面的审定编号对应的是其他品种。2016年6月，合肥市工商行政管理局称被告行为认定为侵犯商标专用权并作出没收侵权种子和罚款的行政处罚。2017年3月，被告如法炮制，再次加工包装带有“C某华占™”标识的种子对外销售。后来，原告以被告侵犯商标权及构成不正当竞争向合肥市中级人民法院提起民事诉讼。

左：真种子　　　　右：仿冒种子

本案庭审中，被告答辩“C 某华占”是注册商标，申请驳回原告的诉讼请求，未获支持。法庭调查阶段，被告举证“C 某华占”被安徽某农业科技有限公司（以下简称第三人）申请为注册商标，提交了商标受理通知书但未提供商标注册证明原件。案外查明，第三人从 2015 年 11 月开始，陆续将与市场推广中有一定影响或有潜力的苗头品种或表现好、主推的水稻品种相似或极近似名称抢注为商标，数量多达 28 个，国际分类均是 31，类似群均包括植物种子的 3107。比如，涉案标识“C 某华占”即为第三人于 2015 年 11 月 12 日申请注册，与新品种“C 两某华占”仅差一个字，两者极其近似，极易混淆。事实上，据工商登记查明，被告与第三人两家公司存在利益关联，被告的大股东为后者的股东，被告先是通过第三人授权，无偿获得注册商标的使用权，再将与品种名称极其近似的商标标识标注在种子包装袋的显著位置，突出使用，足以使广大农民误认为标识“C 某华占”的种子就是原告生产经营的“C 两某华占”种子，造成混淆，达到增量销售目的，给原告造成重大经济损失。

这个案例从事实上既有法律理论问题又有规制保护的问题，单从被告主观目的来看，在生产水稻种子包装上以与知名品种“C 两某华占”近似的商品名称“C 某华占”标注在包装正面显著位置突出使用，足以使广大农民误认为标识“C 某华占”的种子就是原告生产经营的“C 两某华占”种子。虽然两者相差一字，但从视觉上极易造成混淆，很容易联系到原告生产的“C 两某华占”种子，误以为其就是水稻品种“C 两某华占”或是由“C 两某华占”公司出品的，误导公众购买，侵占了原告的市场份额，给原告造成重大经济损失，同时也欺骗了广大农民和种子购买者，损害了其利益。

106. 品种名称混淆（案例 4）给农民朋友带来哪些启示？

答：这个案例非常有代表性，也引起了种子行业特别是大型企业的关注。

本案被告主观上就是想通过攀附、模仿、“搭便车”的方式利用大企业知名品种的市场影响力，以与知名品种名称相近似的标识印制在包装突出位置，造成消费者混淆误认，以不正当手段达到增加销量的目的。

这个案例对农民朋友的最大提示就是在购买种子时，一定要擦亮眼睛，仔细辨认种子包装，认清包装上标注的商品名称是否是自己真正想购买的品种名称。

依据《种子法》和《农作物种子标签和使用说明管理办法》相关规定，种子生产经营者必须在种子包装的正面显著位置标注合法审定的品种名称和审定编号，并且两者要对应一致，如果没有品种名称或名称不正确，那就是问题种子，不要购买。

但凡发现包装字迹模糊、缺码少字、包装裁剪不整齐、无品种名称、无审定或登记编号、前后标注的品种信息不一致等情形，基本上就可以判断为假冒伪劣种子，不要购买。

107. 种子的品种名称是否为通用名称？法律法规对此有何规定？

答：我国现行有效的关于植物新品种通用名称的法律依据主要为《种子法》《植物新品种保护条例》及《主要农作物品种审定办法》。

《种子法》第二十七条第一款规定："授予植物新品种权的植物新品种名称，应当与相同或者相近的植物属或者种中已知品种的名称相区别。该名称经授权后即为该植物新品种的通用名称。"

《植物新品种保护条例》第十八条第一款规定："授予品种权的植物新品种应当具备适当的名称，并与相同或者相近的植物属或者种中已知品种的名称相区别。该名称经注册登记后即为该植物新品种的通用名称。"

《主要农作物品种审定办法》第三十五条第四款规定："审定公告公布的品种名称为该品种的通用名称。禁止在生产、经营、推广过程中擅自更改该品种的通用名称。"

案例4中争议商标涉及的品种"C两某华占"于2013年10月通过国家审定（审定编号：国审稻2013003），2015年11月1日被授予植物新品种权，授权号 CNA20100696. 3。

依据上述规定可见品种名称的三层含义：一是品种名称具有唯一性，对已知相同或相近名称具有排他性；二是已获授权保护的植物新品种名称是该品种的通用名称；三是审定公告公布的品种名称是该品种的通用名称。

108. 《商标法》关于通用名称如何规定？植物新品种通用名称能否注册为商标？

答：根据《商标法》第十一条第一款第一项的规定，仅有本商品的通用名称的，不得作为商标注册。《种子法》第二十七条规定，授权品种名称为该品种通用名称。尽管两部法律对通用名称的概念理解可能不完全统一，但笔者认为本意上两者是一致的。《商标法》关于通用名称的规定应属于一般规定，《种子法》关于通用名称的规定应属于特别规定，特别规定应从属于一般规定，即已授权或者审定公布的品种名称不能再获得商标注册。

其一，从农业行政管理角度，已授权新品种不宜再获得商标授权。案例 4 就是很好的例证，因为商标的滥用会导致种子包装标签混乱，以假乱真。

其二，从法律保护角度，植物新品种权同属知识产权范畴，又是《商标法》第三十二条规定的在先权利，他人不得以不正当手段抢注商标，损害在先权利。

其三，植物新品种权保护期是 15 年，期满不续展；而商标保护期是 10 年，期满前后 6 个月可以续展。如果允许将品种名称作为商标授权，势必会给植物新品种后续使用造成障碍，对企业来说是商标，对农户来说很容易将商标作为品种来理解，混淆视听，真假难辨，从而影响农业生产稳定和种子安全，损害农户利益。

其四，从最高人民法院最新司法解释规定的法理和司法价值角度，植物新品种名称不可侵犯，且严禁滥用。

109. 排除通用名称注册为商标是否适用于与品种名称近似的商标？

答：第一，将与通用名称近似的文字或其他标志注册为商标违背了植物新品种保护制度的法律内涵。《种子法》与《植物新品种保护条例》作为植物新品种保护的专门法律法规，其内涵是保护新品种的唯一性、稳定性、特异性和一致性及品种名称的排他性。将与新品种名称近似的文字或其他标志注册为商标显然不符合种子特殊法规定的法律内涵，有钻法律空子之嫌。

第二，将与通用名称近似的文字或其他标志注册为商标不符合立法本意。对植物新品种予以法律保护，主旨是国家实行植物新品种保护制度，鼓励和支持种业科技创新、植物新品种培育和应用，实现社会价值和经济效益。倘若将与品种近似名称注册为商标，容易引起不良效仿，还会增加社会矛盾，破坏法律的统一性。

第三，从商标立法目的和规制目的来看，将与品种名称近似的标志作为商标进行使用或注册也属禁止范畴。《商标法》在赋予自然人、法人或其他组织将区别商品的标志注册为商标的权利的同时，规定申请注册的标志须符合法律规定，具有显著特征，便于识别，不与他人在先取得的合法权利相冲突，禁止攀附和“搭便车”。案例4中“C某华占”商标与“C两某华占”从视觉、读音、字形及结构上均近似，易使相关公众对商品的来源产生误认或认为其来源与植物新品种或植物新品种的生产经营者有特定的联系。《商标法》禁止将通用名称注册为商标，同样可以适用于禁止将与通用名称近似的商标在同一种商品上使用或注册为商标。如涉案商标“C某华占”注册国际类别是31，使用于植物种子，与新品种“C两某华占”属于在同一种商品上使用，极易造成混淆误认，依法应予禁止。

第四，植物新品种权属于《商标法》第三十二条的在先权利，应遏制非权利人将品种名称抢注为商标。

植物新品种权属于一项新型的知识产权，“C两某华占”于2015年11月1

日被授予植物新品种权，在“C 某华占”商标申请注册之前，是一种在先法定权利，依据《商标法》第三十二条应予以排除注册。

对品种名称近似商标排除注册也是对在先权利的保护。本案中涉案品种同为水稻杂交种，无论是近似名称商标还是植物新品种均应用在同一种商品上，为避免混淆使用，将品种名称近似商标排除注册，符合植物新品种单一保护的法律制度，也事关“三农”问题这一特殊领域特殊保护的基本精神。

第五，将与植物新品种名称近似文字或标识注册为商标属于引人误解的混淆行为，违反了《反不正当竞争法》第六条。

《反不正当竞争法》第六条规定：“经营者不得实施下列混淆行为，引人误认为是他人商品或者与他人存在特定联系：（一）擅自使用与他人有一定影响的商品名称、包装、装潢等相同或者近似的标识……（四）其他足以引人误认为是他人商品或者与他人存在特定联系的混淆行为。”

据悉，原告自主选育的杂交稻“C 两某华占”自 2013 年通过审定后，因品种表现突出、优势明显，2014 年被农业部确认为超级稻示范推广品种，同年被北京市科委、北京市发改委、北京市经信委、北京市住建委、中关村科技园区管委会认定为“中关村国家自主创新示范区新技术新产品”；2016 年，再次被北京市科委等五机关认定为“北京市新技术新产品”；据全国农技中心 2017 年 7 月底数据，杂交水稻“C 两某华占”2016 年推广面积达 326 万亩，成为全国杂交水稻第一大品种，具有一定的市场影响力和较高的市场知名度，应为具有一定影响的商品名称。

本案被告将“C 某华占”商标作为商品名称使用，属于《反不正当竞争法》第六条规定的擅自使用与他人有一定影响的商品名称（品种名称）近似情形的混淆行为。足以引人误认为是“C 两某华占”经营者的商品或与“C 两某华占”存在特定联系。

第六，从维权角度，将与品种名称近似的标志注册为商标，会造成维权困难。商标使用人以商标伪装成商品名的包装装潢和植物新品种权保护不仅法律适用存在困难，在取证方面也是困难重重。可能涉及品种检测，取证品种销量、获利及销售渠道等；并且此类型侵权往往加工包装比较隐蔽，调查取证难度大，维权成本高。

总之，禁止通用名称注册为商标同样适用于将与品种名称近似的商品名或字样注册为商标。

110. 品种名称混淆（案例4）涉及的问题引发了哪些对植物新品种名称保护的思考和建议？

答：本案被告将涉案产品以“C某华占”名义出售，与以A品种包装假冒B品种的套牌销售行为如出一辙，是一种新型的“套牌”行为，披着合法的外衣，实质行侵权之事，两途中行为的共同点都是包装公开标识名称与实际包装品种真实性不一致。

该种新型侵权行为如不加以规制，还会冒出更多的近似名称商标，势必会给植物新品种保护和构建现代种业体系带来重大障碍。

笔者经过查询，发现类似案例早在2009年就发生过，某公司在玉米包装正面显著位置突出标注“金某中某4号”冒充另一公司享有品种权的“中某4号”。最终法院判决认定突出使用品种名称字样与正品种子混淆的行为，直接导致权利人利用新品种进行经营的市场空间被侵占，构成对植物新品种权的侵犯。①

笔者建议，商标审查机构在审查检索近似商标时，加大力度扩大范围，与国家植物新品种保护机构数据联网、共享，从源头上排除此类商标注册，减少权利人救济的烦琐与诉累。同时，无论是在审查注册申请，还是在市场执法查处侵权过程中都应将与植物新品种名称近似的标识纳入通用名称规制范畴。

此外，立法、行政机关应着眼于完善行业政策和行业法律法规，对通用名称等相关概念进行协调处理和明确释义。

---

① 参见河南省郑州市中级人民法院（2009）郑民三初字第787号民事判决书。

111. 什么是不再分装的包装种子？种子是否必须包装？

答：依据《种子法》规定，专门经营不再分装的包装种子的，不需要办理种子生产经营许可证，但种子销售前须向当地农业农村主管部门备案，并建立种子销售台账。这里的“不再分装的包装种子”，是指按有关规定和标准包装的、不再分拆的最小包装种子。如果分装种子属于生产经营行为，就必须取得种子生产经营许可证，保证种子包装的完整性，并对其所分装种子的质量负责。

前文中对种子的含义进行了释义，种子属于有繁殖能力的繁殖材料。繁殖材料又包括有性繁殖材料和无性繁殖材料。然而，并非所有的种子都必须包装，如有性繁殖作物的籽粒、果实，包括颖果、荚果、蒴果、核果等以及马铃薯微型脱毒种薯就应当加工、包装后销售。比如，主要农作物中玉米、水稻、小麦、大豆、棉花的种子，非主要农作物中西瓜和一些蔬菜的种子等。而有些种子是不需要加工包装即可销售的，这也是《种子法》第三十九条中规定的不能加工、包装种子的例外，如无性繁殖的器官和组织，包括根（块根）、茎(块茎、鳞茎、球茎、根茎)、枝、叶、芽、细胞等，种苗以及不宜包装的非籽粒种子。比如，蔬菜苗、果树苗木、茶树苗木、花卉苗木等，可以不包装。因此，是否需要对种子进行加工包装，因种子属性而异。

需要说明的是，对种子进行加工包装，有多方面的好处和作用：一是为充分表达种子的特征特性、种子质量、栽培种植措施等，需要通过包装形式附注种子标签和使用说明，将其种子功能予以公示，既起到广而告之的作用，又符合产品包装要求；二是合理包装种子，既可以防止种子混杂、防虫、防潮、防劣变等，又可提高种子商品的特性，保持种子活力；三是包装种子既方便储藏和运输，又方便销售，符合种子的商品特性。

112. 是否允许分装种子？如何标注分装单位？

答：在 2015 年修改《种子法》之前，对种子的包装要求，特别是标签标注信息管理较松散，市面上种子包装多种多样，一个包装标注多个单位名称，既有生产单位，又有总经销或分销、分装单位，五花八门、难以分清。2015 年《种子法》修改及配套规章《农作物种子标签和使用说明管理办法》出台后，对种子包装乱象有所规制，但仍有不少企业对是否允许分装及如何标注的认识模糊不清。

《种子法》第三十九条规定，销售的种子应当加工、分级、包装。但是不能加工、包装的除外。大包装或者进口种子可以分装；实行分装的，应当标注分装单位，并对种子质量负责。

基于该条规定，对种子分装限于大包装或进口种子，而且分装种子的，应当取得种子生产经营许可证，保证种子包装的完整性，并对其所分装的种子负责。包装要标注分装单位，这里的“分装单位”是指具备种子生产经营许可证（含进口）的生产经营企业，而不是标注种子生产企业的分公司或总、分经销单位。

113. 种子包装应当标注哪些信息？

答：首先，对应当包装种子的包装要求是应当附有标签和使用说明，这是《种子法》的强制性规定。

其次，种子标签应当标注种子类别、品种名称、品种审定或登记编号、品种授权号、种子生产经营者信息、质量指标、检测日期、检疫证编号、信息代码、适宜种植区域，以及国务院农业农村、林业和草原主管部门规定的其他事项。

最后，种子使用说明标注内容主要包括品种主要性状、主要栽培措施、适应性等使用条件的说明及风险提示、技术服务等信息。

第三节 种子标签和使用说明

114. 什么是种子标签？销售种子是否要有标签？哪些是种子标签应标注的内容？

答：种子标签是销售种子必须附有的内容。《种子法》和《农作物种子标签和使用说明管理办法》规定，种子标签是指印制、粘贴、固定或者附着在种子、种子包装物表面的特定图案及文字说明。对玉米、水稻等籽粒种子的标签是指附着在包装物表面的特定图案和文字说明；对林木种苗类无性繁殖材料通常是指附着、粘贴或固定在种苗上的印刷品，也可以单独制成印刷品，在销售种子时提供给种子使用者。

种子标签应当标注下列内容：

（1）作物种类、种子类别、品种名称。

（2）主要农作物品种标注品种审定编号；通过两个以上省级审定的，至少标注种子销售所在地省级品种审定编号；引种的主要农作物品种，标注引种备案公告文号。

（3）授权品种，标注品种授权号。

（4）已登记的农作物品种，标注品种登记编号。

（5）种子生产经营者信息，包括种子生产经营者名称、种子生产经营许可证编号、注册地地址和联系方式。

（6）质量指标、净含量。

（7）检测日期和质量保证期。

（8）品种适宜种植区域及种植季节。

（9）检疫证明编号。

（10）信息代码，是指种子标签二维码，二维码应包括品种名称、生产经营者名称或进口商名称、单元识别代码、追溯网址四项信息。

（11）进口种子，标注进口审批文号及进口商名称、注册地址和联系方式。

（12）药剂处理种子，标注药剂名称、有效成分、含量及人畜误食后解决方案；依据药剂毒性大小，分别标明“高毒”并附骷髅标志、“中等毒”并附十字骨标志、“低毒”字样。

（13）转基因种子，标注“转基因”字样、农业转基因生物安全证书编号。

115. 什么是种子使用说明？使用说明包括哪些内容？

答：种子使用说明是指对种子的主要性状、主要栽培措施、适应性等使用条件的说明及风险提示、技术服务等信息。使用说明应包括下列内容：

（1）品种主要性状；

（2）主要栽培措施；

（3）适应性；

（4）风险提示；

（5）转基因种子应当提示使用时的安全控制措施；

（6）使用说明和标签分开的，应当包括品种名称和种子生产经营者信息；

（7）技术咨询服务信息。

116. 什么种子风险提示？风险提示有哪些具体要求？

答：种子风险提示属于使用说明的内容之一，包括种子贮藏条件以及销售区域主要病虫害、高低温、倒伏等因素对品种引发风险的提示及注意事项。

风险提示是种子包装应当标注的部分，而且风险提示不限于规定的内容，种子生产经营者可以根据品种的不同特性和销售区域，标注相应的提示内容。包装标注风险提示是种子生产经营者对所销售品种的风险告知义务，在告知风险的同时，也在预防种子使用后的潜在风险，一定程度上还可以降低企业的风险责任。

实践中，很多种子企业对包装标注风险提示存有认识误区，认为标注了风险提示相当于将品种的不足之处广而告之，会影响市场销量。错误认识的原因，往往是由利益至上所致，从长远考虑，客户才是第一位的。如实作出风险提示，不仅可以将品种精准推广，明确市场定位，还可以有效避免或降低可能带来的种植风险。倘若不明确告知品种的风险，遇有胁迫天气，种子企业接到投诉、维权的可能性更大，损失也更大。因此，种子生产经营者务必重视风险提示的标注，不要遗漏。

117. 种子标签和使用说明中禁止出现哪些内容？

答：《农作物种子标签和使用说明管理办法》第三十一条规定："法律、行政法规没有特别规定的，种子标签和使用说明不得有下列内容：（一）在品种名称前后添加修饰性文字；（二）种子生产经营者、进口商名称以外的其他单位名称；（三）不符合广告法、商标法等法律法规规定的描述；（四）未经认证合格使用认证标识；（五）其他带有夸大宣传、引人误解或者虚假的文字、图案等信息。"

另外，《农作物种子标签二维码编码规则》规定，不得在二维码图像或识读信息中添加引人误解或误导消费者的内容以及宣传信息。

118. 超过种子标签标注保质期的种子能否销售？

答：超过保质期种子一般有两种情形：一是过期种子质量仍能达到国家或行业标准规定指标，或者达到标签标注指标；二是经检验，过期种子质量未能达到国家或行业标准规定指标，或者未达到标签标注指标。对于第一种情形可以销售，第二种情形则不允许继续销售。为防止由此带来损失，农业农村主管部门应依据《种子法》第七十五条对第二种情形的过期种子按劣种子予以查处。

119. 种子企业在标注种子标签和使用说明时应注意什么？

答：种子标签和使用说明一定要注意内容的真实性和规范性，常见的标注问题有如下几种：

一是标注值和规定值相混淆。规定值是极限值，用于执行；而标注值是具体值，用于判定。

二是物种标注错误。例如，在胡萝卜种子标签上标注白菜的种子质量标准代号。

三是标注标准错误。在一起案件中，某种子企业于2013年2月生产的一批番茄种子应当执行标准GB 16715.3—2010，该标准规定杂交种纯度不低于96.0%；而这批番茄种子的标签标注的执行标准是GB 16715.3—1999，杂交种纯度标注是≥95.0%。该种子企业遂被以销售劣种子追究法律责任。

四是产地标注错误。在2011年公安部“亮剑”行动中，一家种子企业用标注外文的包装袋，包装种子产地与标签标注内容不符的种子，该企业董事长和总经理分别被判处有期徒刑10年和8年。

五是品种名称标注不真实。2015年，某进口分装商将“X3670”向日葵种子的品种名称改成“X9696”，分装商将品种名称由“X9696”改成“LH5009”，后分装商和销售商均犯生产销售假劣种子罪，分别被判处有期徒刑10年和6年，并分别被处以罚金104万元和110万元。

六是其他错误情形。如生育期标注不真实、品种说明标注内容与品种审定公告不一致，审定编号、适宜种植区域、种植密度、抗性标注不真实等。

120. 如何判定种子标签和使用说明标注内容是否真实、规范？

答：判断标注内容的真实性主要看种子种类、品种与标签标注的内容是否相符，常见以大田用种冒充原种、常规种冒充杂交种，以及品种特征特性、适宜种植区域及季节与真实情况不符的情况。

另外，《农作物种子标签通则》和《农作物种子标签和使用说明管理办法》是衡量标注内容是否合规的重要标准。常见术语标注错误（如种植季节与栽培季节混淆）；品种名称、单位名称及品种性状标注不规范等。

值得注意的是，实践中不真实的标注未必不符合规定，不符合规定的标注未必不真实，符合规定的标注未必真实，真实的标注未必符合规定。

121. 能否以剪切、粘贴等方式修补标签内容？

答：根据《种子法》《农作物种子标签和使用说明管理办法》的规定，种子标签是指印制、粘贴、固定或者附着在种子、种子包装物表面的特定图案及文字说明。这里的“粘贴”，一是指对于不易包装的种子，可先印制标签，再以粘贴方式固定或附着在种子上；二是指对于罐装种子，可先印制标签，再以粘贴方式固定或附着在包装罐上；三是指对于进口种子，可将中文标签以粘贴方式固定或附着在种子包装物上，但不得覆盖外文标签。

《农作物种子标签和使用说明管理办法》第三十二条第三款规定：“以剪切、粘贴等方式修改或者补充标签内容的，按涂改标签查处。”即不允许对完整的标签通过剪切方式进行破坏，再以粘贴方式进行修补；不允许对成品标签以粘贴方式进行涂改。

《农作物种子标签和使用说明管理办法》中所说的可以以粘贴方式制作标签的，是指不适宜包装的产品，如种苗等。对于能够包装的种子，不得以剪贴包装的方式对包装标签进行破坏或覆盖，并且标签说明书应当外置于包装上。

122. 应当如何标注种子风险提示？

答：2015 年修订的《种子法》及其配套规章《农作物种子标签和使用说

明管理办法》，开始明确规定种子标签和使用说明应标注风险提示。要求种子生产经营者应向种子使用者提供种子生产经营者信息、种子的主要性状、主要栽培措施、适应性等使用条件的说明、风险提示与有关咨询服务，不得作虚假或者引人误解的宣传，并对标签和使用说明的真实性负责。风险提示应包括种子贮藏条件以及销售区域主要病虫害、高低温、倒伏等因素对品种引发风险的提示及注意事项。

对于主要农作物品种而言，风险提示应与品种审定公告或引种备案信息相一致；如果通过两个以上省级审定，风险提示应当与销售地所在地省级品种审定公告一致；如果是同一生态区引种，风险提示应当与引种备案信息一致。如果在实际生产中，因外界因素导致品种抗性发生变化，种子生产经营者应以品种的实际表现为准如实进行提示。如果存在公告内容以外的可知风险事项，种子生产经营者应如实说明。

对于非主要农作物品种而言，属于登记目录内的作物，风险提示应与品种登记公告相一致；对于未在已发布登记目录的非主要农作物而言，风险提示应与品种在当地的实际表现相一致。

总之，风险提示要求及时到位、客观真实，根据品种审定的信息要求如实客观描述。但是品种审定多年后，其品种的抗性、适应性等多少会随着自然环境、气候等因素的变化而发生变化，这时企业主体要注意及时更新标注信息提示，做到风险提示到位。

123. 种子标签二维码如何制作？

答：种子企业可以根据需要自行或委托制作种子标签，种子生产经营者要对标签真实性负责，由于生产经营者夸大宣传、虚假宣传而造成农民损失的，应由种子生产经营者承担相应责任。《农作物种子标签和使用说明管理办法》规定种子标签二维码应包括品种名称、生产经营者名称或进口商名称、单元识别代码、追溯网址四项内容，且二维码的大小不得小于 2 平方厘米。根据《农作物种子标签二维码编码规则》的规定，种子标签二维码的四项内容每项单独成行。二维码设计采用 QR 码标准，二维码的图形表现及识读信息中不得含广告或引人误解的内容。

种子标签二维码的制作是开放的，由种子生产经营者自行设计，二维码的追溯网址及网页由企业按《农作物种子标签和使用说明管理办法》《农作物种子标签二维码编码规则》自行设计。各级农业主管部门及种子管理机构不指定或委托任何企业或个人设计软件、制作二维码及追溯网页。二维码可以采用多种方式印制在标签上，但要确保不脱落、可识别。

124. 农作物种子标签二维码应具备哪些内容，符合哪些要求？

答：农作物种子标签二维码即《种子法》中所规定的信息代码。按照《农作物种子标签二维码编码规则》规定，有如下要求：

（1）农作物种子标签二维码具有唯一性，一个二维码对应唯一一个最小销售单元种子，即通常说的“一袋一码”。

（2）二维码至少包括品种名称、生产经营者名称或进口商名称、单元识别代码、追溯网址四项信息。而且这四项内容必须按以上顺序排列，每项信息单独成行。

（3）品种名称、生产经营者名称或进口商名称必须与生产经营许可核发的信息一致，禁止弄虚作假、变造、买卖、租借许可证。

（4）对于产品追溯网站，要求通过网址可追溯到种子加工批次以及物流或销售信息，并且网页具有较强的兼容性，可在 PC 端和手机端浏览。

（5）不得在二维码图像或识读信息中添加引人误解或误导消费者的内容以及宣传信息，如不可扫码看广告。

（6）二维码印制要求完整清晰，确保可识读；二维码模块颜色限定为黑色，背景色为白色，且背景区域应大于图像边缘至少 2 毫米。

125. 哪些属于种子广告？关于种子广告有何规定？

答：广告是商品经营者或者服务提供者通过一定媒介和形式直接或者间接地介绍自己所推销的商品或者服务的商业活动。种子是特殊的商品，对其进行包装后，在包装物上直接或间接宣传、介绍种子属于广告的一种形式。如对品种名称、种子特征特性、产量、品质、抗性、适宜种植区域等介绍符合广告的特征。

种子广告除了包装物外，通过宣传物料、会议展陈、报纸电视媒体、新媒体平台视频、朋友圈、公众号等媒介进行的宣传活动都是种子广告的表现形式。可以说种子广告的形式多种多样，通过一定媒介和形式介绍品种和服务，从而达到推销种子、提高种子知名度之目的。随着互联网技术的迅速发展，广告的内容和传播途径也越来越多样化，甚至出现了虚假广告，给健康的市场秩序造成困扰。为了规范种子广告行为，有必要作出边界设定。

《种子法》第二十三条和第四十一条对禁止发布广告情形及广告的内容作出规范。明确规定主要农作物品种未经审定，不得发布广告；应当登记的农作物品种未经登记的，不得发布广告；种子广告的内容应当符合种子法和广告法的规定，主要性状描述等应当与审定、登记公告一致。

《种子法》第四十条第六款规定："种子生产经营者应当遵守有关法律、法规的规定，诚实守信，向种子使用者提供种子生产者信息、种子的主要性状、主要栽培措施、适应性等使用条件的说明、风险提示与有关咨询服务，不得作虚假或者引人误解的宣传。"该条款明确了种子生产经营者有诚信守法经营的义务，并对虚假或引入误解的宣传作出禁止性规定。

《种子法》第七十七条对违反本法第二十三条、第四十一条规定的行为，设定了责任承担的法律依据和规则。即应当审定未经审定或者应当登记未经登记的农作物品种发布广告，或者广告中有关品种的主要性状描述的内容与审定、登记公告不一致的，依照《广告法》的有关规定追究法律责任。

《广告法》作为专门规范广告行为的法律，有效衔接了《种子法》有关规定，如第八条第一款规定："广告中对商品的性能、功能、产地、用途、质量、成分、价格、生产者、有效期限、允诺等或者对服务的内容、提供者、形式、质量、价格、允诺等有表示的，应当准确、清楚、明白。"第二十七条规定："农作物种子、林木种子、草种子、种畜禽、水产苗种和种养殖广告关于品种名称、生产性能、生长量或者产量、品质、抗性、特殊使用价值、经济价值、适宜种植或者养殖的范围和条件等方面的表述应当真实、清楚、明白，并不得含有下列内容：（一）作科学上无法验证的断言；（二）表示功效的断言或者保证；（三）对经济效益进行分析、预测或者作保证性承诺；（四）利用科研单位、学术机构、技术推广机构、行业协会或者专业人士、用户的名义或者形象作推荐、证明。"

广告法的限制性规定，通常也是种子包装出现问题较多的地方。比如，企业的某个品种是由某院士或某科研院所的专家选育的，为扩大影响力，将该专业人士的形象印制在包装袋上，或标注某某科研机构或院士推荐字样，实际上存在利用专业机构、专业人士背书和宣传之嫌，是法律所不允许的。

又如，种子企业特别喜欢利用品种的产量进行宣传，通过包装、宣传彩页、会议销售等方式利用种子用户形象宣传某品种在某地某农户家地块产量或亩产多少斤，产值多少等，这也是法律所不允许的，这种行为很可能被认定为虚假广告。

此外，种子广告还需注意避免使用广告法所规定的禁止性用语，如"国家级、最高级、最佳"的"最"字用语及"冠军""第一"等夸张或误导用语。

126. 什么是虚假广告？

答：依据《广告法》第二十八条的规定，虚假广告是指以虚假或者引人误解的内容欺骗、误导消费者的广告。

虚假广告的情形包括：

（1）商品或者服务不存在的；

（2）商品的性能、功能、产地、用途、质量、规格、成分、价格、生产者、有效期限、销售状况、曾获荣誉等信息，或者服务的内容、提供者、形式、质量、价格、销售状况、曾获荣誉等信息，以及与商品或者服务有关的允诺等信息与实际情况不符，对购买行为有实质性影响的；

（3）使用虚构、伪造或者无法验证的科研成果、统计资料、调查结果、文摘、引用语等信息作证明材料的；

（4）虚构使用商品或者接受服务的效果的；

（5）以虚假或者引人误解的内容欺骗、误导消费者的其他情形。

种子广告必须遵守《广告法》的规定，一旦被认定为虚假广告，将会承担严厉的法律责任。

虚假广告的认定和执法主体是市场监督管理部门。

127. 发布虚假种子广告将承担何种法律责任？

发布虚假广告要承担相应的法律责任。

一是承担罚款、吊销营业执照的行政处罚责任。《广告法》第五十五条第一款规定："违反本法规定，发布虚假广告的，由市场监督管理部门责令停止发布广告，责令广告主在相应范围内消除影响，处广告费用三倍以上五倍以下的罚款，广告费用无法计算或者明显偏低的，处二十万元以上一百万元以下的罚款；两年内有三次以上违法行为或者有其他严重情节的，处广告费用五倍以上十倍以下的罚款，广告费用无法计算或者明显偏低的，处一百万元以上二百万元以下的罚款，可以吊销营业执照，并由广告审查机关撤销广告审查批准文件、一年内不受理其广告审查申请。"

第五十八条第一款规定："有下列行为之一的，由市场监督管理部门责令停止发布广告，责令广告主在相应范围内消除影响，处广告费用一倍以上三倍以下的罚款，广告费用无法计算或者明显偏低的，处十万元以上二十万元以下的罚款；情节严重的，处广告费用三倍以上五倍以下的罚款，广告费用无法计算或者明显偏低的，处二十万元以上一百万元以下的罚款，可以吊销营业执照，并由广告审查机关撤销广告审查批准文件、一年内不受理其广告审查申请……（九）违反本法第二十七条规定发布农作物种子、林木种子、草种子、种畜禽、水产苗种和种养殖广告的……”

二是承担民事赔偿责任。《广告法》第五十六条第一款规定：“违反本法规定，发布虚假广告，欺骗、误导消费者，使购买商品或者接受服务的消费者的合法权益受到损害的，由广告主依法承担民事责任。广告经营者、广告发布者不能提供广告主的真实名称、地址和有效联系方式的，消费者可以要求广告经营者、广告发布者先行赔偿。”

三是承担刑事责任。《广告法》第五十五条第四款规定：“广告主、广告经营者、广告发布者有本条第一款、第三款规定行为，构成犯罪的，依法追究刑事责任。”

四是高管三年禁业责任。《广告法》第六十九条规定：“因发布虚假广告，或者有其他本法规定的违法行为，被吊销营业执照的公司、企业的法定代表人，对违法行为负有个人责任的，自该公司、企业被吊销营业执照之日起三年内不得担任公司、企业的董事、监事、高级管理人员。”

总之，虚假广告是法律规定的禁止行为，种子生产经营者须严格遵守。在实施广告宣传时，切勿打“法律擦边球”，切忌使用禁止用语以及作虚假、误导、夸大、专家推荐等宣传，应正确表达、清晰表述品种的特性和价值。

128. 什么是农业技术推广？如何理解种子示范和种子推广？种子示范和推广应该如何定性？

答：“推”有使事情开展的意思，如推广、推销、推动。“推广”有推动、开展广告之意。农业技术推广，按照《农业技术推广法》的定义，是指通过试验、示范、培训、指导以及咨询服务等，把农业技术普及应用于农业产前、产中、产后全过程的活动。从定义的内涵分析，农业技术推广可以贯穿于整个农业生产活动。

2001 年 4 月 12 日原农业部致四川省农业厅的农政函〔2001〕3 号《关于种子审定及试验、示范、推广与经营行为界定问题的复函》（在中华人民共和国农业农村部公告第 176 号《农业农村部现行有效规章和规范性文件目录》内）中指出，按照《农业技术推广法》第二条第二款的规定，示范是农业技术推广的一种形式，种子示范是种子推广的一个环节。以“示范用种”的名义销售种子的，应当认定为经营、推广行为。

依据该规范性文件，种子推广涵盖种子示范，单纯的示范用种，未形成交付对价关系的可以视为技术推广的范畴；倘若“以示范用种”的名义形成交易，属于销售种子的范畴，即属于经营推广的行为。

《种子法》第二十三条第一款规定：“应当审定的农作物品种未经审定的，不得发布广告、推广、销售。”对该条文的理解种子企业和农业执法者存在分歧，争议的焦点是“推广”应如何理解？企业方的观点是广告、推广、销售三者系并列关系，说明“推广”不属于“销售”，因此，对未审定品种的推广属于品种的试验、示范，不应处罚。而执法部门则不认可企业方的意见，但又似乎找不到更充分的处罚理由。

笔者认为，对《种子法》第二十三条的理解，应结合案件的实际情况综合考虑。

其一，从法条的文义理解，广告、推广和销售三者确系并列关系，互相不包含，但将三者统一归为种子经营的范畴，更符合《种子法》生产、经营二合一的管理理念。

其二，实践中，确实存在审定公告的时间与种子繁育、制种的时间不协调的问题。比如，品种审定通过公告时间在 4 月，证书下发后办理生产经营备案时，早已过了繁育制种生产的时间，甚至有的省份对生产经营许可备案时间限定在每年的 3 月 1 日至 3 月 31 日。而种子企业的愿望是在落实制种面积前最好通过品种审定，否则晚一个月通过，无法备案，就要推迟一个经营年度，这是一个比较现实的问题，需要行政调整和规制。基于这种矛盾，一些迫于无奈或急功近利的企业选择打破这种“不和谐”，错误地认为在品种审定即将通过前开始安排生产制种，等10月种子入市前，品种自然已通过了审定，不属于“未审先推”，只属于生产经营未备案的问题。所以，一些种子企业纷纷铤而走险。

其三，针对上述急于求成的“未审先生产再推广”行为，完全可以认定为生产经营违法行为，并依法处罚。而真正的“未审先推”是品种还在试验或报审后的试验中即实施了“推广”行为。这里的“推广”又分为单纯的试验示范性的“推广”和打着“品种示范”的名义，形成实际交易并大量销售的“推广”两种情形。前者既未形成交易，也无正式种子包装，只是选择合适的区域作少量品种布点试验的，该种情形不宜视为《种子法》所称的推广销售直接实施处罚。后者属于打擦边球，实际是变相的销售，视为视情况应按照《种子法》的规定，对生产经营种子的违法行为予以处罚。

第四节 种子鉴定

129. 什么是田间现场鉴定？现场鉴定如何组织实施？

答：种子质量纠纷是涉种纠纷案件中的主要类型，解决好质量纠纷有利于维护种子使用者和经营者的合法权益。例如，在种植后、收获前，出现农作物种子质量纠纷，具备田间鉴定条件的，可以申请田间现场鉴定，以合理解决农作物种子质量纠纷。

根据《农作物种子质量纠纷田间现场鉴定办法》第二条的规定，现场鉴定是指农作物种子在大田种植后，因种子质量或者栽培、气候等原因，导致田间出苗、植株生长、作物产量、产品品质等受到影响，双方当事人对造成事故的原因或损失程度存在分歧，为确定事故原因或（和）损失程度而进行的田间现场技术鉴定活动。

现场鉴定由田间现场所在地县级以上地方人民政府农业行政主管部门所属的种子管理机构组织实施。

130. 如何申请田间现场鉴定?

答: 针对种子质量纠纷，如果需要通过田间现场鉴定以确定事故的原因或损失程度，依据《农作物种子质量纠纷田间鉴定办法》第四条规定，可以由种子质量纠纷处理机构根据需要申请现场鉴定或者种子质量纠纷当事人可以共同申请现场鉴定也可以单独申请现场鉴定。

鉴定申请一般以书面形式提出，需说明鉴定的内容和理由，并提供相关材料。口头提出鉴定申请的，种子管理机构应当制作笔录，并请申请人签字确认。

131. 哪些情形的现场鉴定申请不属于受理范围?

答: 种子质量纠纷所涉及的田间现场鉴定是一个常见的复杂且多面的问题。大田作物种植后发生减产或灾害事故，造成事故的原因是什么?损失的程度如何?现实中，种植农户与种子经销者之间存在分歧。要解决分歧、弄清事故原因和损失程度，必然会涉及鉴定。众所周知，大田农作物，从播种、生长到成熟、收获，最终是丰收还是减产，受种子质量、土壤、气候、降水、光照、栽培管理、施肥、病虫害等多种因素影响。未必就是种子原因，种子是否已收获、是否具备现场鉴定的条件等均是现场鉴定所要考虑的因素。

依据《农作物种子质量纠纷田间现场鉴定办法》，对现场鉴定申请不予受理的情形包括以下几种：

(1) 针对所反映的质量问题，申请人提出鉴定申请时，需鉴定地块的作物生长期已错过该作物典型性状表现期，从技术上已无法鉴别所涉及质量纠纷起因的；

（2）司法机构、仲裁机构、行政主管部门已对质量纠纷作出生效判决和处理决定的；

（3）受当前技术水平的限制，无法通过田间现场鉴定的方式来判定所提及质量问题起因的；

（4）纠纷涉及的种子没有质量判定标准、规定或合同约定要求的；

（5）有确凿的理由判定纠纷不是由种子质量所引起的；

（6）不按规定缴纳鉴定费的。

【案例5】农户与种子生产经营者产品质量责任纠纷案

2019年4月16日，黑龙江省富锦市某村村民贾某在某种业公司购买“龙某64”水稻种子，购种金额31417元。种子被种植到贾某承包的53公顷农田里，夏季雨水增多，水稻开始出现病害，贾某联系种子经销者到农田查看，技术人员告知，这个品种在阴雨寡照天气易感稻瘟病，要及时防治。然而，贾某并未采取措施。到了秋季收获季节，贾某发现水稻产量比往年低，于是找种子经销者协商，索赔未果后到农业执法部门举报该水稻的种子为假种子。农业执法部门介入后了解到涉案种子“龙某64”系合法审定品种，质量合格，建议农户走司法途径解决纠纷。2020年1月，贾某向富锦市人民法院起诉种子经营者经销质量不合格种子，造成其减产损失，诉求80余万元赔偿。最终，该案庭审后，原告贾某当庭撤诉。

大田作物种植后，发现田间表现异常，要及时申请种子管理机构组织田间现场鉴定，以确定事故原因及损失程度。从本案看，种植户贾某不仅没有及时申请田间现场鉴定，而且错过了田间鉴定时机，田间作物已收获，不具备田间鉴定的条件。

本案属于不符合田间现场鉴定的第一种情形：作物生长期已错过该作物典型性状表现期，从技术上已无法鉴别所涉及质量纠纷起因。民事案件根据“谁主张，谁举证”原则，最终原告撤诉完全是出于无奈，没有证据证明被告的种子存在质量问题以及导致减产事故是由种子质量问题造成的。

132. 什么是原原种？什么是原种？什么是大田用种？什么是单交种和双交种？

答：原原种又称育种家种子，是指由育种家育成的，遗传性状稳定、特征特性一致的品种，或亲本组合的最初一批种子，用于进一步繁殖的原种种子。该种子由育种家掌握并生产，它是生产原种的主要种子来源，对原原种纯度要求达到100%。

原种是指用育种家种子即原原种繁殖的第一代至第三代，按原种生产技术规程生产的达到原种质量标准的种子，用于进一步繁殖良种种子。对原种纯度要求达到99.9%以上。

大田用种是指用原种繁殖的第一代至第三代或杂交种，并经确认达到国家质量标准要求的种子。

单交种是指两个自交系的杂交一代种子。

双交种是指两个单交种的杂交一代种子。

133. 什么是自交系品种？什么是杂交种品种？

答：自交系品种又称纯系品种、常规品种，是对突变或杂合基因型经过系谱法、连续多代的自交选择而得到的同基因纯合群体，包括自花授粉作物、常异花授粉作物及异花授粉作物，如种植的水稻、小麦、大豆等自花授粉作物品种即为自交系品种，玉米的自交系即作为杂交种的亲本为异花授粉作物。自交系品种能够保持自身遗传性状的稳定性，纯度合格一般可以作为自留种。

杂交种品种，是在严格选择亲本和控制授粉的条件下选育的各类杂交组合F1代植株群体。由于杂交种品种的遗传性状不稳定，F2代将发生基因型分离，杂合度降低，会导致产量下降，通常只种F1代，F2代一般不留用做种子。如玉米杂交种收获材料，不可作为自留种使用。

134. 什么是植物品种 DNA 指纹？如何进行 DNA 指纹鉴定？

答：基于不同品种间遗传物质 DNA 的碱基组分、排列顺序不同，具有高度的特异性，而将能够可视化识别遗传物质 DNA 碱基组分、排列顺序差异而区分不同品种的技术即 DNA 指纹技术。

品种 DNA 指纹是每个品种的分子身份证明。通过 DNA 指纹技术，可以深入品种的基因水平中，用每个品种的特殊基因片段进行标记，给予每个品种一个能够准确表明其身份的代码，如同每个人都有一张身份证。所以说，品种的 DNA 指纹就是品种的“分子身份证”。

由于不同品种的基因组 DNA 存在核苷酸序列差异，如简单重复序列的重复次数差异或单核苷酸差异，这种差异可采用 PCR 扩增及电芯片杂交、测序等检测手段获得的 DNA 指纹加以区分，从而对不同品种进行鉴定。这种鉴定活动即品种 DNA 指纹鉴定。

如今，DNA 指纹鉴定已成为判定不同品种 DNA 指纹图谱，对品种的一致性和真实性进行快速鉴定的方法。该方法普遍应用在品种审定的实验环节和品种保护的审查环节中，以淘汰和筛选品种的差异。

135. 什么是 DNA 分子标记？目前，我国对品种进行 DNA 指纹鉴定的标记法有哪些？

答：DNA 分子标记是指以个体间遗传物质核苷酸序列变异为基础的遗传标记，是 DNA 水平遗传多态性的直接反映。

依据《植物品种鉴定 DNA 分子标记法 总则》（NY/T2594—2016）5.1 的规定，选择 DNA 分子标记类型的基本条件有：标记多态性丰富、实验重复性好、标记位点分布情况清楚、数据易于标准化、技术成熟。基于该原则，主要推荐 SSR、SNP、IDP 等标记类型，作为当前各植物属（种）品种鉴定的 DNA

分子标记类型。

根据农业农村部发布的农作物种业标准目录，种子检验方法 DNA 分子标记类型如下表：

序号	标准号	标准名称
1	NY/T2859—2015	主要农作物品种真实性 SSR 分子标记检测 普通小麦
2	NY/T 2471—2013	番茄品种鉴定技术规程 Indel 分子标记法
3	NY/T 2472—2013	西瓜品种鉴定技术规程 SSR 分子标记法
4	NY/T 2473—2013	结球甘蓝品种鉴定技术规程 SSR 分子标记法
5	NY/T 2474—2013	黄瓜品种鉴定技术规程 SSR 分子标记法
6	NY/T 2475—2013	辣椒品种鉴定技术规程 SSR 分子标记法
7	NY/T 2476—2013	大白菜品种鉴定技术规程 SSR 分子标记法
8	NY/T 2477—2013	百合品种鉴定技术规程 SSR 分子标记法
9	NY/T 2478—2013	苹果品种鉴定技术规程 SSR 分子标记法
10	NY/T 1432—2014	玉米品种鉴定技术规程 SSR 标记法
11	NY/T 1433—2014	水稻品种鉴定技术规程 SSR 标记法
12	NY/T 2594—2014	植物品种鉴定 DNA 指纹方法 总则
13	NY/T 2595—2014	大豆品种鉴定技术规程 SSR 分子标记法
14	NY/T 2634—2014	棉花品种真实性鉴定 SSR 分子标记法
15	NY/T 2745—2015	水稻品种鉴定 SNP 标记法
16	NY/T 2475—2013	辣椒品种鉴定技术规程 SSR 分子标记法
17	NY/T3748—2020	水稻品种纯度鉴定 SSR 分子标记法
18	NY/T3749—2020	小麦品种纯度鉴定 SSR 分子标记法
19	NY/T3750—2020	玉米品种纯度鉴定 SSR 分子标记法
20	NY/T3751—2020	高粱品种纯度鉴定 SSR 分子标记法
21	NY/T3752—2020	向日葵品种真实性鉴定 SSR 分子标记法
22	NY/T3753—2020	甘薯品种真实性鉴定 SSR 分子标记法
23	NY/T3754—2020	甘蔗品种真实性鉴定 SSR 分子标记法
24	NY/T3755—2020	豌豆品种真实性鉴定 SSR 分子标记法
25	NY/T3756—2020	蚕豆品种真实性鉴定 SSR 分子标记法

续表

序号	标准号	标准名称
26	NY/T3748—2020	水稻品种纯度鉴定 SSR 分子标记法
27	NY/T3749—2020	小麦品种纯度鉴定 SSR 分子标记法
28	NY/T3750—2020	玉米品种纯度鉴定 SSR 分子标记法
29	NY/T3751—2020	高粱品种纯度鉴定 SSR 分子标记法
30	GB/T 38551—2020	植物品种鉴定 MNP 标记法
31	NY/T 2466—2013	大麦品种鉴定技术规程 SSR 分子标记法
32	NY/T 2467—2013	高粱品种鉴定技术规程 SSR 分子标记法
33	NY/T 2468—2013	甘蓝型油菜品种鉴定技术规程 SSR 分子标记法
34	NY/T 2469—2013	陆地棉品种鉴定技术规程 SSR 分子标记法
35	NY/T 2470—2013	小麦品种鉴定技术规程 SSR 分子标记法
36	NY/T 2471—2013	番茄品种鉴定技术规程 Indel 分子标记法
37	NY/T 2472—2013	西瓜品种鉴定技术规程 SSR 分子标记法
38	NY/T 2473—2013	结球甘蓝品种鉴定技术规程 SSR 分子标记法
39	NY/T 2474—2013	黄瓜品种鉴定技术规程 SSR 分子标记法
40	NY/T 2476—2013	大白菜品种鉴定技术规程 SSR 分子标记法
41	NY/T 2477—2013	百合品种鉴定技术规程 SSR 分子标记法
42	NY/T 2478—2013	苹果品种鉴定技术规程 SSR 分子标记法
43	NY/T 1432—2014	玉米品种鉴定技术规程 SSR 标记法
44	NY/T 1433—2014	水稻品种鉴定技术规程 SSR 标记法
45	NY/T 2595—2014	大豆品种鉴定技术规程 SSR 分子标记法
46	NY/T 2745—2015	水稻品种鉴定 SNP 标记法
47	NY/T 3436—2019	柑橘属品种鉴定 SSR 分子标记法
48	NY/T 3639—2020	中华猕猴桃品种鉴定 SSR 分子标记法
49	NY/T 3640—2020	葡萄品种鉴定 SSR 分子标记法
50	NY/T 3641—2020	欧洲甜樱桃品种鉴定 SSR 分子标记法
51	NY/T 3642—2020	桃品种鉴定 SSR 分子标记法

136. 什么是 DUS 测试？DUS 测试有哪些功能？

答：植物品种的特异性（Distinctness）、一致性（Unifoumity）和稳定性（Stability）简称 DUS。特异性是指一个植物品种有一个以上性状明显区别于已知品种；一致性是指一个植物品种的特性除可预期的自然变异外，群体内个体间相关的特征或者特性表现一致；稳定性是指一个植物品种经过反复繁殖后或者在特定繁殖周期结束时，其主要性状保持不变。

植物品种的 DUS 测试是指采用相应的测试技术与标准，通过种植试验或室内分析对植物新品种的 DUS 进行评价的过程，是各国品种管理的基本技术依据。目前，在我国 DUS 测试主要有官方测试、自主测试和委托测试等方式。

《种子法》规定，在申请保护、品种审定和品种登记时，应具备 DUS 测试报告，明确了 DUS 测试是品种管理的基本技术依据，提高了 DUS 测试的法律地位。

DUS 测试主要有如下的功能：

（1）描述植物品种，对品种给予明确的定义；

（2）对植物品种 DUS 进行判断；

（3）用于种子（苗）纯度的质量监测；

（4）用于植物品种的真实性评价；

（5）用于假冒侵权案件的技术鉴定；

（6）用于植物育种评价。

137. DNA 分子检测与 DUS 测试有哪些区别？

答：DNA 分子检测方法是品种真实性验证或身份鉴定，允许采用简单重复序列（简称 SSR）、单核苷酸多态性（简称 SNP）及多核苷酸多态性分子标记方法。检测是采用抽取有代表性的检测样品与标注样品、DNA 数据库比较的方式。DUS测试是采用相应的测试技术与标准，通过种植试验或室内分析对植物新品种的DUS进行评价的过程活动。两者都是鉴定品种真实性的科学检测方法，但两者又有较大区别。

一是检测所依据的标准不同。DNA分子检测主要是依据植物品种的DNA鉴定技术规程分子标记方法，如SSR、SNP、MNP等；DUS测试主要是依据相关植物品种的DUS测试指南。

二是检测条件、能力所需的资质不同。从事农作物种子DNA分子检测的种子检验机构，需要具备：(1) 依法成立并能够承担相应法律责任的法人或者其他组织；(2) 具有与其从事检验活动相适应的检验技术人员和管理人员；(3) 具有不少于100平方米的固定工作场所，工作环境满足检验要求；(4) 具备与申请检验活动相匹配的检验设备设施；(5) 具有有效运行且保证其检验活动独立、公正、科学、诚信的管理体系；(6) 符合有关法律法规或者标准、技术规范规定的特殊要求。除此以外，种子质量检验机构还应当经省级人民政府农业农村主管部门考核合格，获颁发《农作物种子质量检验机构合格证书》(标注CASL标志)，并获得省级质量技术监督部门颁发的《检验检测机构资质认定证书》(标注CMA标志)，才可从事种子质量检验工作，如种子质量、真实性等检测项目。DUS测试机构主要是以官方为主的公益性非营利机构。测试机构配备专职测试人员和技术负责人及具有与测试任务相匹配的相对集中、独立、封闭和安全的试验地、实验室、温室等实验场所。

三是检测机构及检验人员不同。DNA分子检测机构需要配备实验室和专业的设备设施及室内检测技术人员；而我国农业植物品种DUS测试机构主要是指农业农村部批准或授权从事DUS测试的指定机构，包括挂靠在农业农村部科技发展中心和有关单位的农业农村部植物新品种测试中心、测试分中心，以及农业农村部授权的其他测试单位。林业植物新品种DUS测试机构主要是国家林草植物新品种测试中心、测试分中心、分子测定实验室及专业测试站。技术人员须具有植物分类、遗传育种、栽培、生理、种质资源等专业背景或工作经验。

四是检测程序及功能方式不同。DNA分子检测主要是对检测品种间的

DNA 数据进行比对分析，以 DNA 分子核心引物差异位点区分品种，属于快速检测方法，检测程序主要依靠实验设备和实验材料。DUS 测试主要是测试品种性状，并根据性状数据对比分析，最终以性状差异区分品种。

五是品种管理的要求不同。DNA 分子检测为我国品种管理提供辅助的技术支撑，比如在品种审定和品种权保护中，通过 DNA 分子检测先对品种进行 DNA 数据库筛选，鉴别出真伪或遗传相似度，以决定是否淘汰或进入程序。而 DUS 测试是品种审定和品种保护实质审查的必要条件，只有经测试并提供合格的 DUS 测试报告，方可通过审定或保护，为品种管理提供可靠的技术支撑和判定依据。

六是检测周期不同。DNA 分子检测方法系快速检测法，周期较短，一般在 10 天左右；而 DUS 测试需要田间种植，周期较长，根据不同植物品种的一个种植季的时长，一般需要 3 至 4 个月，甚至更长。

七是行政执法及司法应用不同。DNA 分子检测是国家规定的快速检测方法，在行政检查、执法中广泛应用，《种子法》已将快速检测结果明确为行政处罚的依据。但是，行政案件中被检查人对检测结果有异议的，可以申请复检，复检不得采用同一检测方法。换句话说，就是对 DNA 分子检测结果持有异议，可以申请采用 DUS 测试方法进一步检测。在司法案件中，DNA 分子检测的应用较广泛，是司法案件证据规则使然，加上 DUS 测试的周期太长，存在不确定性因素等，司法实践中，对 DNA 分子检测结果持有异议的，实行举证责任倒置，由异议方举证或申请扩大检测位点进行加测或者提取授权品种标准样品进行测定等，一般不同意 DUS 测试申请。

八是检测成本和效率不同。DNA 分子检测快捷高效，且具有重复性，现在的技术较先进，检测成本也较低，一般在几千元左右；DUS 测试因需进行田间种植实验，易受气候环境、地理位置、实验管理等因素影响，相对成本要高、效率低。

九是检测结果的判定规则不同。DNA 分子检测结果的判定方法是用差异位点数或遗传相似度进行比较，判定标准根据不同的植物属（种）特性，在相应的鉴定标准中确定。比如，目前玉米 SSR 标记法的鉴定标准为：当样品间差异位点数≥2 时，判定为不同；当样品间差异位点数=1 时，判定为近似；当样品间差异位点数=0 时，判定为极近似或相同。DUS 测试主要是依据测试指南规定对植物品种的特异性、一致性和稳定性进行判别。以玉米为例，特异性的判定是当待测品种至少在一个性状上与最为近似的品种具有明显且可以重现的差异时，即可判定待测品种具备特异性。一致性的判定是对于自交系和单交种品种，采用 3%的总体标准和至少 95%的接受概率。当样本大小为 40 株时，最多可以允许有 3 个异型株，当样本大小为 80 株时，最多可以允许有 5 个异型株。稳定性的判定一般不对稳定性进行测试，如果一个品种具备一致性，则可以认为具备稳定性。

十是结论冲突认定不同。虽然 DNA 分子检测和 DUS 测试均是科学、可靠的检测方法，也是种子执法和司法案件的重要鉴定支撑，但是两者使用的检测标准、程序、数据要求等不同，在作为植物新品种侵权判定所参考的专业技术意见中，当两者的检测结果发生冲突时，在现行有效的法律制度和司法实践中是以 DUS 测试报告为准。比如，《最高人民法院关于审理侵害植物新品种权纠纷案件具体应用法律问题的若干规定（二）》第二十四条规定："田间观察检测与基因指纹图谱等分子标记检测的结论不同的，人民法院应当以田间观察检测结论为准。"

第六章 转基因品种及其管理

第一节 转基因及生物安全

138. 什么是基因？什么是转基因种子？

答：俗话说："种瓜得瓜，种豆得豆。"这句谚语很形象地说明植物性状遗传表达的可延续性。基因是每一种生物有机体内部所含有的遗传物质，是生物及其特性可以一代一代延续下去的基本单位。换言之，基因系指控制生物性状的基本遗传单位。

随着科技的发展，人类开始不断追求高产量、高品质和高抗性的种子。为了实现这些需求和研发目标，科学家开始利用现代生物技术的方法，将所需要的基因进行定位、编辑、分离，再将所需基因 DNA 片段导入目标品种中。这种生物技术育种手段，称为转基因技术。

转基因种子是指利用基因工程技术改变基因组构成并应用于农业生产的种子。基因工程技术是指利用载体系统的重组 DNA 技术以及利用物理、化学和生物学等方法把重组 DNA 分子导入品种的技术。基因组是指作物的染色体和染色体外所有遗传物质的总和。

139. 什么是农业转基因生物？我国针对农业转基生物安全建立了何种监管体系？

答：《农业转基因生物安全管理条例》第三条第一款规定："本条例所称农业转基因生物，是指利用基因工程技术改变基因组构成，用于农业生产或者农产品加工的动植物、微生物及其产品，主要包括：（一）转基因动植物（含种子、种畜禽、水产苗种）和微生物；（二）转基因动植物、微生物产品；（三）转基因农产品的直接加工品；（四）含有转基因动植物、微生物或者其产品成分的种子、种畜禽、水产苗种、农药、兽药、肥料和添加剂等产品。”

该条第二款规定：“本条例所称农业转基因生物安全，是指防范农业转基因生物对人类、动植物、微生物和生态环境构成的危险或者潜在风险。”

我国已建立了农业转基因生物安全监管体系，具体如下。

（1）在监管机构上，建立了由农业农村部负责全国农业转基因生物安全的监督管理、县级以上地方各级人民政府农业农村主管部门负责本行政区域内的农业转基因生物安全的监督管理的工作机制，如设立国家农业转基因生物安全委员会，负责农业转基因生物的安全评价工作。农业农村部设立农业转基因生物安全管理办公室，负责农业转基因生物安全评价管理工作。

（2）在协调机制上，建立了农业转基因生物安全管理部际联席会议制度。联席会议由农业农村、科技、环境保护、卫生、外经贸、检验检疫等有关部门的负责人组成，负责研究、协调农业转基因生物安全管理工作中的重大问题。

（3）在分级管理上，建立了农业转基因生物安全分级管理评价制度。农业转基因生物按照其对人类、动植物、微生物和生态环境的危险程度，分为四个等级：安全等级Ⅰ——尚不存在危险；安全等级Ⅱ——具有低度危险；安全等级Ⅲ——具有中度危险；安全等级Ⅳ——具有高度危险。

安全评价工作按照植物、动物、微生物三个类别，以科学为依据，以个案审查为原则，实行分级分阶段管理。

（4）在评价建设上，建立了农业转基因生物安全评价制度。

（5）在标签管理上，建立了农业转基因生物标识制度。在中华人民共和国境内销售列入农业转基因生物目录的农业转基因生物，应当有明显的标识。具体由生产、分装单位和个人负责标识；未标识的，不得销售。

第二节　转基因品种管理

140. 利用基因工程技术培育的品种如何命名?

答：2022 年修订的《农业植物品种命名规定》新增了一条作为第十三条："通过基因工程技术改变个别性状的品种，其品种名称与受体品种名称相近似的，应当经过受体品种育种者同意。"

农业植物品种命名规则是，一个农业植物品种只能使用一个中文名称，在先使用的品种名称具有优先性，不能再使用其他的品种名称对同一品种进行命名。那么，对于利用基因工程技术培育的品种（转基因品种），总体上命名规则与非转基因品种命名相一致，应遵循《农业植物品种命名规定》关于在申请农作物品种审定、品种登记和农业植物新品种权时保证使用同一个名称，品种名称应当使用规范的汉字、英文字母、阿拉伯数字、罗马数字或其组合，品种名称不得超过 15 个字符等规定。

但对于通过基因工程技术改变个别性状的品种，其品种名称与受体品种名称相近似的，应经受体品种育种者同意。这是从品种名称角度，切实保障受体品种育种者的权益。

除此以外，《种子法》和《农作物种子标签和使用说明管理办法》也明确规定，销售转基因种子的，种子标签必须用明显的文字标注，并应当提示使用时的安全控制措施，应当标注"'转基因'字样和农业转基因生物安全证书编号"。通过在种子标签上标注转基因字样，履行向社会告知义务，同时保证社会公众的知情权。

141. 《农业农村部关于修改〈农业转基因生物安全评价管理办法〉等规章的决定》主要涉及哪些部门规章？为何要修改？

答：《农业农村部关于修改〈农业转基因生物安全评价管理办法〉等规章的决定》已经2021年12月31日第18次部常务会议审议通过，自2022年1月21日起施行。这次公布修改的部门规章共4部，包括《农业转基因生物安全评价管理办法》《主要农作物品种审定办法》《农作物种子生产经营许可管理办法》和《农业植物品种命名规定》。

此次修改部门规章，主要是为有序推进生物育种产业化应用，发展现代种业，保障粮食安全。对涉及转基因生物监管的部门规章进行修改，为推进生物育种产业化应用提供法律保障和制度支撑，是科技发展的需要。

据《农民日报》报道，农业农村部种业管理司和科技教育司负责人在回答为何要修订上述4部部门规章时，提出了修改4部规章的目的和意义。

一是贯彻落实中央重要会议精神和具体要求。比如，十九届五中全会提出，把科技自立自强作为国家发展的战略支撑，把生物育种列为强化国家战略力量重点发展的八大前沿领域之一。2020年中央经济工作会议和2021年中央一号文件明确要求，尊重科学、严格监管，有序推进生物育种产业化应用。

二是为加快生物育种产业化应用提供法律保障和制度支撑。近年来，我国转基因技术研究应用取得了一系列重大成果，培育了一批具有自主知识产权和应用前景的转基因新品种，亟须优化安全评价方式、规范转基因品种审定和生产经营等，畅通产业化应用通道，加快现代农业科技创新与应用。对4部规章进行修改，既是加快生物育种产业化应用配套制度建设的重要内容，又将进一步促进种业科技创新发展，还为打好种业翻身仗提供重要制度支撑。

三是修改后的规章是对社会各方面意见认真梳理研究后的最终决定。

142. 《农业转基因生物安全评价管理办法》修改的背景是什么？主要修改了哪些内容？

答：《农业转基因生物安全评价管理办法》（以下简称《安全评价办法》）自2002年1月5日公布，2002年3月20日起施行，历经2004年7月1日农业部令第38号、2016年7月25日农业部令2016年第7号、2017年11月30日农业部令2017年第8号、2022年1月21日农业农村部令2022年第2号共四次修订。

该办法在规范农业转基因生物安全评价活动，加强转基因生物安全管理等方面，发挥了重要作用。近年来，在转基因生物新品种培育重大专项支持下，我国转基因研发应用能力得到飞速发展，社会各界对加强和改进转基因生物安全评价提出更多的期盼和要求，农业转基因生物安全评价面临不少需要解决的新情况、新问题，该办法部分条款需要进一步修订和调整，以适应新形势和新要求。

此次修订《安全评价办法》，既是贯彻落实“放管服”精神，鼓励技术创新，保障生物安全，又体现了监管和创新并行的治理思路。主要的修订内容包括：

（1）优化评审方式、提高评审效率。将安全评价方式由按“品种”调整为按“转化体”，推动研发主体把创新重点放在新基因、新性状、新转化体上，有助于解决低水平重复与同质化育种等问题，鼓励和促进生物育种原始创新。

（2）明确复合性状转基因植物管理要求。对取得安全证书的两个及以上转基因植物转化体杂交获得的转化体组合，要求从生产性试验阶段申报安全性评价，进一步规范了新产品研发应用的评价程序。

（3）进一步规范获得安全证书的转基因植物转育行为。主要是为了掌握生物材料转移转让转育情况，加强监管，防止无序扩散，促进可持续发展。同时，确保转化体安全评价与品种管理的有效衔接。

（4）进一步完善安全证书有效期规定。增加安全证书到期后延续的规定，由农业转基因生物安全委员会评价后提出是否准予延续及延续时长，使得安全证书有效期与品种管理能更好衔接。

143. 转基因主要农作物品种申请品种审定需要具备哪些条件及提供哪些材料？

答：主要农作物品种申请品种审定需要具备一定的条件以及向审定委员会提供符合要求的材料，转基因主要农作品种因涉及品种的生物安全因素，我国在审定管理方面对其提出了更高、更严的要求。

依据《主要农作物品种审定办法》的规定，转基因主要农作物品种申请审定的品种，需要具备如下条件：（1）人工选育或发现并经过改良；（2）与现有品种（已审定通过或本级品种审定委员会已受理的其他品种）有明显区别；（3）形态特征和生物学特性一致；（4）遗传性状稳定；（5）具有符合《农业植物品种命名规定》的名称；（6）已完成同一生态类型区两个生产周期以上、多点的品种比较试验。其中，申请国家级品种审定的，稻、小麦、玉米品种比较试验每年不少于20个点，棉花、大豆品种比较试验每年不少于10个点，或具备省级品种审定试验结果报告；申请省级品种审定的，品种比较试验每年不少于5个点。

同时，转基因主要农作物品种申请品种审定的，应当向品种审定委员会办公室提交以下材料：

（1）申请表，包括作物种类和品种名称，申请者名称、地址、邮政编码、联系人、电话号码、传真、国籍，品种选育的单位或者个人（以下简称育种者）等内容；

（2）品种选育报告，包括亲本组合以及杂交种的亲本血缘关系、选育方法、世代和特性描述；品种（含杂交种亲本）特征特性描述、标准图片，建议的试验区域和栽培要点；品种主要缺陷及应当注意的问题；

（3）品种比较试验报告，包括试验品种、承担单位、抗性表现、品质、产量结果及各试验点数据、汇总结果等；

（4）转基因检测报告；

（5）品种和申请材料真实性承诺书；

（6）转化体相关信息，包括目的基因、转化体特异性检测方法；

（7）转化体所有者许可协议；

（8）依照《农业转基因生物安全管理条例》第十六条规定取得的农业转基因生物安全证书；

（9）有检测条件和能力的技术检测机构出具的转基因目标性状与转化体特征特性一致性检测报告；

（10）非受体品种育种者申请品种审定的，还应当提供受体品种权人许可或者合作协议。

144. 2022年1月修订的《主要农作物品种审定办法》对转基因主要农作物品种审定与非转基因品种有何区别和要求？

答：修订之前的《主要农作物品种审定办法》仅对主要农作物品种之一转基因棉花的品种审定作出规定，并不包括其他主要农作物转基因品种的审定内容。而新修订的《主要农作物品种审定办法》，扩大了主要农作物转基因品种审定的范围，明确了转基因大豆、玉米等主要农作物品种的审定要求，在审定程序上，与非转基因品种一致，但在具体要求上有所差别，主要体现在四个方面。

一是从审定层级看，新修订的审定办法规定，除转基因棉花以外的其他转基因主要农作物品种，只实施国家一级审定，暂不开展省级、绿色通道和联合体等渠道试验审定。

二是从试验要求看，充分考虑转基因品种的培育情况，规定了转基因品种试验的两种情形。第一种情形，申请审定的转基因品种，除了目标性状外，其他特征特性与受体品种无变化，受体品种已通过审定（包括国审和省审）且未撤销的，若申请审定的适宜种植区域在受体品种适宜种植区域范围内，可简化试验程序，只需开展一年生产试验；若申请审定的适宜种植区域不在受体品种适宜种植区域范围内的，应当与非转基因品种审定试验相关规定保持一致，开展两年区域试验、一年生产试验。第二种情形，对于转育的新品种，应当开展两年区域试验、一年生产试验和 DUS 测试。同时，规定区域试验时对转基因品种进行转化体真实性检测，并对转基因目标性状与转化体特征特性一致性检测报告进行验证，确保审定品种真实可靠。

三是从材料要求看，在提供非转基因品种审定需要的材料基础上，还需提供转化体信息、一致性检测报告、权属证明材料等，确保申请审定的转基因品种真实有效、安全可靠。

四是从信息披露看，在审定公告、审定证书内容的原规定基础上，就转基因品种增加“转化体所有者、转化体名称、农业转基因生物安全证书编号等”内容，审定公告还增加了“转基因目标性状”，将重要信息主动向社会公开，回应社会关切，接受社会监督。

145. 转基因品种如何办理农作物种子生产经营许可证？

答：我国关于农作物种子生产经营许可的管理，是从生产、经营分开管理到生产经营合为一体的许可制度。《农业转基因生物安全管理条例》规定对生产、经营转基因植物种子实行分开许可制度，分别应当取得国务院农业农村主管部门颁发的生产许可证和经营许可证。在申请许可证的条件上，也是分开管理。比如，该条例第十九条第二款规定：“生产单位和个人申请转基因植物种子、种畜禽、水产苗种生产许可证，除应当符合有关法律、行政法规规定的条件外，还应当符合下列条件：（一）取得农业转基因生物安全证书并通过品种审定；（二）在指定的区域种植或者养殖；（三）有相应的安全管理、防范措施；（四）国务院农业农村主管部门规定的其他条件。”

第二十五条第二款规定：“经营单位和个人申请转基因植物种子、种畜禽、水产苗种经营许可证，除应当符合有关法律、行政法规规定的条件外，还应当符合下列条件：（一）有专门的管理人员和经营档案；（二）有相应的安全管理、防范措施；（三）国务院农业行政主管部门规定的其他条件。”

我国在2015年修订《种子法》时，将农作物种子生产许可和经营许可合二为一，建立了统一的种子生产经营许可制度，并于2016年制定了配套规章《农作物种子生产经营许可管理办法》。但该办法将涉及转基因农作物种子生产经营许可管理规定，明确为由农业部另行制定。

2022年1月21日公布施行的《农作物种子生产经营许可管理办法》，删除了原办法第三十四条“转基因农作物种子生产经营许可管理规定，由农业部另行制定”的规定，并将修订前的《农作物种子生产经营许可管理办法》和《转基因棉花种子生产经营许可规定》的相关内容进行了整合，建立了非转基因种子和转基因种子生产经营许可统一管理的制度，从而补强了《种子法》关于农作物种子生产经营许可统一管理的制度。

新修订《农作物种子生产经营许可管理办法》第十条规定：“申请领取转基因农作物种子生产经营许可证的企业，应当具备下列条件：（一）农业转基因生物安全管理人员2名以上；（二）种子生产地点、经营区域在农业转基因生物安全证书批准的区域内；（三）有符合要求的隔离和生产条件；（四）有相应的农业转基因生物安全管理、防范措施；（五）农业农村部规定的其他条件。从事种子进出口业务、转基因农作物种子生产经营的企业和外商投资企业申请领取种子生产经营许可证，除具备本办法规定的相应农作物种子生产经营许可证核发的条件外，还应当符合有关法律、行政法规规定的其他条件。”具体到转基因种子生产经营还应当符合《农业转基因生物安全管理条例》规定。

上述新修订的《农作物种子生产经营许可管理办法》施行之前颁发的且在有效期内的农作物种子生产经营许可证（含转基因棉花）仍然有效，原有许可证编号、经营范围、经营方式等均不变。许可证到期后需按照新《农作物种子生产经营许可管理办法》规定的条件、要求和程序重新申请办理。

其中，申请办理种子进出口生产经营许可证和转基因农作物种子生产经营许可证的，申请人应向农业农村部提出申请，按规定提交相应材料，由农业农村部核发。

第七章　种业维权打假工作流程

第一节　侵权线索筛选

1. 线索来源

种业维权，首要关注的是信息源以及对线索的筛选、甄别。关于线索来源主要有以下几种：

（1）渠道经销商向公司、分公司及公司人员反映线索，由相关人员或分支机构将信息反馈到公司法务部或其他部门；

（2）法务或维权专员在市场巡视过程中发现；

（3）群众举报；

（4）执法部门信息通报；

（5）公司维权专线获取。

2. 门店现场核查

种子市场销售终端是假劣、侵权种子的温床，是违法种子流通的最下游环节，也是取证的关键环节。当出现假劣、侵权种子时，要先摸排信息的真伪，搞清楚违法种子是否存在。注意核查如下信息：

（1）假包装的种子：包装的真伪、假包装种子数量、门店门头位置、门店营业执照、负责人、店内布置、店员、店内宣传品等。

注意了解包装商标、装饰装潢、字体、颜色、二维码、版面印刷特征、缝口线组成和颜色，种子来源、基本数量等信息。

（2）散装种子：目测、确认品种、确认（估测）数量、门店门头位置、门店营业执照、负责人、店内布置、店员、店内宣传品等。

（3）套牌种子：目测、确认品种、确认（估测）数量、门店门头位置、门店营业执照、负责人、店内布置、店员、店内宣传品等。

注意了解包装生产单位名称、地址电话、品种名称、审定编号、品种是否授权、生产经营许可证号及品种备案、检验检疫、二维码、标签等信息。

3. 少量测购

根据了解的信息可以作出基本判断，对疑似品种可少量购买。就假包装种子经厂家鉴定核实后可直接举报查处；散籽和套牌种子经目测后进行少量购买，以备做进一步鉴定，确定是否侵权。测购的同时注意以下几点：

（1）在购买时要向门店索要购种凭证、名片、品种宣传单页等资料，并详细查看营业执照，为工商查询做准备。

（2）将购买的种子及时送至有合法资质的检测机构进行检验，大型公司具备检验条件的可以自行检测，以快速了解真伪及确认是否为侵权种子。

（3）在有必要的情况下，跟踪蹲点摸排其种子存放点，侧面了解其销售网络。

（4）对门店规模、经济实力、当地影响力进行侧面考察。

（5）通过全方位综合分析，结合工商查询结果，对假冒包装种子直接进行举报查扣；对有诉讼价值的企业和个人进行证据保全，可为诉讼和申请赔偿做准备。

第二节　行政举报流程

1. 执法政策环境越来越好

近年来，党中央高度重视种业知识产权保护工作。2019 年，中办、国办联合出台了《关于强化知识产权保护的意见》。2020 年 11 月 30 日，中共中央政治局举行第二十五次集体学习，主题是“加强我国知识产权保护工作”。2021 年 7 月，中央全面深化改革委员会第二十次会议审议通过《种业振兴行动方案》，把修改《种子法》列为重点任务，强调要把种源安全提升到关系国家安全的战略高度，要综合运用法律、经济、技术、行政等多种手段，推行全链条、全流程监管，对假冒伪劣、套牌侵权等突出问题要重拳出击，让侵权者付出沉重代价。

农业农村部、最高人民法院、最高人民检察院、工业和信息化部、公安部、国家市场监督管理总局、供销合作总社等部门几乎每年都要联合部署开展农资打假专项治理行动。为全面贯彻党的十九届五中全会、中央经济工作会议、中央农村工作会议及 2021 年中央 1 号文件精神，落实打好种业翻身仗部署要求，加强种业知识产权保护，严格品种和市场监管，强化执法办案，全面净化种业市场，农业农村部决定自 2021 年起，开展为期 3 年的“全国种业监管执法年”活动。

2021 年 5 月 26 日，农业农村部与最高人民法院签署《加强种业知识产权保护合作备忘录》，加强行政执法与司法保护的紧密衔接。

总之，这一系列政策、部署、行动，无不在加强种业知识产权保护，打击制售假劣侵权种子方面发力。无论是从国家政策，还是从立法、执法、司法层面来看，种业市场法治环境都是越来越好，监管力度越来越大，已形成严格的保护体系和打击机制。

2. 严格行政执法，联合执法监管

涉及农业种子领域的行政执法部门，主要是农业农村主管部门、市场监督管理部门、公安机关、知识产权主管部门、交通运输管理部门、海关等行政机关。根据职责及不同案件性质，由各部门单独执法或联合执法。与种子执法相关的部门、机构、处室、中心如下：

（1）农业农村：农业农村部种业管理司设市场监管处，省级农业农村厅设种业管理处，同时省、市、县（区）三级分别成立农业综合行政执法总队、支队和大队，具体承担农业（含种子）综合执法工作。过去各级种子管理局（站）种子市场监管职能转由种业管理处和执法机构行使，由技术推广和行政执法综合行使转为单一的专门的技术服务，让服务和监管分开，进一步优化放管服，提高机构效能。

（2）市场监督管理：国家市场监督管理总局在推进市场监管综合执法和强化产品质量安全监管等方面发挥重要作用，将过去只对市场流通领域的监管延伸到产品生产流通的整个环节，实现全流程监管。虽然《种子法》未直接规定市场监督管理部门的管辖范畴，但是也没有否定市场监督管理部门对种子市场的监管职能。如种子市场、包装、广告宣传、商标、产品质量等，并未脱离市场监督管理部门的监管。

（3）公安机关：公安部组建了食品药品犯罪侦查局，统一承担打击食品、药品和知识产权、生态环境、森林草原、生物安全等领域犯罪职责。其实在这之前，辽宁、重庆、山东、江苏等多个省、市的公安机关已成立了专门的食品药品环境犯罪侦查机构，承担食品、药品、农资和知识产权犯罪侦办工作。过去农资领域犯罪由治安或经侦侦办，专业不对口，力量不足，容易产生扯皮、推诿，不利于打击犯罪。现在由食药环侦办，专业对口，警力匹配，队伍内部有侦办农资打假和知识产权犯罪分工，有利于打击制售假劣种子和侵权犯罪，保护种业知识产权，保障农民利益。

3. 准备材料

俗话说得好：“不打无准备之仗。”为维护自身合法权益，在拿起法律武器之前，应着手准备好材料。在行政投诉举报阶段，除需要提供举报信或投诉函外，至少还需要准备如下材料：

（1）合法主体资格材料，包括但不限于企业营业执照副本复印件、法定代表人身份证复印件、法定代表人身份证明等材料；

（2）授权委托材料，包括但不限于打假授权委托书、受委托人身份证复印件、员工工作证明，如委托律师，还需要律师证复印件等；

（3）合法生产经营材料，包括但不限于品种审定证书复印件、农作物种子生产经营许可证复印件、农作物种子生产经营许可证副证（涉案种子生产备案表）复印件、品种生产（销售）合同复印件等；

（4）维权资格材料，包括但不限于植物新品种权证书复印件、品种转让协议或品种许可协议复印件、维权打假授权书等。

上述材料在加盖单位公章后，最好统一整理，编制目录和页码，并装订成册，这样既正式又便于执法者阅读。材料可通过邮政快递邮寄或直接向有关行政机关提交。

4. 做好与执法部门的沟通

一切准备就绪，还要与执法部门保持沟通联系，及时督促执法人员进行现场查扣，并出具相应的鉴定报告。同时索要查扣清单、询问笔录复印件并加盖公章，如条件允许，能保留视听资料的尽量保留视听资料，并尽可能保留电子版材料，以备后续之用。

5. 跟踪处理结果

尤其要注意跟踪查扣非法种子的流向，确认是否存在回转、退回现象。特别是在种子的生产基地，个别地方仍存在地方保护主义思想，“白天查晚上退”，暗中转移，案件久拖不办、不了了之。作为受害人或利害关系人，要尽可能向执法机关索要案件行政处罚决定书复印件。一方面对执法机关进行监督，另一方面可以将行政处罚决定书作为启动民事诉讼的证据材料。

6. 材料保存

行政查处阶段案件，从起初组织材料到有了案件结果，所有保留的材料包括纸质版、电子版等，一定要及时汇总到公司的法律事务部门或行政管理部门，归档保存。

第三节 公证保全流程

1. 公证处的选择

保全证据公证是指公证机构根据自然人、法人或者其他组织的申请，依法对与申请人权益有关的、有法律意义的证据、行为过程加以提取、收存、固定、描述或者对申请人的取证行为的真实性予以证明的活动。

保全证据公证有以下几类：（1）对书证的保全；（2）对物证的保全；（3）对视听资料的保全；（4）对证人证言、当事人陈述的保全；（5）对行为过程和事实的保全。

根据《公证法》第二十五条、第二十六条的规定，申请办理公证的自然人、法人或者其他组织及其委托代理人，可以向申请人住所地、经常居住地、行为地或者事实发生地的公证机构提出申请。

保全证据公证是由与公证事项有利害关系并以自己的名义向公证机构提出公证申请的当事人住所地、行为地或者事实发生地的公证机构受理。

公证机构与律师事务所不同，依法应当在核定的执业区域内受理公证业务。基于公证机构执业区域的限制，在选择公证处时，首先尽量选择管辖区域较大的公证处，如省、地市级公证处。其次选择具有保证证据公证办理经验的公证人员，业务熟练、效率也高。

现实中确实有当地公证处无法或不愿办理公证事项，但情势所迫或案件需要，申请人在当地既无住所又无分支机构，还必须由行为地或事实发生地的公证机构办理。遇到此类公证管辖问题如何处理，曾经有案例这般操作，用异地能有效配合的公证处来完成，只需要由申请人向一家当地律师事务所授权，由律师事务所提出公证申请。该操作方式因存在争议，各地公证处意见不同。

2. 公证所需准备材料及工具

（1）文本材料（加盖公章）：

①公证授权委托书（个别公证处要求加盖法人印章或签名）。

②法定代表人身份证明书及身份证复印件。

③公司营业执照和农作物种子生产经营许可证复印件。

④受委托人身份证复印件。

⑤植物新品种权证书和品种权人授权委托书复印件，如果涉及取证频次多、经常性保全证据公证，最好还是将植物新品种权证书和品种权人的授权书进行公证，提供公证书。

（2）保全公证所需准备的工具：

①车辆，选择适宜装货的小型面包车或当地方便使用的机动车。

②拍摄设备，准备清洁版手机、照相机或摄像设备以协助公证人员现场所需。

③封装样品用的纸箱或纸质档案纸袋，因作物品种包装规格不同，可选用不同规规的纸箱或纸质档案袋用以封装取证种子，同时配好宽胶带、胶水或胶棒、裁纸刀等辅助工具。

3. 公证收费情况

不同地方有不同的公证收费标准，经济较发达地区相对欠发达地区费用要高，但其公证业务能力和经验水平也要好很多。例如，玉米制种基地张掖市和武威市办理基地种子保全业务较多，经验丰富。以笔者多年来所涉公证业务分析，每个省会城市公证处的业务水平要明显高于县区公证处，如长春市某公证处有专门的公证团队负责种子侵权保全公证业务，并且可在全省域范围内开展保全；武汉市某公证处公证员为保证公证工作顺利，专门研究涉农涉种业务，配备较专业人员操办。关于行为保全公证收费标准，一般为每件/次 800—2000 元，电话公证收费一般为 600—1000 元，网络公证基础费为 600—1000 元，另外根据制作公证书副本份数不同，费用略有差异。大多地方公证处可根据申请方要求依法依规出具公证书正副本。

4. 公证前准备工作

对取证门店周围环境进行实地考察，确定拍照方位、行动路线，做好与公证人员的事先沟通。

（1）根据规定，办理侵权物证保全时，为便于申请人取证，公证人员可以不公开身份，不着工装。必要时可以与公证员沟通着便衣即可，并与其沟通好怎样互相称呼。

（2）在依法对侵权物取证时，可以以他人名义或雇佣他人购买取证，并考虑好购买时的身份、家庭住址等基本信息，以应对售货人员的询问。考虑到外地人取证的难度，可以雇佣当地农民进行购买。

5. 公证过程

（1）进入侵权品种销售门店，不宜直接购买侵权品种，要先在门店随便看看，并向店内人员咨询品种信息，然后再购买侵权品种。

（2）一般购种数量以 4 袋为宜（一袋留存于公证处，一袋诉讼时递交法院作为证据，一袋做检测，一袋备用）。

（3）索要加盖公章的购种发票或销售凭证，如有可能，索要门店负责人名片及侵权品种的宣传资料。

注意事项：包装袋是否有破损？二维码等防伪标签是否有毁坏？各袋实物种子外观是否一致？信息是否全面？在购买人员和公证员进门店时及购种出门店时，可以拍照片作为证据，有条件的可以录像。对于门店的整体门头状况，同样如此。

6. 公证封样

（1）封样场所。除特殊情况外，公证封样建议一定要在公证处由公证员亲自进行，切莫在酒店、宾馆等第三方场所。

（2）封样步骤。首先，封样前对所购样品包装整体的正面、背面进行拍照，封存后再进行整体拍照。其次，封存纸箱或档案袋等封装物品的所有缝隙处均应当贴上封条，并加盖公证处鲜章和骑缝章，由公证员签字，填写封样日期。最后，可用胶带密封。

（3）封样保存。完好的封样是公证成功的基本要求，为了便于日后对封存样品进行辨认，可以在纸箱上标明购买品种、地点、时间、销售和生产单位及公证书编号等信息。大多作物种子在包装时已使用了种衣剂，保存时注意置于干燥阴凉场所。

7. 公证书的制作

公证书的制作是关系到整个公证成功与否的重要环节，一份好的公证书可以起到一招制胜，遏制对方抗辩的良好效果。若因公证书存在重大疏漏或瑕疵而败诉或影响了证据的采信，则会事倍功半，功亏一篑。因此，公证证词的客观、公正、真实、完整、准确、合法、有效是基本要求。

（1）公证记录信息必须准确详尽，整个公证过程要详细记录，门店地址要具体，发票要明确显示购种名称、数量、公章、票据编号、开票日期，购买人（如A以B的名义在某门店购买，B的名字应出现在购种发票上）；要详细描述所购种子实物信息（对名称有缺失的要说明）；对有内标签的种子要详细描述内标签信息（并将复印件附在公证书中）。

（2）注意公证证词的时间、地点、人物等关键信息的准确性和连贯性，切忌整个公证过程中出现时间缺失、地点变化、人物更替。因此，要在公证书中详细描述时间、地点、人物、品种等信息，一般情况下不能在运输途中出现车辆更换情形，以免造成公证书瑕疵或攻击点，必要时可全程录像，形成证据补强。

（3）公证附件中，要附有工作记录、照片、购买单据、名片、种子内标签复印件，有录像的可以附上光盘。照片要包括包装袋正反面照片（能够清晰看到品种名称、生产销售单位名称、生产日期等）、门店详细信息照片（门头全景、门头全称、门头详细地址牌、公证员进出门店照片）、封样后照片（突出公证处封条及公证人员签字）。购种单据包括购种名称、数量、公章、票据编号、开票日期、购种人等信息。

（4）注意公证书核对。对公证书上的文字内容要逐字逐句核对，对重点信息要用字准确，时间、地点等信息要确保无误，并参照工商登记档案的有关信息，核实公证书是否盖章、签字及是否有遗漏或错误，并及时更正。

第四节　真实性鉴定流程

在种业维权过程中，品种真实性检测是判断侵权与否的关键环节和重要技术手段。凭借先进的检测技术，可及时有效地分辨出种子的“真伪”，为准确打击侵权提供技术支撑。

1. 亲本检测

亲本检测是制种基地维权的常用方式，是进一步固定证据，打击制种基地源头侵权的有效手段。以玉米为例，一般在每年的 7 月中旬，玉米进入抽雄阶段，在田间巡查时，如发现可疑亲本，可抽取适量父母本叶片做 DNA 检测，以证实提取叶片地上物的侵权事实。

2. 种子实物检测

第一种方式是目测。通过目测，观察果穗、籽粒、粒型、粒色等，判断可疑程度，经目测确认为涉嫌侵权品种的进入下一步程序。目前，市面上品种同质化问题严重，难以目测或目测不准确。

第二种方式是自测。一般规模化种子集团、大型种业央企，如中化集团、大北农集团、隆平高科等都设有专门的种子检测中心或检验室，配有专业的检测人员，可对可疑种子进行实验室检测，检测结果的可靠性和准确度较高，但因不具备合法的检测资质资格，检测报告不对外发生法律效力，仅供内部参考。

第三种方式是 DNA 分子检测。第三方检测是种子维权采用的主要检测方式。对侵权品种实施鉴定也是法律规定的判定侵权与否及定分止争的重要制度措施。鉴定机构承揽种子检测依法须具备相应的检测条件和能力，并经省级以上人民政府有关主管部门考核合格，方可对外开展农作物种子检验业务，出具有效的检验报告，其检验数据和结果对外具有参考价值和一定效力。从事农作物种子质量检验的机构一般需要获得农作物种子质量检验机构（CASL）合格认证和检验检测机构计量合格认证（CMA）。如农业农村部全国农作物种子质量监督检验测试中心、北京玉米种子检测中心、部分省直辖市种子质量监督检验测试中心（站）、河南省依斯特检测技术有限公司等官方和民营检测机构。

第四种方式是田间小区种植鉴定。侵害品种权纠纷案件涉及的专门性问题需要鉴定的，可采取 DNA 分子检测方法或田间小区种植鉴定。无论是最新的司法解释，还是 GB/T 3543.5—1995《农作物种子检验规程真实性和品种纯度鉴定》第 1 号修改单，都规定了田间小区种植是鉴定品种真实性和测定品种纯度的可靠方法之一，而且依据《最高人民法院关于审理侵害植物新品种权纠纷案件具体应用法律问题的若干规定（二）》第二十四条的规定，田间观察检测与基因指纹图谱等分子标记检测的结论不同的，人民法院应当以田间观察检测结论为准。由此，田间小区种植鉴定系解决品种真实性纠纷的最终选择。

·第二篇·

典型案例精解

第一章　行政处罚类

第一节　未审先推种子案

品种审定制度是我国最早建立的品种管理制度，《种子法》明确规定对主要农作物品种在市场准入前推行审定前置许可，这也是企业必须遵循的品种管理程序。未审先推，顾名思义，是指未经过国家合法的种子审定许可程序或在报审程序中，尚未获通过的情况下，实施生产经营推广品种的行为活动。

关于未审先推的违法类型，广义上存在两种情形：一是完全没有通过任何审定的推广、销售行为；二是通过国家或省级审定，但是超出了审定区域范围，未作引种备案或在非同一适宜生态区域推广、销售的行为。下面两起案例即两种违法情形的代表。

案例 1
吉安市吉水县某农资公司推广、销售应当审定而未经审定的水稻种子案①

案情聚焦

当事人：吉安市吉水县某农资公司

行政处罚机关：吉水县农业农村局

主要违法事实：2020 年 5 月，农业主管部门接到群众举报，称吉水县某农

① 江西省农业农村厅公布的2020年农业行政执法典型案例之一。参见江西省农业厅网站：http：//nync. jiangxi. gov. cn/art/2021/7/15/art_ 27904_ 3563295. html，最后访问时间 2022 年 4 月 25 日。

资公司在推广、销售应当审定未经审定的水稻种子。经立案查明，当事人推广、销售的水稻种子未经审定。当事人共购进该水稻种子 1050 公斤，案发时已销售 489 公斤，未售出 561 公斤，违法所得 44010 元，货值 94500 元。

行政处罚结果：没收水稻种子 561 公斤，没收违法所得 44010 元，并处罚款 5 万元。

行政处罚法律依据：《种子法》第七十七条

案例解析

品种审定既是我国品种管理的一项重要制度，也是主要农作物品种的市场准入制度。品种审定对提高粮食产量、提升农产品品质、增强农作物抗性和适应性、维护市场秩序和农民利益具有重要作用。

本案属于种子未审先推案的典型案例，即推广、销售的种子未通过任何审定。案涉行为违反了《种子法》第二十三条“应当审定的农作物品种未经审定的，不得发布广告、推广、销售”之规定，行为人应当承担行政处罚的法律责任。

依据《种子法》第七十七条的规定，违反本法第二十三条规定，对应当审定未经审定的农作物品种进行推广、销售的，由县级以上人民政府农业农村、林业草原主管部门责令停止违法行为，没收违法所得和种子，并处二万元以上二十万元以下罚款。

本案中，行政处罚机关最终依据《种子法》第七十七条的规定对当事人作出“没收水稻种子 561 公斤，没收违法所得 44010 元，并处罚款 5 万元的”行政处罚，适用法律正确，处罚额度适当。

案例 2
四川某高某种业有限公司销售超出审定区域范围的水稻种子案①

案情聚焦

当事人：四川某高某种业有限公司

行政执法单位：江西省农业综合行政执法总队

行政处罚机关：江西省农业农村厅

行政处罚决定案号：赣农（种子）罚〔2017〕4号

主要违法事实：当事人于2017年5月10日以每公斤13元的价格销售了11925公斤“陵某优711”水稻种子给江西省丰城市某种业经营部，销售收入共计人民币155025元整。当事人销售的“陵某优711”水稻种子在2010年虽已通过广西农作物品种审定委员会审定（审定编号为：桂审稻2010018），适宜在桂南稻作区作晚稻或桂中稻作区南部适宜种植感光型品种的地区作晚稻种植，但适宜种植区域不包括江西省，并且与江西省不在同一适宜生态区域。在江西省所在的生态区域范围内，“陵某优711”水稻种子没有通过国家级审定或者省级审定，属于应当审定但未经审定通过的品种。

行政处罚结果：2018年10月30日，行政处罚机关作出如下处罚决定：（1）没收违法所得计人民币155025元整；（2）处罚款计人民币200000元整；以上罚没款合计为人民币355025元整。当事人必须在收到处罚决定书之日起15日内持处罚决定书到中国农业银行的具体代收机构缴纳罚没款。

行政处罚法律依据：《种子法》第七十七条第一款第一项。

案例解析

本案主要涉及的法律关系和违法行为体现在如下几点：一是涉案品种为水

① 参见江西省农业农村厅网站：http：//nync. jiangxi. gov. cn/art/2018/11/5/art_ 27903_ 908205. html，最后访问时间2022年4月24日。

稻，属于主要农作物，根据《种子法》第十五条第一款规定，国家对主要农作物实行品种审定制度，主要农作物品种在推广前应当通过国家级或者省级审定。二是本案当事人在江西省销售了大量涉案水稻种子。根据《种子法》规定，主要农作物品种在推广前应当通过审定，这是强制性法律规定，亦是种子的市场准入前提。本案当事人的销售交易行为属于种子在市场流通中的环节，显然要符合审定在先的规定。三是涉案品种销售区域江西省不属于审定适宜区或同一适宜生态区。

本案案涉品种虽已在广西省通过级审定，但在销售区域即涉案区域江西省并未通过审定，亦未引种备案，并且涉案区域与已审定的适宜种植区域不属于同一适宜生态区域。当事人的行为落入了《种子法》第二十三条“应当审定的农作物品种未经审定的，不得发布广告、推广、销售”的规制范围。依据《种子法》第七十七条规定，违反本法第二十三条规定，对未审先推行为由县级以上人民政府农业主管部门责令停止违法行为，没收违法所得和种子，并处 2 万元以上 20 万元以下罚款。

基于上述分析，本案行政处罚机关依据《种子法》第七十七条第一款第一项规定对当事人实施处罚，适用法律正确。从行政处罚的结果来看，本案行政机关对涉案违法行为作出了顶格处罚，对“未审先推”违者必究、执法必严，同时体现了农业行政执法部门在加大对种业市场的监管和处罚力度。

第二节　生产经营假劣种子案

《种子法》第四十八条规定了认定假种子和劣种子的具体情形。假种子包括四种情形：以非种子冒充种子，以此种品种种子冒充其他品种种子，种子种类、品种与标签标注的内容不符，没有标签。劣种子包括三种情形：质量低于国家规定标准、质量低于标签标注指标、带有国家规定的检疫性有害生物。

案例 3
绥化稼某种业以商品粮名义销售假水稻种子案[①]

案情聚焦

2019 年 12 月 6 日，黑龙江省电视台《党风政风热线》节目曝光了一起以商品粮名义销售假种子坑农害农案件。该案件讲述了黑龙江省巴彦县某村农民崔某国，在绥化市“稼某种业”种子商店购买了“稼某 2704”水稻种子，蒙受了严重的减产损失。崔某国与商家协商无果，最终走上维权之路。通过报道，我们注意到几个案件细节：一是种子商店给购种农户开具的销售凭证上写着“商品粮”；二是种子商店以每斤 3.3 元的价格出售“商品粮”；三是种子商店对案涉种子以种子宣传，按“商品粮”出售；四是所谓的“稼某 2704”水稻种子未通过审定。

案例解析

本案是“以商品粮冒充种子”的典型。首先，商品粮不是种子，不能当作种子销售；其次，以商品粮冒充种子属于《种子法》第四十八条第二款规定认定假种子的第一种情形；最后，本案中种子商店虽然在销售凭证上写着“某某商品粮”，但实际上是作为种子出售的。本案将种子商店的行为定性为以商品粮名义销售假种子，并按照经营假种子的违法行为实施处罚，是正确的。理由如下。

一是销售的对象是种植农户。试想，种植农户作为种子使用者，其目的是要通过种植获得粮食丰收，进而出售粮食获得收益，所以说农户是粮食的出售者而非购买者。

二是销售的价格更符合种子的价格水平。案涉种子商店将“稼某 2704”以

---

① 参见 https://www.hljtv.com/app/folder182/folder183/folder187/2019-12-06/728446.shtml，最后访问时间 2022 年 4 月 28 日。

每斤3.3元的价格出售，远远高于粮食价格（当时国家粮食最低收购价三等水稻是每斤1.3元，市场上好的品种才每斤1.5元到1.8元），而常规水稻种子零售价格基本在每斤3.0元到4.5元，因此，案涉物“稼某2704”作为粮食销售价格不符合常理。

三是市场宣传符合销售种子特征。案涉种子商店通过微信、朋友圈、宣传单及口头宣传等方式宣传“稼某2704”水稻表现，符合种子销售特征，而销售粮食不需要宣传品种的特征表现，这样做不符合逻辑。

四是经营主体和场所符合销售种子特征。门店名称系稼某种业，经营场所摆放的全是大量包装种子，完全符合销售种子的环境特征。

五是行为人主观上存在经营假种子的故意。基于案件事实，违法行为人以商品粮冒充种子，足以说明其主观上存在销售假种子的故意，违法行为人希望并以积极的方式促成交易，实现了销售目的，而且给农户造成了严重的减产损害，依法应承担经营假种子的法律责任。

黑龙江省农业农村厅于2020年3月30日专门下发《关于严禁以商品粮名义销售农作物种子的通知》（黑农厅规〔2020〕7号），针对性开展严打活动，严厉打击“以商品粮名义销售种子”，误导农民购买使用的违法行为 。将在同一场所内既经营水稻、大豆等自交作物种子又经销自交作物商品粮食或在种子市场经营自交作物商品粮食的经营者列为重点监管对象，严禁经营者误导农民将商品粮当种子购买种植，严防“以商品粮名义销售种子”违法行为发生。

案例4
黑龙江某种业有限公司以此种品种大豆种子冒充其他品种大豆种子案

案情聚焦

当事人：黑龙江某种业有限公司

办案机关：讷河市农业农村局

承办单位：讷河市农业行政综合执法大队

行政处罚决定案号：讷农（种子）罚〔2019〕2号

主要违法事实：2019年4月初，农户袁某在黑龙江省讷河市一家种子公司，以每斤2.55元的价格购得“黑某46号”大豆种子19600斤，并索要了有经营者盖章的销售凭证。后经检测，包装内的大豆种子非“黑某46号”，袁某遂举报到农业执法部门。办案机关立案调查后，将涉案种子封存，并抽样送检。经DNA指纹检测，待测样品与对照标准样品真实性不一致，即包装标注品种名称与包装袋内实际种子非同一品种，认为当事人行为违反《种子法》规定，应以经营假种子行为予以处罚。

行政处罚决定：2019年9月18日，本案办案机关作出没收违法所得49980元，没收违法种子9850公斤，罚款20万元的行政处罚决定。

行政处罚法律依据：《种子法》第七十五条，《行政处罚法》第二十七条第一项，《规范农业行政处罚自由裁量权办法》第十四条第二项、第五项。

因当事人对本案处罚决定不服，在法定期间内依法向齐齐哈尔市农业农村局申请了行政复议。

案例解析

此处不考虑本案行政处罚程序是否存在问题及行政复议的结果，单就本案行政处罚机关对违法事实的认定及法律适用进行解析。

“以事实为依据，以法律为准绳”是依法行政、严格执法的基本原则。事实是事情的客观真实情况，是不以人的意志为转移的客观存在。法律是认定事实正确与否的根本准则，也是行政机关执法办案所应遵循的基本准则。

从本案处罚的违法事实认定看，涉案违法行为属于《种子法》第四十八条第一款第一项规定的应当认定为假种子的情形，即“以此种品种种子冒充其他品种种子的”情形。具体而言，违法当事人销售的大豆种子外包装标注品种名称为“黑某46号”，销售凭证也作了相应记载。但是事实是检测机构将包装内种子实物与“黑某46号”大豆种子的标准样品作DNA指纹检测后发现两者并不一致。出现该种情形，依据《种子法》规定，应判定为假种子。本案农业行政机关经调查取证，认定了当事人经营假种子的事实，并最终依据《种子法》第七十四条规定作出上述处罚，应属事实认定正确。

从本案处罚的法律适用来看，行政机关作出上述处罚依据的是《种子法》《行政处罚法》及《规范农业行政处罚自由裁量权办法》的相关规定，包含了种子行业特殊法律、行政处罚专门法律及农业行政处罚自由裁量规章，法律适用正确。

从本案处罚决定依据和结果来看，行政机关在作出上述处罚时，考虑并采用了法定的应当从轻或减轻行政处罚的情形。

一是《种子法》第七十五条第一款（2021年修改后为第七十四条）规定："违反本法第四十八条规定，生产经营假种子的，由县级以上人民政府农业农村、林业草原主管部门责令停止生产经营，没收违法所得和种子，吊销种子生产经营许可证；违法生产经营的货值金额不足二万元的，并处二万元以上二十万元以下罚款；货值金额二万元以上的，并处货值金额十倍以上二十倍以下罚款。"因此本案中行政机关作出没收违法所得和种子的决定，于法有据。

二是《行政处罚法》第二十七条（2021年修订后为第三十二条）规定："当事人有下列情形之一，应当从轻或减轻行政处罚：（一）主动消除或者减轻违法行为危害后果的……"说明本案当事人存在主动消除或减轻违法行为危害后果的情形，因此行政处罚机关在处罚时给予了考量。

三是本案还适用了《规范农业行政处罚自由裁量权办法》第十四条规定："有下列情形之一下的，农业农村主管部门依法从轻或减轻处罚：……（二）主动消除或减轻违法行为危害后果的……（六）配合行政机关查处违法行为有立功表现的……"可见，本案当事人在违法事实发生后，积极主动、配合执法，并主动消除或减轻了违法行为的危害后果，才有上述减轻处罚的结果。否则，经营假种子依法处货值金额10倍以上20倍以下罚款，按最低10倍处罚，也要近50万元。

综上所述，通过对本案的分析，启示农业行政机关在执法办案过程中，既要实施行政处罚，纠正违法行为，又要坚持处罚与教育相结合，还要充分考虑违法事实和行为情节，依法、合理、适当地行使法律赋予的行政处罚自由裁量权，以保护公民、法人和其他组织的合法权益。

案例 5
江西某粮油购销有限公司经营品种与标签标注的内容不符的水稻种子案①

案情聚焦

当事人：江西某粮油购销有限公司

行政处罚机关：原安福县农业局（现为安福县农业农村局）

主要违法事实：2018 年 3 月 8 日，原安福县农业局接到群众举报，称江西某粮油购销有限公司所经营的“嘉某 253 早”稻常规种子为假种子。经抽样送农业部农作物种子质量监督检验测试中心（深圳）进行真实性检测，证明存在位点不同，判定为假种子。经调查，江西某粮油购销有限公司在安福县以“订单农业”形式经营假冒“嘉某 253 早”种子共计 13000 斤，货值 36400 元。

行政处罚结果：原安福县农业局依法对当事人处以罚款 364000 元。

行政处罚法律依据：《种子法》第七十四条。

案例解析

依据《种子法》第四十八条第二款的规定，认定为假种子的情形包括：（1）以非种子冒充种子或者以此种品种种子冒充其他品种种子的；（2）种子种类、品种与标签标注的内容不符或者没有标签的。本案案涉品种外包装标注为“嘉某 253”，当事人也是以“嘉某 253”的名义对外宣传和销售，然而经鉴定

---

① 参见江西省农业农村厅网站：“江西省农业农村厅办公室关于公布 2019 年农资打假十个典型案件的通报”，http：//nync. jiangxi. gov. cn/art/2020/3/11/art_ 27904_ 1574268. html，最后访问时间 2022 年 4 月 28 日。

包装内种子实物与标签标注的内容不符，并非真实的“嘉某253早”水稻种子。因此，符合《种子法》第四十八条第二款规定的种子品种与标签标注的内容不符的假种子情形。

《种子法》第七十四条规定：“违反本法第四十八条规定，生产经营假种子的，由县级以上人民政府农业农村、林业草原主管部门责令停止生产经营，没收违法所得和种子，吊销种子生产经营许可证；违法生产经营的货值金额不足二万元的，并处二万元以上二十万元以下罚款；货值金额二万元以上的，并处货值金额十倍以上二十倍以下罚款。因生产经营假种子犯罪被判处有期徒刑以上刑罚的，种子企业或者其他单位的法定代表人、直接负责的主管人员自刑罚执行完毕之日起五年内不得担任种子企业的法定代表人、高级管理人员。”

本案当事人经营假种子的货值为36400元，虽然没有达到刑事犯罪立案标准，但行政责任难逃。依法应没收违法所得和种子，并处货值金额10倍以上20倍以下罚款。本案行政处罚机关最终作出罚款364000元的决定，在罚款数额的幅度范围内适用了最低档10倍处罚，而且没有适用没收违法所得，属于从轻和减轻处罚双重适用。

从公开的案情及处罚结果分析，行政处罚机关在行使行政处罚自由裁量权时，可能考虑到当事人的违法行为轻微、并非案涉种子生产者，未造成或主动消除社会危害后果以及配合查处或有立功表现等因素，最终作出上述处罚。

案例6
山东省青岛市徐某某经营假种子不予处罚案[①]

案情聚焦

2021年5月，山东省青岛市农业农村局执法人员对徐某某经营的玉米种子进行了监督抽样。经农业农村部植物新品种测试中心检测，送检产品与该产品

① 参见农业农村部网站：“农业农村部公布第二批农业行政执法指导性案例”，http://www.fgs.moa.gov.cn/gzdt/202202/t20220217_6388920.htm，最后访问时间2022年4月24日。

包装标签标注产品的标准样品为不同品种。根据《种子法》第四十九条（2021年修改后为第四十八条）规定，徐某某销售的玉米种子属于假种子。经立案调查，查明徐某某于2021年1—5月共销售涉案玉米种子800袋，货值金额3.6万元，销售收入3万元。徐某某在陈述申辩时提出其不具有主观过错，理由及证据包括：涉案玉米种子难以通过外包装和标签标识判断真假；采购涉案种子时核对了种子的生产经营许可信息、品种审定信息、追溯二维码、检疫证明编号等信息，并在种子生产经营备案管理系统对该批种子信息进行了备案。

处理结果：青岛市农业农村局认为，徐某某经营假种子的行为违反了《种子法》第四十九条（2021年修改后为第四十八条）第一款规定，但鉴于徐某某没有主观过错，且提供了相应证据予以证明，根据《行政处罚法》第三十三条第二款规定，决定对徐某某不予处罚。

案例解析

本案被选入农业农村部《第二批农业行政执法指导性案例》（农法发〔2022〕1号）。从案件本身来看，事实并不复杂，也不存在较大争议或疑难，但是能够入选指导性案例，主要是最终的结论。与普通的经营假种子案件不同，本案认定了违法事实，却决定不予处罚。本案对农业执法有何指导性意义？下面从案件事实、行政程序、法律适用等方面逐一进行解析。

（一）关于事实的认定

作为涉种子行政处罚案件，应当适用《种子法》。本案行政机关通过对监督抽样进行检测，结合检测结论，依据《种子法》认定当事人徐某某销售的涉案玉米种子为假种子，对案件事实的认定清楚，对此，当事人在陈述申辩时并无异议。

（二）关于法律的适用

本案是新旧《行政处罚法》有效衔接实施的典范，行政处罚机关遵循了适用新法“从旧兼从轻”的原则。

新《行政处罚法》生效施行前，行政处罚领域主要遵循客观归责原则，一般不需要考虑当事人的主观过错。新《行政处罚法》第三十三条第二款规定："当事人有证据足以证明其没有主观过错的，不予行政处罚。法律、行政法规另有规定的，从其规定。"本案中，当事人徐某某的违法行为发生在新《行政处罚法》生效施行前，农业农村部门立案调查和作出行政处罚的时间均在新《行政处罚法》生效施行后，按照新《行政处罚法》第三十七条规定的"从旧兼从轻"适用原则，应当适用新《行政处罚法》第三十三条第二条规定。徐某某经营的种子系假种子的违法事实清楚，当事人无异议，但其在陈述申辩时提出无主观过错不应当受到处罚。行政机关就案件事实审查后认为，徐某某销售的涉案种子系不再分装的小包装种子，现行种子法律法规未要求种子零售商对其经营种子的质量和真伪进行检验检测。同时，徐某某的进货查验流程和方法符合一般农资经营门店的进货习惯，并且已按照《种子法》规定，将种子信息向当地农业农村部门作了备案，已尽到了种子零售商应尽的法律义务和注意义务，其提供的证据足以证明其确实无主观过错。据此，农业行政处罚机关对徐某某依法作出了不予行政处罚的决定，法律适用正确。

（三）关于行政程序问题，本案行政处罚机保障了当事人所享有的陈述、申辩权

本案最终能够采信当事人无主观过错的申辩，一方面体现了行政处罚机关在作出行政处罚决定前，给予当事人充分的抗辩机会，只要提供的证据足以证明其无主观过错，且于法有据，行政机关就应当予以采信。另一方面也反映了行政处罚应严格遵循程序合法原则，既要以事实为依据，又要保障程序，还要于法有据，处罚适当、合法，不以"罚"代"法"。

总之，本案为类似案例的农业执法提供了参考，对于种子零售商经营的种子被检测出质量问题后，如何认定其是否具有主观过错、是否应当受到行政处罚，具有典型指导意义。

案例 7
四川省江油市某种业有限公司生产销售未经检疫水稻种子案[①]

案情聚焦

2021 年 2 月，重庆市合川区农业综合行政执法机构开展执法检查时发现，辖区内某种子经营门店从四川省江油市某种业有限公司调入的某品种水稻种子无植物检疫证书。经检测，该批种子带有植物检疫性病菌。四川省农业农村厅接到通报后，迅速组织江油市农业农村局对该公司库存未销售的同品种种子进行抽样检测，确认带有植物检疫性病菌。江油市农业农村局立即立案调查，查明涉案种子已销往四川省内 16 个市州 77 个县（区），以及重庆市、湖南省、贵州省的 43 个县（区）。按照农业农村部统一部署，四川、重庆、湖南、贵州四省（市）农业农村部门立即组织对染病种子开展拉网式排查，依法采取查封扣押、监督召回和销毁等措施，全力阻止染病种子下田入户。因当事人生产销售带有检疫性病菌水稻种子的行为已涉嫌刑事犯罪，江油市农业农村局依法将案件移送绵阳市公安局。

处理结果：公安机关对四川省江油市某种业有限公司法定代表人、直接责任人等依法采取了取保候审措施，该案被移送检察机关审查起诉。此外，四川、重庆、湖南、贵州四省（市）农业农村部门同步对染病种子调运、经营环节的违法行为进行了立案调查，查处未办理植物检疫证调运种子、经营劣种子等相关违法案件 100 余件。

案例解析

本案系农业农村部公布的 2021 年上半年农业行政执法十大典型案例之一，同时被选入农业农村部《第二批农业行政执法指导性案例》。本案对农业执法

---

① 参见农业农村部网站："农业农村部公布 2021 年上半年农业行政执法 10 大典型案例"，http：//www. fgs. moa. gov. cn/gzdt/202107/t20210706_ 6371159. htm，最后访问时间 2022 年 4 月 24 日。

检查、办理劣质种子案和保障农业生产安全具有很好的指导意义。

（一）依据《种子法》第四十八条规定，带有国家规定的检疫性有害生物的种子为劣种子

本案执法机关在执法检查时发现涉案种子无植物检疫证书，进一步检测发现种子带有植物检疫性病菌，引起农业农村部门的重视。

（二）植物检疫事关农业生产安全，种子检疫是《种子法》规定的义务

依据《种子法》，在种子生产时应当执行种子检疫，并取得植物检疫证书；同时规定，运输或者邮寄种子应当依照有关法律、行政法规的规定进行检疫。根据《植物检疫条例》《植物检疫条例实施细则（农业部分）》的规定，调运种子、苗木和其他繁殖材料必须经过检疫，跨省调运还应当事先征得所在地省、自治区、直辖市植物检疫机构同意。本案涉案种子在调运时并未办理植物检疫，涉案公司将带有病菌的种子流入市场，一旦带菌水稻种子播种到田里，后果将不堪设想。

稻瘟病是水稻易感的重要病害之一，不及时防治将会引起大幅度减产，甚至绝收。也就是说，水稻本身属于易感病菌作物，要严格控制有害性病菌带入，以防给农业生产带来灾害。本案涉案水稻种子不仅没有通过植物检疫，还直接流入市场，不及时阻止将会带来重大灾害和农业损失。幸好，农业农村部门认识到问题的严重性，及时履行了行政职责，并由农业农村部统一部署，指导办案，对涉案种子跨省域开展拉网式排查，依法采取查封扣押、监督召回和销毁等措施，全力阻止染病种子下田入户。

（三）从本案案件事实、涉案种子的数量及危害性看，违法行为人生产销售带有检疫性病菌的水稻种子已触犯了刑法，涉嫌生产销售伪劣产品罪

本案中农业农村部门将案件移送公安机关于法有据，充分说明行政机关在办理案件时，发现违法行为已涉嫌犯罪的，应当及时将案件移送，避免以罚代刑。

（四）本案为农业执法检查工作职责范围提供了参考

农业农村部门对种子开展执法检查时，既要查验种子包装标签、购销台账

和种子的质量、真实性、转基因成分等，还要注意查验种子植物检疫证书或检疫证明编号，确保农业生产用种安全。

综上所述，本案非常值得赞扬和肯定的是，农业行政执法机关的认真负责和积极主动的工作态度。本案正是重庆市合川区农业综合行政执法机构在对辖区经营场所开展执法检查，对涉案种子查验植物检疫证书时发现了违法线索，并立即向国家有关部门报告，为案件查处和疫情处置赢得了宝贵时机，有效防止了水稻重大疫情的发生和传播，避免了2300余万公斤稻谷的损失，对维护农民利益和保障国家粮食安全意义重大。

第三节　无证和未按照规定生产经营种子案

无种子生产经营许可证或未按照种子生产经营许可证的规定生产经营种子，均是法律所禁止的。实践中，通常是无证生产经营种子数额较大，涉及非法经营犯罪的情形较多，多数案件由农业农村主管部门移送公安机关。

案例8

陕西省商洛市某公司无证生产经营农作物种子案①

案情聚焦

2020年2月，商洛市农业行政综合执法支队接群众举报，商洛市某公司未取得农作物种子生产经营许可证生产经营马铃薯种子。经查询，该公司农作物种子生产经营许可证已于2018年10月被商洛市农业局撤销。执法人员对该公

① 参见农业农村部网站："农业农村部公布2020年上半年农资执法10大典型案例"，http://www.moa.gov.cn/xw/zwdt/202007/t20200731_6349712.htm，最后访问时间2022年4月24日。

司在洛南县的仓库进行检查，现场发现该公司人员正在对部分种薯进行分拣、称重、装袋，并查获印有该公司名称及被撤销的生产经营许可证的包装袋。经核查，该公司涉嫌未取得农作物种子生产经营许可证生产经营马铃薯种子，涉案金额达313.64万元。因涉案金额较大，涉嫌构成刑事犯罪，商洛市农业农村局依法将该案移送公安机关。

案例解析

本案系农业农村部公布的2020年上半年农资执法10大典型案例之一。作为无证生产经营农作物种子案件的典型，本案具有特殊的意义。

（一）本案涉案作物是马铃薯，属于非主要农作物

依据《种子法》规定，只有从事非主要农作物种子和非主要林木种子生产的，不需要办理种子生产经营许可证。换言之，既生产又经营的仍然需要按照法律规定办理种子生产经营许可证。

从本案查处事实来看，当事人商洛市某公司既有分拣、称重、装袋马铃薯种子的违法行为，又有印有该公司名称及被撤销的生产经营许可证的包装袋，显然属于生产经营行为。因此，虽然本案涉案种子是非主要农作物，但是当事人的违法行为不仅是田间种植、采收、晾晒、分拣等纯生产行为，还包括种子包装等经营性行为，从事该等生产经营行为的，依法须取得种子生产经营许可证，否则属于违法。

（二）依据《种子法》规定，禁止任何单位和个人无种子生产经营许可证生产、经营种子，禁止伪造、变造、买卖、租借种子生产经营许可证

关于种子生产经营许可证被撤销后能否继续使用，本案给予了明确答案。本案当事人曾经取得种子生产经营许可证，但在2018年10月被商洛市农业局撤销。那么，种子生产经营许可证被撤销后还能继续使用吗？答案是否定的。依据《农作物种子生产经营许可管理办法》规定，申请人以欺骗、贿赂等不正当手段取得种子生产经营许可证的，农业农村主管部门应当撤销种子生产经营许可证，并将申请人的不良行为记录在案，纳入征信系统。本案中，当事人的

种子生产经营许可证被农业农村主管部门撤销，说明该公司存在以不正当手段取得种子生产经营许可证的情形。种子生产经营许可证被撤销后，在未取得新的种子生产经营许可证的前提下，仍继续以原许可证名义实施生产经营的，不仅属于无证生产经营种子行为，而且属于伪造种子生产经营许可证行为。本案行政执法机关对案件事实及违法行为的定性准确。

（三）行政执法机关行刑衔接办案，有利于防止以罚代刑，切实打击违法犯罪

依据规定，行政执法机关在依法查处违法行为过程中，发现违法事实涉及的金额、违法事实的情节、违法事实造成的后果等，根据《刑法》关于破坏社会主义市场经济秩序罪、妨害社会管理秩序罪等规定和刑事立案追诉标准的相关规定，涉嫌构成犯罪，依法需要追究刑事责任的，必须依照本规定向公安机关移送。本案涉案金额达 313.64 万元，涉及无证生产经营和伪造生产经营许可证的违法行为，已涉嫌构成刑事犯罪，商洛市农业农村局依法将该案移送公安机关，符合行刑衔接工作规定和《行政执法机关移送涉嫌犯罪案件的规定》。

案例 9

江西省某种业有限责任公司未按照种子生产经营许可证的规定生产经营水稻种子及销售应当审定未经审定的水稻品种案[①]

案情聚焦

当事人：江西省某种业有限责任公司

行政执法单位：江西省农业综合行政执法总队

行政处罚机关：江西省农业农村厅

① 参见江西省农业农村厅网站：http：//nync. jiangxi. gov. cn/art/2018/11/12/art_ 27903_ 908202. html，最后访问时间 2022 年 4 月 25 日。

行政处罚决定案号：赣农（种子）罚〔2018〕2号

行政处罚日期：2018年11月7日

主要违法事实：江西省某种业有限责任公司在未取得“欣某优粤农丝苗”“早某优粤农丝苗”“恒某优粤农丝苗”“早某丝苗”（“早某534”）4个品种的水稻种子生产经营资格，同时这4个水稻品种都未获得品种审定编号的情况下，生产、加工、包装、销售上述水稻种子。

行政处罚法律依据：当事人同一个违法行为违反了《种子法》第七十六条第一款第三项和第七十七条第一款第一项之规定，在法律上属于可以竞合情形。按照竞合时重罪吸收轻罪的法律原则，对当事人按照《种子法》第七十六条第一款第三项之规定给予处罚。对当事人有符合减轻处罚的情形，依据《行政处罚法》第二十七条第一款（2021年修订后为第三十二条第一款）“当事人有下列情形之一的，应当依法从轻或者减轻行政处罚：（一）主动消除或者减轻违法行为危害后果的……”之规定，依法认定当事人符合减轻处罚情形。

行政处罚结果：2018年11月7日，行政处罚机关作出如下处罚决定：（1）没收违法种子1237公斤。（2）没收违法所得人民币50.9967万元；（3）并处货值金额2.2倍罚款计人民币160.1864万元。当事人必须在收到处罚决定书之日起15日内持处罚决定书到中国农业银行的具体代收机构缴纳罚没款。

案例解析

本案属于未按照种子生产经营许可证的规定生产经营种子与未审先推两种违法情形的竞合，具有代表意义。

（一）我国施行种子生产经营许可制度

除了只从事非主要农作物种子和非主要林木种子生产，不需要办理种子生产经营许可证以外，从事种子进出口和主要农作物种子、非主要农作物种子的生产经营行为，必须申请取得种子生产经营许可证。否则，属于违法。

（二）我国农作物种子生产经营施行许可主副证制度

《种子法》第三十三条第一款、第二款规定：“种子生产经营许可证应当载明生产经营者名称、地址、法定代表人、生产种子的品种、地点和种子经营的范围、有效期限、有效区域等事项。前款事项发生变更的，应当自变更之日起三十日内，向原核发许可证机关申请变更登记。”也就是说，生产经营农作物种子首先需要申请办理农作物种子生产经营许可证（主证），其次，对已审定品种的生产信息进行申报备案，进而取得农业农村部门颁发的农作物种子生产经营许可证（副证）。除《种子法》另有规定外，禁止任何单位和个人无种子生产经营许可证或者违反种子生产经营许可证的规定生产、经营种子。

（三）本案当事人具有农作物种子生产经营许可证（主证），但是涉案的 4 个水稻品种，并没有取得农作物种子生产经营许可证（副证）

当事人江西省某种业有限公司未取得涉案品种生产经营资格却实施了涉案种子的生产、加工、包装、销售行为，属于《种子法》规定的未按照种子生产经营许可证的规定生产经营种子的违法情形。关于该违法情形的行政处罚依据是《种子法》第七十六条规定，应由县级以上人民政府农业农村主管部门责令改正，没收违法所得和种子；违法生产经营的货值金额不足 1 万元的，并处 3000 元以上 3 万元以下罚款；货值金额 1 万元以上的，并处货值金额 3 倍以上 5 倍以下罚款；可以吊销种子生产经营许可证。

（四）本案的另一重要违法行为是涉案的 4 个品种均没有通过品种审定，属于未审先推

一方面，未审定品种无审定编号，本身就无法落实种子生产经营许可备案工作，更不会在生产经营许可证上登记生产种子的品种、地点等信息；另一方面，未审先推是《种子法》明确禁止的违法行为。关于未审先推行为的行政处罚依据是《种子法》第七十七条规定，由县级以上人民政府农业农村主管部门责令停止违法行为，没收违法所得和种子，并处 2 万元以上 20 万元以下罚款。

综上所述，本案当事人生产、加工、包装、销售涉案种子的行为，既违反了《种子法》关于应当按照种子生产经营许可证的规定生产经营种子的规定，又违反了“应当审定的农作物品种未经审定的，不得发布广告、推广、销售”的规定。从法律归责上，同时违反了《种子法》第七十六条和第七十条有关规

定，实质上属于法条竞合。从两个法条处罚规定比较，第七十六条是按照货值金额的倍数处罚，还可以吊销许可证，相较于第七十七条在一定数额内罚款要严重得多。因此，本案行政处罚机关最终采用了“重罪吸收轻罪”的刑法原则，依据《种子法》第七十六条规定作出处罚。

第四节　侵害植物新品种权行政案件

案例 10
“中某所 5 号”柑橘品种权侵权行政处罚案[①]

案情聚焦

涉案柑橘品种为“中某所 5 号”，品种权申请日为 2013 年 6 月 5 日，授权日为 2017 年 3 月 1 日，品种权人为某柑桔研究所，品种权号为 CNA20130475.7。2018 年 12 月 18 日，某柑桔研究所授予重庆奔某公司在国内生产、繁育、种植、销售该品种及相关维权权利。

2020 年 11 月 13 日，奔某公司向重庆市璧山区农业执法队举报重庆市沃某公司和重庆西某公司侵犯“中某所 5 号”品种权。11 月 17 日和 19 日重庆市璧山区农业执法队对沃某公司在璧山区八塘镇某村育苗基地种植的 1 万株“金葵沙糖橘”柑橘苗，西某公司在七塘镇某村 5 组品种示范园种植的 17 株“金秋沙糖橘”柑橘树、八塘镇某村育苗基地种植的 6000 株“金秋沙糖橘”柑橘苗、七塘镇某村 5 组育苗基地种植的 1 万株“无核金诺”柑橘苗，分别抽样取证，与公证处从品种权人“中某所 5 号”母树上提取的叶片进行分子检测。经河南

① 重庆奔某公司请求重庆市沃某公司和重庆市璧山区农业执法队处理重庆西某公司侵犯柑橘新品种“中某所 5 号”品种权及未按规定建立、保存种子生产经营档案案，重庆市璧山区农业农村委员会行政处罚决定书（2021 年 1 月 22 日）。

省依斯特检测技术有限公司检测，结果显示，上述抽样品种与授权品种在 21 个 SSR 位点上差异均为 0，判定为极近似或相同品种。沃某公司与西某公司无法提供“中某所 5 号”柑橘品种权人的授权许可，重庆市璧山农业执法队确认上述侵权事实，奔某公司确认沃某公司的侵权品种货值金额为 48000 元，西某公司的侵权品种货值金额为 49700 元，沃某公司和西某公司对上述事实和货值金额无异议，但认为其种植涉案品种属于自繁自用，不构成侵权。

2021 年 1 月 22 日，重庆市璧山区农业农村委员会作出行政处罚决定书，确认沃某公司与西某公司生产、繁殖“中某所 5 号”繁殖材料的行为违反《种子法》第二十八条规定，依据《种子法》第七十三条第五款（2021 年修改后为第七十二条第六款）和第八十条（2021 年修改后为第七十九条）第四项，责令沃某公司与西某公司停止侵权行为，改正未按规定建立、保存种子生产经营档案行为；没收涉案品种繁殖材料，对侵犯植物新品种权的行为罚款 9 万元，对未按规定建立、保存种子生产经营档案的行为罚款 1 万元。经重庆市璧山区农业执法队调解，沃某公司和西某公司与奔某公司签订赔偿协议。因涉案品种价值不高，奔某公司不主张转商处理，2021 年 2 月 4 日，重庆市璧山农业执法队对上述非法苗木进行了销毁。

案例解析

本案是重庆市首例农业执法部门查处植物新品种侵权案，并入选农业农村部 2021 年农业植物新品种保护十大典型案例。

本案的典型之处是侵权方作出的“农民自繁自用”的抗辩，但在本案植物新品种权侵权行政案件中未被采信。

关于农民自繁自用授权品种的繁殖材料可以不经品种权人许可，且不构成侵权的法律依据，是《种子法》第二十九条规定，但是该条的“农民自繁自用”的豁免情形是有限定条件的。首先，关于农民的界定。依据《种子法》《农作物种子生产经营许可管理办法》及《农业农村部办公厅关于种子法有关条款适用的意见》的有关规定，这里的“农民”是指以家庭联产承包责任制的形式签订农村土地承包合同的农民个人。不包括农民专业合作社、家庭农场等新型农业生产经营主体，更不包括企业主体。其次，“自繁自用的土地”限于农村土地承包合同范围内的土地，而不包括土地租赁、流转的土地。最后，“自繁自用的种子数量”不应超过其家庭联产承包土地的年度用种量，即繁殖材料的数量仅限于承包土地的用量，超出部分不在豁免范围内，应取得品种权人许可并支付费用。

本案侵权主体是具有种子生产经营许可证的企业，侵权品种的种植地块又在侵权方的经营场地，并不符合“农民自繁自用”的限定条件。最终，行政处罚机关认为本案的侵权事实与“农民自繁自用”不符，没有采信侵权方的抗辩，并依法作出行政处罚，法律适用正确。

案例 11
梨“苏某 1 号”品种权侵权行政执法案①

案情聚焦

涉案品种为梨属品种“苏某 1 号”，品种权申请日为 2012 年 11 月 22 日，授权日为 2017 年 5 月 1 日，品种权人为某省农业科学院，品种权号为 CNA20121041. 1。2020 年 2 月 1 日，某省农业科学院与丰某公司签订独家实施许可合同和维权委托书，授予丰某公司“苏某 1 号”的繁育和推广权，约定出现侵权行为的，可以丰某公司名义进行维权。

2020 年 6 月，丰某公司发现河南省漯河市召陵区苗某合作社在网络上宣传推广“苏某 1 号”，随即委托河南省桐柏县公证处至苗某合作社苗圃种植基地取证，公证过程中发现苗某合作社法定代表人许书克的名片上印有“苏某 1 号”，江汉大学系统生物学研究院对公证人员提供的梨树苗叶片与来源于品种权人的“苏某 1 号”样品进行 MNP 标记比对，经鉴定，上述品种为“极近似

① 丰某公司请求河南省漯河市召陵区农业农村局处理漯河市召陵区苗某合作社侵犯梨品种“苏某 1 号”品种权案，召陵区农业农村局行政处罚决定书（2020 年 10 月 9 日）。

品种或相同品种”。

2020 年 8 月 3 日，丰某公司向河南省漯河市召陵区农业农村局举报苗某合作社侵犯“苏某 1 号”的品种权，提供了公证文件和江汉大学系统生物学研究院出具的检测报告等材料，并称不同意调解。召陵区农业农村局根据举报信息，对苗某合作社苗圃种植基地进行现场勘验，并先行登记保存“苏某 1 号”梨树苗，对许书克进行询问笔录。

最终确认苗某合作社非法种植“苏某 1 号”梨树苗 0.3 亩，共计 2532 棵，其中直径 0.8 厘米以上的树苗 1215 棵，直径 0.8 厘米以下的树苗 1317 棵。丰某公司出具证明，直径 0.8 厘米以上的树苗定价为 10 元/株，直径 0.8 厘米以下的树苗为 5 元/株，共计货值 18735 元，苗某合作社对以上事实没有异议，并主动邀请召陵区农业农村局与丰某公司委托人见证拔除侵权品种“苏某 1 号”梨树苗。

2020 年 10 月 9 日，召陵区农业农村局作出《行政处罚决定书》和《先行登记保存物品处理通知书》，确认苗某合作社生产“苏某 1 号”的行为违反《种子法》第二十八条规定，依据《种子法》第七十三条第五款（2021 年修改后为第七十二条第六款）、《行政处罚法》第二十七条（2021 年修订后为第三十二条）和《河南省〈中华人民共和国种子法〉行政处罚裁量标准》第二条第一款第一项的规定，没收侵权“苏某 1 号”梨树苗 2532 棵，处人民币 2 万元罚款。2020 年 10 月 12 日，在丰某公司委托人见证下，召陵区农业农村局对侵权“苏某 1 号”梨树苗喷施除草剂进行灭活处理。2020 年 10 月 15 日，苗某合作社上缴罚没款。

案例解析

本案入选了农业农村部 2021 年农业植物新品种保护十大典型案例。是植物新品种权人通过农业行政执法程序成功制止侵害果树等无性繁殖植物品种权的典型，对农业执法部门查处品种权侵权案及无性繁殖品种维权具有指导意义。

（一）本案的涉案品种“苏某1号”是果树，属于无性繁殖材料

无性繁殖材料市场侵权现象较多，相关执法部门的监管较弱，相比有性繁殖材料维权更难。近年来，随着种业知识产权保护的不断加强，执法部门开始重视并逐步加强对无性繁殖材料的品种权保护和市场监管。

（二）品种权人及利害关系人对科技成果的保护和维权意识越来越强

本案品种权人在“苏某1号”获得植物新品种权后，实施品种权许可，授予丰某公司繁育、推广权和维权打假权利，使科技成果得以转化。被许可人丰某公司作为品种权利害关系人，发现本案侵权行为人在网络上宣传推广“苏某1号”，立即采取证据保全、DNA真实性鉴定等措施，并举报至农业执法部门。

（三）本案农业执法部门立即采取措施，拔苗销毁，及时制止了侵权行为，减少了品种权人实际损失

从处罚结果来看，执法部门作出没收侵权树苗，并处人民币2万元罚款，考虑到了未到销售季节侵权方没有实施销售的侵权行为性质及未造成严重后果且侵权方积极配合铲除侵权梨树苗的情节因素，参照了《行政处罚法》关于从轻或者减轻行政处罚情形的规定，并结合了行政裁量标准。既制止了侵权，惩罚了违法行为，又保护了品种权人的合法权益。

（四）本案系国内首次采用MNP方法鉴定结果进行行政处理的案例，特别是在无性繁殖材料侵权中应用

相对于常用的SSR分子标记方法，利用MNP方法进行品种鉴定效率和准确率更高，可以鉴定多倍体和无性繁殖植物品种，该方法已于2020年10月由国家市场监督管理总局和国家标准化管理委员会以国家标准的形式颁布实施（GB/T 38551—2020《植物品种鉴定MNP标记法》）。新技术、新方法的实践应用，更有利于解决植物新品种维权中鉴定难的老问题。

总之，苗木种子属于种业范畴，强化种业知识产权保护包括对苗木种子侵权行为的严厉打击。

案例 12
浙江省宁波市蔡某某、黄某某等未经品种权人许可销售授权品种种子案[①]

案情聚焦

2021 年 4 月，浙江省宁波市农业综合行政执法队接到宁波某种业公司举报，称其制种基地的农户违反制种合同，擅自将公司委托制种的某系列水稻种子转卖他人非法获利，严重侵犯其知识产权。宁波市农业农村局第一时间将有关情况报告浙江省农业农村厅。在浙江省农业农村厅统一指挥调度下，宁波市农业综合行政执法队与公安机关联合成立专案组，先后在宁波、台州、嘉兴等地查获大量被非法转卖的水稻种子。经查明，制种基地农户蔡某某等 5 人私自将宁波某种业公司委托制种的杂交稻种子销售给黄某某等 3 人，黄某某等人又将种子转卖他人获利。因当事人违法行为涉嫌构成刑事犯罪，宁波市农业农村局依法将案件移送宁波市公安局。

处理结果：公安机关将蔡某某、黄某某等 8 人抓获归案，查获涉案侵权种子 2.4 万余公斤，涉案金额 157 万余元。目前该案已被移送检察机关审查起诉。

案例解析

近几年，特别是自 2020 年以来，党中央、国务院高度重视种业发展和种业知识产权保护工作。从国家战略顶层设计到中央文件、法律法规、司法解释及其他规范性法律文件，无不体现出对种业知识产权保护的重视。

本案入选了农业农村部《第二批农业行政执法指导性案例》。作为水稻制种基地品种流失侵害植物新品种权案的代表，由行政案转为刑事案，对于同类

---

① 参见农业农村部网站："农业农村部公布第二批农业行政执法指导性案例"，http://www.fgs.moa.gov.cn/gzdt/202202/t20220217_6388920.htm，最后访问时间 2022 年 4 月 24 日。

案件具有指导意义。

（一）本案中的法律关系

第一，宁波某种业公司与制种基地农户蔡某某等5人签订了委托制种合同，由农户作为受托方按照约定代为繁制水稻种子，种业公司作为委托方负责收购农户繁制的合格种子，双方形成了委托制种合同关系。第二，受托方制种基地农户违反合同约定，擅自将种业公司委托制种的水稻种子转售他人，既属于违约，又构成侵权。

依据《种子法》第二十八条的规定，植物新品种权所有人对其授权品种享有排他的独占权。任何单位或者个人未经植物新品种权所有人许可，不得生产、繁殖和为繁殖而进行处理、许诺销售、销售、进口、出口以及为实施上述行为储存该授权品种的繁殖材料，不得为商业目的将该授权品种的繁殖材料重复使用于生产另一品种的繁殖材料。

（二）本案中的法律责任承担

制种农户蔡某某等人擅自将品种权人委托其制种的授权品种种子对外销售，一方面违反了委托制种合同约定，委托方可以追究农户的违约责任；另一方面依据《种子法》规定，农户的转售行为未经品种权人许可，还侵犯了品种权人的植物新品种权，品种权人可以依法追究农户的侵权责任。

（三）关于本案中黄某某等人的行为定性问题

从本案已查明的事实看，制种农户是将宁波某种业公司委托制种的杂交稻种子销售给黄某某等3人，黄某某等人又将种子转卖他人获利。黄某某等人明知其收购的种子系制种基地非法流出的授权品种种子，仍然购进并转卖获利，其买卖行为同样属于《种子法》第二十八条规定的品种侵权行为，侵犯了品种权人的植物新品种权，依法应当承担法律责任。

综上所述，本案属于侵犯植物新品种权的知识产权案件，行政执法机关将案件移送公安机关符合2020年《国务院关于修改〈行政执法机关移送涉嫌犯罪案件的规定〉的决定》。基于严厉打击知识产权违法行为，强化知识产权保护的需要，在修改该规定时新增："知识产权领域的违法案件，行政执法机关根据调查收集的证据和查明的案件事实，认为存在犯罪的合理嫌疑，需要公安机关采取措施进一步获取证据以判断是否达到刑事案件立案追诉标准的，应当向公安机关移送。”本案的行政执法机关根据调查收集的证据，认为涉案种子流失区域广、数量大，当事人的违法行为已涉嫌构成刑事犯罪，需要公安机关采取进一步措施，依法将案件移送宁波市公安局。经公安机关查办，将蔡某某、黄某某等8人抓获，查获涉案侵权种子2.4万余公斤，涉案金额157万余元。从本案处理结果看，农业行政执法与公安机关联合办案，充分发挥各自职能，对建立行刑有效合作机制具有良好促进作用，已成为打击侵权犯罪的一种有效治理方式。

第五节 销售标签内容不符合规定的种子案

案例13
宜丰县某农资部销售标签不符合规定的种子行政处罚案[①]

案情聚焦

当事人：江西省宜丰县某农资批发部

行政处罚机关：宜丰县农业农村局

行政处罚决定案号：宜农（种子）罚〔2020〕1号

行政处罚日期：2020年4月29日

主要违法事实：2020年4月14日上午，宜丰县农业农村局执法人员在宜丰县某农资批发部（个体工商户登记经营者李某华）店内进行农资市场检查，

① 参见江西省农业农村厅网站：http：//nync.jiangxi.gov.cn/art/2020/5/20/art _ 27903 _ 1798185.html，最后访问时间2022年4月24日。

发现店内存有某公司产销的“隆某优华占”水稻种子2件，每件30公斤，共计60公斤。注册商标为“隆某高科”，标签标注审定、引种编号有：粤审稻20170021，湘审稻20190008，（桂）引种〔2018〕第1号，（闽）引种〔2019〕第1号。作物种类：水稻。种子类别：杂交种。经查，当事人销售的该品种引种号于2020年3月4日在江西省农业农村厅已发布公告——《江西省农业农村厅公告（第3号）》，引种备案公告号为（赣）引种〔2019〕第001号，但该品种种子标签上未进行标注。

违反了《种子法》第四十一条第二款（2021年修改后为第四十条第二款）“标签应当标注……以及国务院农业、林业主管部门规定的其他事项”；《农作物种子标签和使用说明管理办法》第七条第一项“主要农作物品种……引种的主要农作物品种，标注引种备案公告文号”之规定。

行政处罚结果：责令当事人改正销售标签不符合规定的“隆某优华占”水稻种子的行为，并作出如下处罚决定：罚款人民币3000元。当事人必须在收到本处罚决定书之日起15日内持本决定书到宜丰县各大银行缴纳罚款。逾期不按规定缴纳罚款的，每日按罚款数额的3%加处罚款。

行政处罚法律依据：《种子法》第八十条第二项，参照《江西省农业行政处罚自由裁量权参照执行标准（补充3）》第八条。

案例解析

本案属于未主动履行种子标签标注内容全面合规到位的典型代表。实践中此类不合规现象时有发生，特别是在南方杂交稻市场较为多见。一个水稻品种可能通过了早中晚稻审定，既有国审又有省审，还可能有引种备案。种子生产经营者往往不愿意将所有的审定和引种信息全部标注到包装标签上，一种原因是内容太多，标签内容显得“臃肿”，不宜区分；另一种原因是担心将审定中的有关品种不足的信息标注到标签上，不利于推广，出于侥幸不标注；还有一种原因是品种多而杂、管理粗放，因疏忽而遗漏了标注。

品种审定和引种信息属于法定的重要管理信息，同一品种在不同种植区域抗性、适应性及栽培管理等方面的表现不同，实验数据也会有差异。考虑到维护种子使用者、生产者的合法权益，保障种子质量和农业生产安全，《农作物种子标签和使用说明管理办法》第七条规定，通过两个以上省级审定的主要农作物品种，至少要标注种子销售所在地省级品种审定编号，引种的标注引种备案公告文号。

综观本案，涉案种子标签虽然标注了广东、湖南两省的审定编号和广西、福建两省的引种备案号，但是未标注涉案区域江西省的引种备案号，属于应当标注而未标注行为，明显违反了《种子法》和《农作物种子标签和使用说明管理办法》的规定，存在较大潜在种植风险，最终被责令改正和处3000元罚款，有事实和法律依据，责罚适当。

或许是因行政案件管辖或执法力量不足抑或其他原因，本案行政机关只是对所属地经销者销售标签不合规种子行为进行了处罚，治标不治本，从根本上而言未达到监管目的。类似案件执法机关可致函涉案种子生产者所属地行政机关或上报省级农业农村主管部门，提出执法建议或由上级机关责令召回或立即纠正错误，避免引起不必要的经济损失。从本案处罚的违法事实分析，与之相似的事实还存在延伸到标签标注了全部或至少销售地的审定、引种信息，但是标注的内容存在信息不全面、不规范、不科学的问题，诸如标注信息超出或删减审定公告内容，出现扩大、虚假、回避缺点或引人误解等字样，同样面临行政处罚甚至承担民事赔偿的责任。

第二章 行政复审类

第一节 品种权宣告无效案

案例14
西瓜“羞某4号”品种权无效宣告案①

案情聚焦

涉案品种为西瓜品种“羞某4号”，品种权申请日为2015年4月24日，授权日为2018年4月23日，品种权人为北京华某农业发展有限公司，品种权号为CNA20150529.1。另一涉案西瓜品种为“华某”，品种权申请日为2009年11月25日，授权日为2014年11月1日，品种权人为北京市某科学院，品种权号为CNA20090729.7。

2018年8月3日，北京市某科学院蔬菜研究中心向复审委员会请求宣告“羞某4号”品种权无效，理由是“羞某4号”与“华某”是同一品种，不具有特异性和新颖性，并提交了分子检测结果和送检样品公正性的证明材料等证据。

农业农村部植物新品种复审委员会秘书处（以下简称复审委员会秘书处）经形式审查，于2018年9月4日受理本案。2018年12月22日，“羞某4号”品种权人称其已于2018年8月2日向保护办公室提交放弃品种权声明，2018年9月1日保护办公室发布该品种权终止公告。2019年2月，复审委员会安排

① 参见北京市某科学院蔬菜研究中心请求宣告西瓜新品种“羞某4号”无效案，农业农村部植物新品种复审委员会2020年第14号复审决定。

进行“羞某4号”与“华某”的田间特异性测试和DNA指纹鉴定。根据农业农村部植物新品种测试（乌鲁木齐）分中心出具的植物品种特异性鉴定报告和农业农村部蔬菜种子质量监督检验测试中心出具的DNA分子指纹检验报告，“羞某4号”与“华某”在田间性状上无明显差异，在28个SSR位点上带型一致，“羞某4号”不具备特异性。复审委员会经审理认为，虽然“羞某4号”品种权已经于2018年9月1日终止，但仍可以请求宣告“羞某4号”品种权无效。根据《植物新品种保护条例》第三十七条的规定，请求宣告品种权无效的理由成立，复审委员会对请求人提出的“羞某4号”无效宣告请求予以支持。

案例解析

本案属于品种权终止后被宣告品种权无效的典型案例，入选了农业农村部2021年农业植物新品种保护十大典型案例。

（一）关于宣告品种权无效

《植物新品种保护条例》第三十七条第一款规定：“自审批机关公告授予品种权之日起，植物新品种复审委员会可以依据职权或者依据任何单位或者个人的书面请求，对不符合本条例第十四条、第十五条、第十六条和第十七条规定的，宣告品种权无效……”

依据《植物新品种保护条例》规定，可以启动宣告品种权无效的复审程序有两种：一是植物新品种复审委依职权提起；二是任何单位或个人书面请求。可以提起宣告品种权无效的理由是认为被授权的植物新品种不具备新颖性、特异性、一致性和稳定性。

本案启动宣告品种权无效的复审程序属于“依据任何单位的书面请求”，即由北京市某科学院蔬菜研究中心向复审委员会请求宣告“羞某4号”品种权无效。继而引发农业农村部植物新品种复审委员会启动复审程序。

本案中，“羞某4号”与“华某”同为西瓜新品种，且均已获得植物新品种权，但“华某”获得授权早于“羞某4号”。为辨别两者是否为同一品种，复审委对两个品种同时进行了 DUS 测试和 DNA 分子指纹鉴定，结论是一致的。最终复审委依据条例规定，支持了请求人宣告品种权无效的请求。

本案值得关注的地方是，复审委员会在审理过程中发现涉案西瓜新品种“羞某 4 号”的品种权在本案受理前已经因品种权人申请放弃而终止，却继续依法就涉案品种权进行审理，并根据鉴定报告作出宣告“羞某 4 号”品种权无效的复审决定。

（二）品种权无效和品种权终止的法律效果不同

首先，《植物新品种保护条例》第三十八条第一款规定：“被宣告无效的品种权视为自始不存在。”根据该条文规定，品种权宣告无效的决定可以对品种权被宣告无效前已经完成的相关法律行为产生影响。而品种权终止是指品种权自终止之日起不再有效，在品种权终止之前的法律行为不具有溯及力，不会对品种权终止前已经完成的相关法律行为产生影响。

其次，从法律程序上来说，品种权人是否放弃品种权，以及何时放弃品种权，并不影响复审委依职权或任何单位、个人行使请求宣告品种权无效的权利。当然，如果品种权人对植物新品种复审委员会宣告品种权无效的决定不服的，可以自收到通知之日起 3 个月内向人民法院提起诉讼。

因此，本案复审委员会对已终止品种权的品种宣告品种权无效，具有重要的法律意义和指导价值。

第二节 驳回复审行政纠纷案

案例 15
黑龙江阳某种业有限公司诉植物新品种复审委员会植物新品种申请驳回复审行政纠纷案[①]

案情聚焦

植物新品种复审委员会于2019年1月17日作出《关于维持〈哈某189品种实质审查驳回决定〉的决定》，认定黑龙江阳某种业有限公司（以下简称阳某种业公司）于2015年6月29日提交“哈某189”玉米品种权申请时，“利某228”品种已于2015年4月14日公告初步审查合格，选择“利某228”品种作为本申请的近似品种符合《植物新品种保护条例》规定。经原农业部植物新品种保护办公室前置审查，“哈某189”品种不符合《植物新品种保护条例》关于授权的有关规定，阳某种业公司的复审理由不能成立，决定维持品种保护办公室作出的《哈某189品种实质审查驳回决定》，驳回阳某种业公司的复审请求。阳某种业公司不服，认为“利某228”在国内首次申请品种审定或品种权保护的时间均晚于“哈某189”，不能作为评价“哈某189”特异性的近似品种，诉请判决撤销被诉决定，并判令植物新品种复审委员会重新作出决定。

裁判结果：北京知识产权法院一审认为，申请品种权的植物新品种是否具备特异性，其比较对象是递交申请以前的已知植物品种。“利某228”品种权初审合格公告时间在“哈某189”递交品种权申请之前，构成“哈某189”品种权申请递交前已知的植物品种，可以作为判断“哈某189”品种是否具有特异

---

① 北京知识产权法院（2019）京73行初1401号、最高人民法院（2021）最高法知行终453号。

性的比较对象。本案品种权申请针对的是“哈某 189”，其何时申请品种审定对本案已知植物品种的判断不产生影响。综上，被诉决定选择“利某 228”作为“哈某 189”品种权申请的近似品种，符合法律规定。在此基础上，“哈某 189”品种并未明显区别于其递交申请以前已知的植物品种“利某 228”，被诉决定关于“哈某 189”品种不具备特异性的认定结论正确，故判决驳回阳某种业公司的诉讼请求。最高人民法院二审认为，“哈某 189”品种在 2015 年 6 月 29 日申请植物新品种权时，“利某 228”品种已经完成了品种权申请初审，被诉决定将“利某 228”玉米品种作为“哈某 189”品种权申请日之前的已知品种，就其相关特征、特性进行测试，与申请品种进行性状对比，于法有据。根据鉴定，“哈某 189”“利某 228”有差异性状，但差异不显著，且（2018）甘民终 695 号民事判决已认定“利某 228”与“哈某 189”属于同一玉米品种，因此申请品种权的“哈某 189”不具有明显区别于已知品种“利某 228”的性状，不具备特异性，被诉决定和原审判决认定并无不当。故判决驳回上诉，维持原判。

案例解析

本案入选了最高人民法院发布的人民法院种业知识产权司法保护典型案例（第一批）。作为植物新品种授权行政纠纷的典型，案件的焦点是对“已知品种”的阐释与认定。

本案是就阳某种业公司“哈某 189”品种实质审查驳回的行政纠纷案件，判决阐明了植物新品种特异性判定中的已知品种的认定问题。依据《植物新品种保护条例》规定，品种特异性要求申请品种权的植物新品种应当明显区别于在递交申请以前已知的植物品种。基于此，判断的基准时间是申请品种权的申请日，而非申请品种审定的时间。在特异性的判定中，确定在先的已知品种的目的是固定比对对象，即比较该申请品种与递交申请日以前的已知品种是否存在明显的性状区别。

值得注意的是，判决认为申请植物新品种权保护的品种在申请日之前进行品种审定、品种推广的时间，对判断其是否具备新颖性具有意义，但与选择确定作为特异性比较对象的已知品种并无关联，对特异性判断不产生影响。

近年来，关于已知品种如何判断和认定的问题，无论是种子行业还是法律实务界都十分关注，且争议不断。结合本案，认为（2018）甘民终695号民事判决已认定“利某228”与“哈某189”属于同一玉米品种，且“利某228”于2018年1月2日获得了植物新品种权。那么如果就宣告“利某228”品种权无效案件又该如何认定？业界仍然存有争议。核心焦点是“哈某189”相对于“利某228”是否构成已知品种的问题。结合本案司法裁判观点及学术理论界观点，分析如下。

（一）关于“已知品种”的定义，《种子法》与《植物新品种保护条例》及《植物新品种保护条例实施细则（农业部分）》有所不同

2015年修订的《种子法》第九十二条第十项①规定，“已知品种”是指已受理申请或者已通过品种审定、品种登记、新品种保护，或者已经销售、推广的植物品种。2014年修订施行的《植物新品种保护条例》第十五条规定，特异性指的是“申请品种权的植物新品种应当明显区别于在递交申请以前已知的植物品种”。其中并未明确“已知的植物品种”（即“已知品种”）的范围。对此，2014年修订的《植物新品种保护条例实施细则（农业部分）》第十六条规定：“《条例》第十五条所称‘已知的植物品种’，包括品种权申请初审合格公告、通过品种审定或者已推广应用的品种。”

（二）《种子法》对已知品种的定义范围要明显宽于《植物新品种保护条例实施细则（农业部分）》

在2015年5月1日“利某228”通过植物新品种初步审查、进入植物新品种保护实质审查期间（截至2018年1月2日获得植物新品种授权），《植物新品种保护条例》的上位法，即2016年1月1日起施行的《种子法》第九十二条第十项将“已知品种”的范围扩大至“已受理申请品种审定的植物品种”，即“已知品种是指已受理申请或者已通过品种审定、品种登记、新品种保护，或者已经销售、推广的植物品种”。显然，其明显扩大了已知品种的范围。

---

① 现参见《种子法》第九十条第十一项。

据查，阳某种业公司的“哈某189”是在2015年1月16日通过黑龙江省农作物审定委员会玉米专业委员会初审的，按照当时的审定办法，即2014年2月1日起施行的《主要农作物品种审定办法》第十三条和第二十五条①的规定，“哈某189”至迟在2015年1月16日构成2015年修订的《种子法》第九十二条规定的“已受理申请品种审定的植物品种”。

（三）理论界各方观点

本案引发了社会广泛关注和理论界讨论热潮。

有行政法专家和知识产权专家认为，（2018）甘民终695号民事追偿权纠纷案和宣告“利某228”品种权无效案，应当依据2016年1月1日施行的《种子法》确定《植物新品种保护条例》第十五条有关植物新品种特异性要件中“已知品种”的范围，并由此认定“哈某189”构成“利某228”植物新品种权实质审查中的已知品种。持该观点的理由主要有以下几点。

第一，遵循“新法优于旧法”原则。按照《立法法》第九十二条的规定，新法优于旧法原则指的是新法和旧法对同一事项有不同规定时，新法的效力优先于旧法。该原则的适用，以新法生效实施为标志，新法生效实施以后发生的法律行为准用新法，新法实施以前包括新法公布以后尚未实施这段时间发生的法律行为仍沿用旧法，新法不发生效力。案件涉及的是植物新品种实质要件之特异性的判断，“利某228”在2015年5月1日通过初步审定后进入实质审查，该实质审查行为一直持续到2018年1月2日，因此对于“利某228”实质审查行为中涉及的特异性——是否明显区别于提交申请之前的已知品种——的判断，应当采用新法。在“已知品种”的规定上，2016年1月1日实施的《种子法》相对于2014年实施的《植物新品种保护条例细则（农业部分）》属于新法，因此应当适用新法，即新《种子法》。

第二，遵循“上位法优于下位法”的原则。在整个法律体系当中，上位法是原则，是下位法的指导，下位法不能违背上位法的规定；下位法侧重执行，上位法的落实需要下位法的具体制度支持。在农作物植物新品种保护的法律体

---

① 现参照2022年新修订的《主要农作物品种审定办法》第十四条和第二十八条。

系当中，《种子法》是上位法，《植物新品种保护条例》是下位法，《植物新品种保护条例细则（农业部分）》是更下位的法律规范，因此后二者有关已知品种的规定、适用和解释不能违背作为上位法《种子法》的规定。关于“哈某189”和“利某228”的争议案件中，《植物新品种保护条例细则（农业部分）》作为《种子法》的下位法，其有关已知品种的范围界定违反最新《种子法》的规定，不应当再适用。

第三，在植物新品种保护领域，相对于《种子法》而言，《主要农作物品种审定办法》和《植物新品种保护条例细则（农业部分）》都属于同一位阶（部门规章）的下位法，故要对二者关于“已知品种”的规定作出选择时，应当选择与上位法规定一致的规范。不同于《植物新品种保护条例细则（农业部分）》有关已知品种的界定，2014年施行的《主要农作物品种审定办法》第十一条[①]将“现有品种”规定为包括了“本级品种审定委员会已受理的其他品种”，与2016年1月1日施行的《种子法》一样，将已知品种的范围扩展至已经受理的其他品种。因此，在判断“利某228”的已知品种时，也应当准用《主要农作物品种审定办法》第十一条对已知品种的规定确定其范围。

第四，在法理上，植物新品种在实质审查阶段对涉及实质性要件的判断应当采用新标准。植物新品种的实质性审查行为是一个持续性的行为，如案件中“利某228”的实质性审查从2015年5月1日持续到2018年1月2日，因此在此期间，如果因为法律的修订导致植物新品种的实质性要件的判断标准发生变化，应当适用新的标准；否则，就会导致法律标准的混乱，造成法律实施的社会效果的混乱和法律秩序的不统一。特别是针对《种子法》修订生效后的植物新品种权申请审查行为，如果涉案申请仍然适用修改前的《种子法》有关规定，其他申请案则按照修改后的现行《种子法》规定，显然会造成认定条件和标准不统一的问题。不仅如此，“利某228”的植物新品种实质审查行为持续到新《种子法》实施之后，而不是在2016年1月1日之前就已经结束，因此适用新《种子法》也不涉及新法的溯及既往问题。

---

① 现参见《主要农作物品种审定办法》第十二条。

第五，关于“已知的植物品种”的认定，可以参考有关植物新品种公约对已知品种的规定。“哈某 189”和“利某 228”之争中，涉及的当事人分别来自中国和法国，而中国和法国都是 UPOV 公约的成员国，因此，当事人之间对植物新品种中已知品种范围的争议，可以参考该公约的规定来解释。其中，中国加入的 1978 年版 UPOV 公约第六条规定了植物新品种保护的条件，将已知品种的范围规定为可以包括“已经或正在法定注册处登记的品种”。法国加入的 1991 年版 UPOV 公约第七条规定了特异性，将“申请在法定注册处登记的品种”纳入已知品种的范围。因此，中国和法国都认同植物新品种的已知品种包括在法定注册处申请登记的品种。所以，适用 2016 年 1 月 1 日施行的《种子法》有关已知品种的规定，包括已受理申请品种审定的植物品种，亦符合中国和法国所加入的 UPOV 公约在已知品种范围界定中的原则和精神。

除了上述意见以外，还有的学者认为一个植物新品种的授权需经过形式审查和实质审查，而实质审查系植物新品种授权的重要条件和必要条件。“哈某 189”虽然申请品种权保护的时间发生在 2016 年《种子法》施行以前，但是决定“哈某 189”品种是否授权的实质审查完全发生在修订的《种子法》施行之后，该情形应属于《立法法》第九十三条规定的“为更好地保护公民、法人和其他组织的权利和利益而作的特别规定”。

总之，通过“哈某 189”与“利某 228”的案件纷争，反映出我国品种审定制度和品种保护制度在设计和规制上还存在不少漏洞和问题。虽然品种审定和品种保护是两个独立的制度，但是两者存在着交叉，厘清和平衡两者之间的关系不仅要修补制度的漏洞，还要寻找解决问题的更佳路径，是一个值得研究和进一步论证思考的课题。

（四）本案的启示

事实上，关于“哈某 189”与“利某 228”之间的纷争并没有停止，从后续多起民事案件和行政纠纷来看，甘肃省高级人民法院的（2018）甘民终 695 号民事判决并没有将问题圆满解决，反而引发出当事人更多的争议和隐患，案涉种子的生产数量是确定的，生产经营主体也是确定的，在强制执行名称变更、育种人变更的情况下，原本已生产的种子如何处理？无论是法院还是行政主管部门，似乎均没有给出合情合理合法的处理意见，没有考虑到社会公平原则和平衡价值，难免引发后患。比如，从已公开的判决看出，后续诉讼纠纷所涉种子是否为上述判决已决的种子，是否存在重复诉讼、是否属于滥用民事权利等，成为当事人诉争焦点，并引起了业界广泛关注。

据了解，迄今为止当事双方因“哈某189”和“利某228”之争引发的民事诉讼已达6起，行政诉讼案件2起，行政举报案件4起。从这些案件的性质和法律关系来看，与（2018）甘民终695号民事判决不无关系。客观来讲，从化解矛盾、息讼止争角度，为切实解决双方后续争议，不妨考虑从如下几点着手。

（1）在本案强制执行过程中，法院应组织当事双方达成和解，特别是就案涉种子如何处理问题，达成共识，以避免或减少各方损失，防止引发诉累。

（2）黑龙江省农业农村主管部门作为诉争双方涉案种子主销区、种植区和经营主体所在地的管理主体，为避免不断的纷争和重复维权，在协助法院变更名称情况下，应主动发挥行政职能，在行政监管和服务过程中，切忌机械执法，而应积极主动地发挥行政指导和合规激励责任，避免留下尾巴。一方面在法无禁止情况下，可以参照《主要农作物品种审定办法》给予适当的处理种子缓冲期，或者发挥行政协调和服务作用，促成当事双方达成和解，从而避免或减少行政资源和司法资源的浪费；另一方面可以给阳某种业公司行政监管激励，要求限期提供企业整改和合规建设计划，由机械监管向强化指导转变，由一味行政处罚向行政监管激励转变，如此不仅有利于监管目的的实现，从而减少和化解纷争，还有助于种业市场健康有序发展。

（3）品种权人在权利已获确认前提下，特别是阳某种业公司再审申请被驳回，应适当调整姿态，为避免引发诉争，可主动就涉案种子如何处理与阳某种业公司进行和谈，不失跨国公司的风范，而不是一味地采取多轮诉讼，穷尽维权。

（4）作为整个事件的重要当事方，阳某种业虽然要多方面应对原告的多起诉讼和行政执法调查，但是也要主动树立合规思维意识，建立企业日常经营风险防控机制，设置合规或法务岗，提高知识产权保护意识，主动提出行政合规措施和消除危害后果方案，并作出合规承诺。

第三节　品种更名复审

案例 16
水稻“魅某优黄占”品种更名复审案[①]

案情聚焦

本案涉案品种为水稻品种“魅某优黄占”，品种权申请日为 2018 年 11 月 5 日，授权日为 2019 年 7 月 22 日，品种权人为湖北华某夏种子有限责任公司，品种权号为 CNA20183604. 0。

2020 年 11 月 30 日，请求人湖北华某夏种子有限责任公司向农业农村部植物新品种复审委员会提出将授权品种“魅某优黄占”更名为“魅某优黄丝苗”的更名请求，理由是“魅某优黄占”为“魅某优黄丝苗”品种审定区试代号名称，已在 2020 年 9 月 23 日通过湖北省农作物品种审定委员会审定。请求人提交了“魅某优黄丝苗”初审公示、审定公告、审定证书等复印件，以及“魅某优黄占”植物新品种权证书复印件等证据材料。

复审委员会秘书处经形式审查于 2021 年 3 月 30 日受理本案。复审委员会经审理认为，依据《种子法》第二十七条第三款的规定，同一植物品种在申请新品种保护、品种审定、品种登记、推广、销售时只能使用同一个名称。2018 年 11 月 5 日申请并于 2019 年 7 月 22 日取得品种权授权的品种名称“魅某优黄

① 参见农业农村部植物新品种复审委员会 2021 年第 34 号复审决定。

占”使用在前，2020 年 9 月 23 日品种审定名称“魅某优黄丝苗”使用在后，不能将在先使用的品种名称更名为在后使用品种名称。

根据《农业部植物新品种复审委员会审理规定》第三十四条规定，复审委员会经审理决定，请求人更名请求理由不成立，驳回品种更名请求，维持“魅某优黄占”品种现有名称。

案例解析

本案入选了农业农村部 2021 年农业植物新品种保护十大典型案例，是因申请植物新品种保护的品种名称与品种审定名称不一致而请求授权品种更名的典型案例。

（一）关于品种名称

首先，品种名称是一个植物品种区别于其他植物品种的重要外在标志，适当的品种名称是授予植物新品种权的植物品种所应具备的条件之一。其次，品种名称具有唯一性。一个植物品种一旦确定了命名，即形成了名称与品种之间的一一对应关系。最后，经授权的品种名称为该植物新品种的通用名称，其他任何单位或个人不得在相同或者相近的植物属或者种中使用同一名称。

（二）关于品种名称的法律规定

首先，《种子法》第二十七条和《植物新品种保护条例》第十八条，均规定了授予品种权的植物新品种应当具备适当的名称，并与相同或者相近的植物属或者种中已知品种的名称相区别。该名称经授权后即为该植物新品种的通用名称。其次，《种子法》《植物新品种保护条例》《植物新品种保护条例实施细则（农业部分）》及《农业植物品种命名规定》均有关于品种命名的禁止性规定，特别是 2022 年新修订的《农业植物品种命名规定》第九条列举了禁止品种命名的 12 种情形。再次，品种名称唯一性的内涵是指该植物品种在申请保护、品种审定、品种登记、推广、销售活动中的唯一性，只能使用同一个名称，而不能前后不一。《种子法》及《农作物种子标签和使用说明管理办法》对品种名称的管理均有相应规定，不能擅自更改或不正当使用品种名称。最后，品种名称具有使用优先性。根据品种命名规则，一个农业植物品种只能使用一个中文名称，在先使用的品种名称具有优先性，不能再使用其他的品种名称对同一品种进行命名。

（三）关于品种更名程序

依据《植物新品种保护条例》第三十七条规定，植物新品种授权后，植物新品种复审委员会可以依据职权或者依据任何单位或者个人的书面请求，对不符合本条例第十八条规定①的，予以更名。本案即由品种权人向植物新品种复审委员会提出更名请求。

本案中，涉案品种“魅某优黄占”于 2019 年 7 月 22 日获得授权，依据《种子法》规定，该品种名称授权后即为该植物新品种的通用名称，在此之后无论是品种审定抑或推广销售，均应以此为唯一名称。而请求人提出的水稻品种“魅某优黄丝苗”是在 2020 年 9 月 23 日通过湖北省农作物品种审定，品种审定通过的时间明显晚于品种授权的时间。根据品种名称使用优先性规则，不能将在先使用的品种名称更名为在后使用的品种名称，因此，复审委员会驳回了该复审请求。

（四）规制品种名称的法律价值

从规制品种名称的原理角度，品种名称唯一性不仅要求品种保护、品种审定、品种登记、品种推广销售使用同一名称，而且要求品种本身的真实性，保持前后的一致性、唯一性。也就是说生产经营的种子应当与申请植物新品种保护、品种审定、品种登记时提供的种子样品相符。同时，为了进一步规范品种名称管理，杜绝和制止“同名不同种、同种不同名”现象，2022 年修订的《农业植物品种命名规定》新增了一条“品种一致性承诺”，即第六条：“申请人应当书面保证所申请品种名称在农作物品种审定、品种登记和农业植物新品种权中的一致性。”

---

① 《植物新品种保护条例》第十八条规定：“授予品种权的植物新品种应当具备适当的名称，并与相同或相近的植物属或种中已知品种的名称相区别。该名称经注册登记后即为该植物新品种的通用名称。下列名称不得用于品种命名：（一）仅以数字组成的；（二）违反社会公德的；（三）对植物新品种的特征、特性或者育种者的身份等容易引起误解的。”

本案能够入选典型案例，具有重要的价值和指导意义，正确使用品种名称，不仅有利于对种子的规范管理，便于农户选购使用，而且有利于在执法实践中快速查明侵权假冒违法事实，提高法律保护的效率。

综观本案，“魅某优黄占”是“魅某优黄丝苗”在品种审定区试时的代号名称，“魅某优黄占”名称使用在前，“魅某优黄丝苗”使用在后，即便需要更名也应该是审定在后“魅某优黄丝苗”更名为“魅某优黄占”，而不是颠倒更名。

这里进一步延伸分析，“魅某优黄占”作为一个真实的品种在 2019 年获得授权，“魅某优黄丝苗”也是作为一个独立的品种在 2020 年通过品种审定。从品种名称来看，显然不属于同一品种，而请求人申请更名的理由为两者系同一品种，现在的鉴定技术已较先进，品种审定和品种保护均需要做 DUS 测试和 DNA 指纹筛选，两个真实性一致的不同名品种是如何先后获得授权和通过品种审定的？这恐怕也反映出监管的漏洞，也不排除当事人提交虚假样品的可能。

第三章　民事诉讼类

第一节　植物新品种追偿权、临时保护期使用费纠纷

案例 17
植物新品种临时保护期使用费纠纷
——江苏省高某种业科技有限公司诉南通市某原种场植物新品种追偿权纠纷案①

案情聚焦

2010 年 12 月 10 日，某农科院对其培育的涉案粳稻新品种“南某 9108”申请植物新品种权。2011 年 3 月 1 日，该申请经初步审查合格并予以公告。2015 年 5 月 1 日，该品种被授予植物新品种权并公告。2011 年 4 月 7 日，品种权人某农科院与江苏省高某种业科技有限公司（以下简称高某种业公司）签订《独占实施许可合同书》，约定某农科院将涉案水稻品种许可高某种业公司独占实施，许可费为 450 万元。合同签订后，高某种业公司按约支付了上述费用。2015 年 5 月 1 日，某农科院出具《授权书》，授权高某种业公司独占实施“南某 9108”植物新品种权，生产和销售该水稻种子。其他单位和个人擅自生产、包装和销售“南某 9108”水稻种子的行为均为侵权行为，高某种业公司有权追究侵权人的法律责任。高某种业公司有权对“南某 9108”植物新品种权授权前生产和销售该品种繁殖材料的单位和个人进行追偿。

① 参见南京市中级人民法院（2016）苏 01 民初 396 号民事判决书、江苏省高级人民法院（2017）苏民终 58 号民事判决书。

2015年7月3日，如皋市农业委员会向南通市某原种场出具行政处罚决定书，南通市某原种场涉嫌无证生产和销售白皮袋包装的“南粳5055”“南某9108”等水稻种子，决定没收“南粳5055”合计1500斤及“南某9108”1184斤，没收非法所得1064元，罚款1064元。南通市某原种场履行了上述行政处罚决定。

高某种业公司认为，南通市某原种场在“南某9108”植物新品种权授权前擅自生产和销售了该品种繁殖材料。请求依法判决南通市某原种场支付涉案粳稻新品种使用费30万元。

裁判结果：南京市中级人民法院一审认为，根据品种权人的授权，高某种业公司可以承继该权利，并行使相关的权利包括诉权，故高某种业公司为本案的适格诉讼主体。南通市某原种场未经相关权利人许可，在涉案“南某9108”品种初步审查合格公告至品种被授权期间为商业目的生产和销售了该品种的繁殖材料，应该向高某种业公司支付相应的费用，以弥补其所受到的损失。高某种业公司主张按照一年的许可使用费作为品种使用费赔偿的计算方法和标准。对此一审法院认为，第一，高某种业公司被授权实施涉案“南某9108”品种，支付了许可使用费450万元，相当于在植物新品种权15年保护年限内平均每年支付30万元。第二，高某种业公司实际获得了独占的权利，并为此支付了相应的对价，取得了类似品种权人的法律主体地位。第三，虽然《植物新品种保护条例》等相关法律没有具体规范追偿费用如何计算，但是南通市某原种场涉案行为的性质被定性为未经许可之为商业目的的生产或者销售，类似于授权后的未经许可之为商业目的的生产或者销售，即一种类似于侵害植物新品种权的行为。与之相反的合法行为方式是经过许可的为商业目的的生产或者销售，其中许可方式可以是普通许可也可以是其他方式的许可。因此，参考《最高人民法院关于审理侵犯植物新品种权纠纷案件具体应用法律问题的若干规定》第六条的相关规定，高某种业公司主张的计算损失的方法和标准有合理依据，南通市某原种场应向高某种业公司支付追偿的“南某9108”水稻新品种使用费30万元。

南通市某原种场不服一审判决，向江苏省高级人民法院提起上诉。

江苏省高级人民法院二审认为，高某种业公司为本案适格诉讼主体。追偿权系品种权人享有的一种民事权利，其自愿许可高某种业公司行使追偿权，并不违反法律、行政法规的禁止性规定，故作为独占实施许可合同的被许可人，高某种业公司可以对涉案植物新品种追偿权纠纷单独提起诉讼，其诉讼主体适格。

高某种业公司追偿临时保护期使用费的数额可以参照涉案实施许可费合理确定。《植物新品种保护条例》等相关法律对于临时保护期内实施的上述行为的性质、实施者如何承担民事责任尚无明确具体的规定。在司法实践中，品种权人通常主张参照植物新品种实施许可费支付临时保护期内的品种使用费。对此二审判决认为，临时保护的前提条件是品种被授权，即在品种被授权的情况下，才对此前公布的该品种给予延伸保护。因此，品种授权后，在临时保护期内未经许可为商业目的生产、销售授权品种繁殖材料的单位或个人应向品种权人支付相应的使用费。而根据品种权人的主张，参照许可使用的方式确定该期间的使用费符合鼓励种业科技创新、植物新品种培育的立法精神，也相对公平合理。在本案中，需要综合考虑以下因素确定涉案品种使用费的具体数额。

首先，根据涉案独占实施许可协议的约定，“南某 9108”品种权实施许可费总计为 450 万元，高某种业公司也按约支付了上述款项。自涉案许可合同签订之日起至该品种权保护期终止，许可使用期限为 19 年，按照 19 年计算，平均每年的实施许可费约 24 万元。一审判决按照保护期限 15 年计算年平均实施许可费不妥，应予以纠正。但实施许可费约定的数额仅作为确定临时保护期内使用费的参考，还需要考虑植物新品种权的类型、市场应用期等多种因素，不宜直接以约定的 19 年许可使用期限简单地计算出年平均实施许可费标准，进而确定临时保护期内一年使用费的数额。

其次，高某种业公司提供的南通市某原种场土地使用权证、经营场所证明等证据显示，南通市某原种场的土地面积约 3500 亩。作为专门从事种子生产的全民所有制企业法人，其所有土地为国有农业用地，南通市某原种场完全有能力提供相关证据证明其土地的面积及用途。二审中其提供的有关耕地面积的数据系其单方提供，在无充分证据证明的情况下，仅凭其自述，无法认定实际可种植水稻农田仅为1033亩。同时，根据南通市某原种场提供的生产加工协议书，可以认定2014年南通市某原种场分别为南通中某种业公司、如皋市百某米厂生产加工500—600亩“常农粳8号”，320亩“淮稻5号”，但剩余的其他2000余亩土地种植何种农作物，南通市某原种场未能提供充分证据予以证明。据此，高某种业公司主张南通市某原种场大面积种植涉案“南某9108”繁殖材料具有较高的可信度。

最后，要特别指出的是，涉案品种为粳稻，而粳稻新品种的培育需着重在增产、提升食味品质等诸多方面进行改良创新，倾注了科技工作者的极大心血。同时，粮食种子质量关系到农业生产的安全，关系到农民的切身利益和人民生命健康安全等重大民生问题。因此，我国实行种子许可证制度，并对种子的培植、来源、质量、生产经营等进行严格监督管控。本案中，南通市某原种场在未经品种申请人许可，也无种子生产经营许可证的情况下，在临时保护期内为商业目的生产、销售涉案“南某9108”繁殖材料的行为不宜简单地按照品种权人授权其实施许可的方式予以处理，应酌情提高相应的使用费数额。

综合考虑涉案植物新品种实施许可费的数额、时间、品种类型、南通市某原种场的经营规模等多种因素，一审判决确定南通市某原种场支付使用费30万元并无不当，也符合加大植物新品种知识产权司法保护力度的精神。据此，二审法院判决：驳回上诉，维持原判。

案例解析

本案是江苏省高级人民法院2021年发布的“江苏法院农业植物新品种保护十大典型案例”之一，入选了《最高人民法院公报》2020年第7期，是江苏省法院审理的首例追偿植物新品种临时保护期使用费纠纷案件。

（一）关于临时保护期植物新品种权人合法权益如何保护的问题

首先，确定主张植物新品种临时保护期使用费的法律依据。《植物新品种保护条例》第三十三条规定：“品种权被授予后，在自初步审查合格公告之日起至被授予品种权之日止的期间，对未经申请人许可，为商业目的生产或者销售该授权品种的繁殖材料的单位和个人，品种权人享有追偿的权利。”该条即权利人主张植物新品种追偿权的主要法律依据。

其次，注意提起追偿权的条件和时间节点。依据《植物新品种保护条例》规定，提起追偿权的前提是该品种已获授权，且只能在品种权授予后，对自初步审查合格公告之日起至授权日止的期间，未经许可所发生的商业性生产销售行为主张权利。

再次，虽然《植物新品种保护条例》规定了品种权人享有追偿权，但对于追偿权如何行使、临时保护期内实施的行为性质如何认定、费用如何确定等问题，条例及本案发生时有效的相关法律均未作出明确具体的规定。

最后，本案中，二审法院很好地解决了品种权人合法权益获得保护的问题。从裁判观点来看，法院确立了几个裁判规则：一是追偿权作为一项民事权利，品种权人可以依法转让追偿权。二是品种权授予后，在临时保护期内未经申请人许可为商业目的生产、销售授权品种繁殖材料的单位或个人应当支付相应的使用费。三是追偿临时保护期使用费的数额可以参照植物新品种实施许可费合理确定，而且特别明确对于涉及粮食种子新品种使用费纠纷，应当加大司法保护力度，不宜简单直接参照许可费确定，还应当酌情提高使用费的数额。

（二）本案判决符合鼓励农业科技创新、种质资源培育，促进农业农村发展的立法目的和精神，体现了利益平衡的价值理念

本案裁判理由中，特别指出涉案品种为粳稻，而粳稻新品种的培育需着重在增产、提升食味品质等诸多方面进行改良创新，倾注了科技工作者的大量心血。同时，粮食种子质量关系到农业生产的安全，关系到农民的切身利益和人民生命健康安全等重大民生问题。从以人为本、关乎农业安全和粮食安全角度，诠释了鼓励农业科技创新、强化知识产权保护的重要意义以及保护农民切身利益的价值理念。

（三）本案的审理思路和裁判观点具有很好的借鉴和指导价值，推动了植物新品种临时保护法律制度的完善，对今后此类案件的审理具有探索启示意义和法律适用价值

2021 年 7 月 7 日起施行的《最高人民法院关于审理侵害植物新品种权纠纷

案件具体应用法律问题的若干规定（二）》第十九条是关于植物新品种临时保护制度的规定，可以说直接采用或吸收了本案的审理思路及裁判观点。该条规定："他人未经许可，自品种权初步审查合格公告之日起至被授予品种权之日止，生产、繁殖或者销售该授权品种的繁殖材料，或者为商业目的将该授权品种的繁殖材料重复使用于生产另一品种的繁殖材料，权利人对此主张追偿利益损失的，人民法院可以按照临时保护期使用费纠纷处理，并参照有关品种权实施许可费，结合品种类型、种植时间、经营规模、当时的市场价值等因素合理确定该使用费数额。前款规定的被诉行为延续到品种授权之后，权利人对品种权临时保护期使用费和侵权损害赔偿均主张权利的，人民法院可以合并审理，但应当分别计算处理。"

第二节　侵害植物新品种权纠纷

案例 18
混淆品种审定和品种保护的关系引发侵权纠纷

——某大学诉青海金某生物科技发展有限责任公司侵害蕨麻"青某蕨麻 1 号"植物新品种权纠纷案①

案情聚焦

蕨麻品种"青某蕨麻 1 号"由某大学（以下简称原告）培育，2009 年 11 月 10 日通过青海省农作物品种审定委员会审定，审定编号为青审蕨麻 2009001 号，审定意见为："蕨麻青某蕨麻 1 号品种，经审定合格，可在我省中、高位山旱地及青南、环湖农业区地区推广种植。特向品种育成（引进）单位及主要

① 参见最高人民法院（2019）最高法知民终 585 号民事裁定书。

育（引）种人颁发《品种合格证》"。2013年6月6日，原告与青海金某工贸有限责任公司（以下简称金某工贸公司）签订《蕨麻种植合作协议》。协议生效后，原告向金某工贸公司提供了蕨麻原种并进行相应的技术指导，金某工贸公司支付了研发费用，开始进行蕨麻种植。2014年3月11日，金某工贸公司股东陈某厚、权某丽注册登记青海金某生物科技发展有限责任公司（以下简称被告），开始种植蕨麻。2015年9月后，原、被告双方因经营账目以及现场技术指导等问题引发纠纷。2018年7月4日，原告向青海省西宁市中级人民法院（以下简称一审法院）起诉被告，请求：（1）被告立即停止播种"青某蕨麻1号"，并将现种植在门源回族自治县北山乡的2229亩"青某蕨麻1号"品种全部就地销毁；（2）赔偿经济损失5171343.5元；（3）本案诉讼费用由被告承担。经审查，原告对案涉品种只持有青海省农作物品种审定委员会颁发的《品种合格证》，未获得植物新品种授权。

裁判结果：一审法院作出（2018）青01民初332号民事判决：驳回原告的诉讼请求。原告不服一审判决上诉至最高人民法院（以下简称二审法院）。二审法院于2019年12月13日作出（2019）最高法知民终585号民事裁定：撤销青海省西宁市中级人民法院（2018）青01民初332号民事判决；驳回原告的起诉。

案例解析

本案主要涉及提起侵害品种权诉讼的权利基础以及品种审定与植物新品种保护的关系问题。

（一）关于提起侵害植物新品种权之诉的权利基础

我国实行植物新品种保护制度，但授予品种权需要具备一定条件。根据《种子法》第二十五条和《植物新品种保护条例》第十三条规定，授予品种权的首要前提是申请品种权的植物新品种应当属于国家植物品种保护名录中列举的植物的属或者种。目前，我国农业植物新品种保护名录已发布至第十一批，林业植物新品种保护名录发布至第四批。本案案涉"青某蕨麻1号"蕨麻品种是蔷薇科、委陵菜属，目前尚未被列入国家植物新品种保护名录中，不符合申请植物新品种保护的授予条件。一、二审法院据此判定原告无提起本案侵权之诉的资格是正确的。

（二）关于品种审定与植物新品种权的关系

品种审定与品种保护是种子企业极易混淆和误解的问题，要厘清两者关系，首先要弄清两者的区别。品种审定与品种保护属于两种不同的制度，品种审定是市场准入的行政管理措施，属于行政许可；品种权属于植物新品种保护制度，是一项独立的民事权利，不能以获得品种审定的事实作为享有植物新品种权的认定依据。本案中原告将获得的《品种合格证》作为取得品种权的权利基础提起侵权之诉，犯了概念认识和逻辑错误，混淆了品种审定与品种保护。其次从品种通过审定和品种权授予条件角度来看，两者又存在相同之处。如主要农作物品种通过审定或非主要农作物品种登记的条件之一系申请品种必须具备特异性、一致性、稳定性和符合条件的品种名称；品种权授予的主要条件系申请品种必须具备新颖性、特异性、一致性、稳定性和符合条件的品种名称。也就是说无论申请审定还是保护，均须通过品种 DUS 测试，符合品种特异性、一致性和稳定性要求。

（三）一审法院援引法律适用裁判方式错误，二审法院予以纠正

既然本案原告无提起侵权之诉的权利基础，就不具备立案受理后程序意义上的诉权问题，不符合《民事诉讼法》第一百一十九条①规定的起诉的条件，应当裁定驳回起诉。而驳回诉讼请求，强调的是案件经审理后发现原告请求保护的实体权利不符合法律规定的条件，从而对其请求不予保护的司法行为，它所要解决的是实体意义上的胜诉权问题，针对的是不符合法律规定的实体请求，用判决的方式作出。所以，二审法院纠正一审援引法律适用错误符合法律规定。

蕨麻素有“高原人参果”之称，是青藏高原特有的资源植物，因富含各种营养和活性成分，被藏区群众作为保健品和藏药使用，地上部分生长速度快、耐盐碱、耐干旱等特性使其同时具有良好的生态价值。据报道，“青某蕨麻 1

---

① 现参见《民事诉讼法》第一百二十二条。

号”成功实现了蕨麻从野生到人工栽培的飞跃，在青海和甘肃广泛种植，给当地带来数亿元的经济收入，同时生态效益也显著。可惜的是该品种无法受到植物新品种保护，否则就能发挥更大的知识产权价值和市场价值。

案例 19
受植物新品种保护繁殖材料的认定

——蔡某光诉广州市润某商业有限公司侵害柚子“三某蜜柚”植物新品种权纠纷案①

案情聚焦

柚子品种“三某蜜柚”系原告蔡某光改良培育的无性繁殖品种，2014 年 1 月 1 日，被授予植物新品种权，品种权号为 CNA20090677.9，品种权人为蔡某光，保护期限为 20 年。2018 年 1 月 5 日、6 日、7 日和 12 日，曾某荣分四次在某超市购买“三某蜜柚”，由被告广州市润某商业有限公司（以下简称润某公司）开具发票，标明“三某蜜柚”及价格。蔡某光拍摄了某超市销售“三某蜜柚”的照片以及相关视频，于 2018 年 3 月 23 日向广州知识产权法院（以下简称一审法院）起诉，认为润某公司未经品种权人许可销售“三某蜜柚”果实的行为构成对“三某蜜柚”品种权的侵权。润某公司提供了“三某蜜柚”果实的进货合同，证明其销售的“三某蜜柚”果实具有合法来源。

裁判结果：一审法院作出（2018）粤 73 民初 732 号民事判决：驳回蔡某光的诉讼请求。蔡某光不服一审判决上诉至最高人民法院（以下简称二审法院）。二审法院于 2019 年 12 月 10 日作出（2019）最高法知民终 14 号民事判决：驳回上诉，维持原判。

案例解析

本案入选 2019 年中国法院 50 件典型知识产权案例。其典型意义在于诠释

① 参见最高人民法院（2019）最高法知民终 14 号民事判决书。

了植物新品种繁殖材料的认定及构成侵害植物新品种权的标准，尤其是关于无性繁殖材料的法律界定，起到很好的普法作用。

案涉植物新品种是“三某蜜柚”，为柑橘属，系无性繁殖植物新品种，其果实是否属于植物新品种保护的繁殖材料范围进而构成侵权系本案要解决的核心问题。一审法院认为，被诉侵权物是“三某蜜柚”果实，属于收获材料，不应被认定为“三某蜜柚”的繁殖材料。二审法院认为，要解决案涉果实是否构成侵权的问题，焦点是正确判断“三某蜜柚”植物新品种权的保护范围，且围绕上诉主张释法说理，较一审法院说理逻辑严谨，法律适用正确，裁判得体。

（一）关于判定植物新品种权的保护范围问题

根据我国植物新品种保护法律制度，授予品种权的条件是品种属于国家植物新品种保护名录中的属或种，且品种具备新颖性、特异性、一致性和稳定性并有适当命名。那么，植物体的籽粒、果实或根、茎、苗、芽、叶等都可能具有繁殖能力，是否属于植物新品种权保护范围的繁殖材料，要取决于植物体繁殖出的植物的一部分或整个植物的新个体，是否与该授权品种的特征特性相同。本案被诉侵权果实虽可能具有繁殖能力或种性没有退化，但其繁殖出的个体是否与“三某蜜柚”保护的特征特性相同无法判定，本案也无证据支持，无法律法规规定属于受保护的繁殖材料。

（二）本案反映出我国植物新品种权保护范围的法律局限性问题，起到问题导向作用

其一，虽然《种子法》第二十八条①、《植物新品种保护条例》第六条及《最高人民法院关于审理侵害植物新品种权纠纷案件具体应用法律问题的若干规定》第二条第一款都是关于植物新品种权保护范围的规定，但其保护范围较窄，仅限于繁殖材料。其二，就繁殖材料的解释可见《种子法》第二条第二款②规定：“本法所称种子，是指农作物和林木的种植材料或者繁殖材料，包括

① 本案适用2015年修订的《种子法》。现参见2021年修正的《种子法》第二十八条。
② 现参见2021年修正的《种子法》第二条第二款。

籽粒、果实、根、茎、苗、芽、叶、花等。”《植物新品种保护条例实施细则（农业部分）》第五条规定：“《条例》所称繁殖材料是指可繁殖植物的种植材料或植物体的其他部分，包括籽粒、果实和根、茎、苗、芽、叶等。”《植物新品种保护条例实施细则（林业部分）》第四条规定：“《条例》所称的繁殖材料，是指整株植物（包括苗木）、种子（包括根、茎、叶、花、果实等）以及构成植物体的任何部分（包括组织、细胞）。”《进境植物繁殖材料检疫管理办法》第四条规定：“本办法所称植物繁殖材料是植物种子、种苗及其它繁殖材料的统称，指栽培、野生的可供繁殖的植物全株或者部分，如植株、苗木（含试管苗）、果实、种子、砧木、接穗、插条、叶片、芽体、块根、块茎、鳞茎、球茎、花粉、细胞培养材料（含转基因植物）等。”

穷尽现行有效法律法规和规章，对于某一具体品种如何判定植物体的哪些部分为繁殖材料，并未作明确规定。据此，本案原告提出的“三某蜜柚”果实属于收获材料，且系繁殖材料应受保护的主张并没有法律依据。

（三）本案原告虽然败诉，但反映出我国品种权人要求提高品种权保护力度，扩大品种权保护对象范围的必要性和迫切性，凸显了加入UPOV公约1991年文本的迫切需求

UPOV公约1991年文本在品种权保护形式、保护范围、保护力度、保护期限、保护实质性派生品种以及农民特权等方面较UPOV公约1978年文本有明显进步，在有关收获材料的保护上，UPOV公约1991年文本较UPOV公约1978年文本作了明显扩展，范围更广。如将育种者权利的保护客体从繁殖材料延伸到了收获物，以及直接由收获物生产的某些加工品。如此，才能更好地保障品种权人的合法权益，尤其是关乎无性繁殖品种的保护。

（四）本案的重要意义

作为认定植物新品种权保护范围的典型案例，本案在审理时，对既是繁殖材料又是收获材料的授权品种是否落入我国法律的保护范围，当时的种子法律法规并无相应的依据，最终法院判决驳回了原告的诉讼请求。但是，本案存在的法律缺陷引发了种子行业、理论学术及法律实务界的极大关注和热烈讨论，

乃至在一定程度上对立法机关启动《种子法》的修改活动起到了重要促进作用。

典型案例往往是推动法律进步的重要力量。2021 年 12 月 24 日，第十三届全国人民代表大会常务委员会第三十二次会议通过《关于修改〈中华人民共和国种子法〉的决定》，修改后的《种子法》借鉴了国际通行的做法，扩大了植物新品种权的保护范围及保护环节，将植物新品种权的保护范围由繁殖材料延伸到收获材料，将保护环节由生产、繁殖、销售扩展到生产、繁殖、加工（为繁殖进行的种子处理）、许诺销售、销售、进口、出口、储存等整个链条。①

由此，未经品种人的许可，实施生产、繁殖和为繁殖而进行处理、许诺销售、销售、进口、出口以及储存行为，使用授权品种的繁殖材料而获得的收获材料的，按侵权行为认定。这对解决无性繁殖作物、常规作物品种维权困境，提供了法律依据，有利于进一步加强种业知识产权保护，促进现代种业的发展。

案例 20

未经许可以授权品种为亲本重复生产另一品种侵权

——河南金某士种业股份有限公司诉北京德某种业有限公司、某农业科学院侵害植物新品种权纠纷案②

案情聚焦

母本“某 58”与已属于公有领域的父本“某 7-2”杂交而成“某单 958”玉米品种。“某 58”和“某单 958”的植物新品种权人分别为河南金某士种业

① 2021 年修正的《种子法》第二十八条第二款、第三款规定：“任何单位或者个人未经植物新品种权所有人许可，不得生产、繁殖和为繁殖而进行处理、许诺销售、销售、进口、出口以及为实施上述行为储存该授权品种的繁殖材料，不得为商业目的将该授权品种的繁殖材料重复使用于生产另一品种的繁殖材料。本法、有关法律、行政法规另有规定的除外。实施前款规定的行为，涉及由未经许可使用授权品种的繁殖材料而获得的收获材料的，应当得到植物新品种权所有人的许可；但是，植物新品种权所有人对繁殖材料已有合理机会行使其权利的除外。”

② 参见河南省郑州市中级人民法院（2014）郑知民初字第 720 号民事判决书、河南省高级人民法院（2015）豫法知民终字第 00356 号民事判决书、最高人民法院（2018）最高法民申 4587 号民事裁定书。

股份有限公司（以下简称金某士公司）和某农业科学院（以下简称某农科院）。某农科院与北京德某种业有限公司（以下简称德某公司）签订《玉米杂交种“某单958”许可合同》及补充协议，许可德某公司在一定期限内销售“某单958”玉米杂交种，德某公司为履行合同而进行制种生产过程中涉及第三方权益的由德某公司负责。德某公司依据授权，在取得《农作物种子经营许可证》后，在甘肃省大量生产、销售“某单958”玉米杂交种。金某士公司认为德某公司在授权期限截止后，未经许可使用“某58”生产、繁育“某单958”玉米杂交种的行为，构成侵权，故诉请德某公司停止侵权、赔偿金某士公司经济损失及合理开支4952万元，并要求某农科院承担连带责任。

裁判结果：河南省郑州市中级人民法院一审认为，德某公司在合同终止后继续使用“某58”必须重新取得品种权人许可。德某公司未取得金某士公司授权，在金某士公司发函后仍继续使用“某58”生产“某单958”，构成侵权。考虑到加强植物新品种权保护有助于推动落实国家“三农”政策，德某公司已经取得“某单958”品种权人的授权许可，并已支付相应的使用费，为生产“某单958”杂交种花费了大量的人力、物力，若禁止德某公司使用母本“某58”自交种生产“某单958”玉米杂交种，将造成巨大的经济损失，可采取支付一定的赔偿费的方式弥补金某士公司的损失，故判决德某公司赔偿损失及合理开支4952万元，某农科院在300万元内承担责任，驳回金某士公司的其他诉讼请求。德某公司和某农科院均提起上诉。

河南省高级人民法院二审认为，某农科院和金某士公司实行相互授权模式，德某公司在生产过程中涉及第三方权益时应由德某公司负责，与某农科院无关，故判决维持一审法院关于赔偿损失和合理支出的判项，撤销一审法院关于某农科院承担连带责任的判项。

德某公司不服二审判决，向最高人民法院申请再审，最终最高人民法院驳回了德某公司的再审申请。

案例解析

本案入选了最高人民法院发布的人民法院种业知识产权司法保护典型案例

(第一批)。迄今为止，本案还是种业知识产权保护案件中获得赔偿额最高的植物新品种侵权纠纷案，曾引起业界和社会的广泛关注。

本案对杂交种生产中涉及杂交种及其亲本关系的植物新品种侵权纠纷具有指导意义。

(一) 亲本及杂交种作为繁殖材料均系植物新品种权保护的对象

法律并不禁止利用授权品种进行育种及其他科研活动，但在植物新品种获得授权及通过品种审定后，该新品种的权利人及其被许可人面向市场推广该新品种，将他人已授权品种的繁殖材料重复用于生产该新品种的繁殖材料时，仍需经过作为父母本的已授权品种的权利人同意或许可，否则即构成侵权。本案中，德某公司生产经营“某单958”获得了该杂交品种植物新品种权人的许可，并支付了相应的许可费用。而“某单958”是以“某58”为母本、以“某7-2”为父本，由两个自交系品种杂交选育而成，欲想生产繁育杂交种“某单958”，就必须使用其双亲材料，否则无法繁育出真实的“某单958”玉米品种。但是德某公司在生产“某单958”时并没有获得自交系“某58”品种权人的授权许可。因此，德某公司生产经营“某单958”侵犯了“某58”的植物新品种权。

(二) 关于侵害植物新品种权纠纷案件赔偿数额的确定方法

依据《种子法》及其相关司法解释规定，侵害植物新品种权纠纷案件中，赔偿数额的确定方法主要有权利人损失、侵权人获益、品种权许可费和法定赔偿四种。具体而言：一是按照权利人因被侵权所受到的实际损失确定；二是实际损失难以确定的，可以按照侵权人因侵权所获得的利益确定；三是权利人的损失或者侵权人获得的利益难以确定的，可以参照该植物新品种权许可使用费的倍数合理确定；四是故意侵犯植物新品种权，情节严重的，可以在按照上述方法确定数额的1倍以上5倍以下确定赔偿数额。

(三) 本案最终高额判赔的依据是以侵权人获利为主，其他因素为辅

在本案中，法院的裁判思路是考虑到被许可人已经为杂交种繁育推广花费了大量的人力、物力，可以通过支付赔偿费用对亲本权利人的损失予以补偿。

在确定侵权损害赔偿数额时，综合侵权人的主观过错、获利情况、不停止使用亲本生产直至保护期满可以继续获利等因素，对权利人请求的4952万元的赔偿数额和合理支出予以了全额支持。德某公司系某上市公司的控股子公司，其经营业绩年报接受社会公众监督，因而其生产经营“某单958”的销售额及利润数据自然公开，法院按照其获利情况判决具有事实依据。

（四）本案的重要意义

本案判决引起了业界和实务界极大关注和讨论热潮，焦点一是近5000万元的“天价”赔偿在种业知识产权纠纷案中尚属首例，而且是对原告的请求全额予以支持，可以说震惊了行业。焦点二是引起种业行业对亲本材料知识产权保护的重视。

客观地讲，本案所谓“天价”赔偿具有法律和事实依据。“某单958”被称为“世纪品种”，该品种具有突出的优点和强劲的表现。截至目前，“某单958”是我国种植面积最大的玉米品种，全国累计推广面积近5亿亩，可以说给广大农户的农业生产带来了重大利好，具有较好的社会和市场价值。通过本案，进一步强化了行业对亲本材料的保护意识，有利于促进科技原始创新和对种业知识产权的保护，对鼓励培育及推广良种起到了积极的促进作用。因此，本案具有重大的社会启示意义和指导作用。

案例21

涉及品种权实施许可及其类型的侵权纠纷

——安徽禾某种业有限公司诉江苏丰某种业科技有限公司、安徽乐利农种业有限公司侵害水稻“常某1号”植物新品种权及不正当竞争纠纷案①

案情聚焦

常规稻“常某1号”品种由常熟市农业科学研究所选育，2017年9月1

① 参见最高人民法院（2019）最高法知民终130号民事裁定书。

日，被授予植物新品种权，品种权号为CNA20131196.3，品种权人为常熟市农业科学研究所。2016年7月22日，安徽禾某种业有限公司（以下简称禾某公司）将“常某1号”成功引种到安徽省适宜生态区。2016年8月25日，常熟市农业科学研究所将“常某1号”安徽省独占经营权授予禾某公司，并发布了《常某1号维权公告》。后来禾某公司调查发现，江苏丰某种业科技有限公司（以下简称丰某公司）、安徽乐利农种业有限公司（以下简称乐某农公司）在未取得禾某公司授权的情况下，擅自在安徽省违法繁殖、生产、销售“常某1号”；同时丰某公司、乐某农公司还涉嫌套包灌装“常某1号”，欺骗和误导广大种粮农民，对禾某公司实施不正当竞争。

2018年8月28日，禾某公司向合肥市中级人民法院（以下简称一审法院）起诉丰某公司、乐某农公司，请求：（1）立即停止侵害“常某1号”植物新品种权的行为及不正当竞争行为；（2）对库存及尚未销售的侵权种子作灭绝活性处理；（3）在《安徽种业》《江苏种业》上刊登声明，消除其因侵害品种权及不正当竞争造成的不良影响；（4）共同赔偿禾某公司经济损失及因制止侵权支付的合理费用30万元；（5）承担本案所有诉讼费用。

裁判结果：一审法院作出（2018）皖01民初1465号民事判决：丰某公司赔偿22万元，乐某农公司赔偿3万元。丰某公司不服一审判决上诉至最高人民法院（以下简称二审法院）。二审法院于2019年12月23日作出（2019）最高法知民终130号民事裁定：（1）撤销安徽省合肥市中级人民法院（2018）皖01民初1465号民事判决；（2）驳回禾某种业有限公司的起诉。

案例解析

本案主要涉及区域品种权独家实施许可与品种权独占实施许可的区别，以及未经品种权人明确授权，普通实施许可合同被许可人能否单独提起侵害品种权之诉的问题。解决这个问题的关键是分清品种权的独占实施许可是以权利有效的法域为准，还是以权利行使的地域为标准。

（一）关于独家实施许可与独占实施许可的认定问题

对于这个问题，二审法院判定正确，纠正了一审法院的错误。

其一，本案原告禾某公司提供的《常某1号维权公告》和《委托授权书》意为证明其系独占许可被许可人，但两份证据却记载"独家在安徽省"区域内许可实施或者在安徽省适宜区域独占许可，均限定了许可实施的地域范围，实际上原告所取得的是在安徽省域内的独家经营权而非品种权法域的独占许可。其二，被告丰某公司举证案涉品种在安徽省和江苏省均有品种权人的授权许可，由此可见，品种权人将案涉品种按照地域来划分许可给不同的经营主体。其三，地域性独家许可表面上仅授权一家，实质上不属于法律意义上的品种权的独占许可，其本质属于普通实施许可。因此，二审法院认定本案原告属于品种普通实施许可被许可人是正确的，一审法院事实认定错误。

（二）关于本案原告是否具有单独提起侵权之诉资格

《最高人民法院关于审理侵犯植物新品种权纠纷案件具体应用法律问题的若干规定》第一条规定："植物新品种权所有人（以下称品种权人）或者利害关系人认为植物新品种权受到侵害的，可以依法向人民法院提起诉讼。前款所称利害关系人，包括植物新品种实施许可合同的被许可人、品种权财产权利的合法继承人等。独占实施许可合同的被许可人可以单独向人民法院提起诉讼；排他实施许可合同的被许可人可以和品种权人共同起诉，也可以在品种权人不起诉时，自行提起诉讼；普通实施许可合同的被许可人经品种权人明确授权，可以提起诉讼。"据此规定，本案原告自起诉至二审期间并没有取得品种权人的明确授权或追认，作为普通实施许可合同的被许可人单独提起本案侵权之诉无法律依据。一审法院判决被告构成侵权并承担赔偿责任法律适用错误，二审法院予以纠正，裁判得当。

（三）本案对种业企业实施品种权许可具有很好的启示和指导意义

品种独家经销许可与品种权独占实施许可的问题，是企业经营中比较突出也较易混淆的问题，经常有企业将区域独家许可理解成独占许可，将生产经营权许可理解成品种权转让，将独家代理和独占许可混淆，将品种经销与品种权许可混淆。独家与独占虽一字之差，但如果附加地域限制，本质上不属于法域意义的独占许可，而归属普通许可，就像在品种审定范围内授权某企业独家享有生产、加工、包装、销售的权利，更多地强调的是一定地域内独家行使该品种的生产或经营，而不是对授权品种权利的独占实施许可。

综上所述，植物新品种权独占实施许可是指被许可人获得了在该植物新品种权的授权法域内唯一实施该授权品种的权利，如果被许可人获得的所谓“独占实施许可”被附加了授权法域内的地域限制，则该实施许可仅构成普通实施许可。在涉及签署植物新品种权实施许可合同时切记分清权利属性，注意是否存在权利的地域限制，以免合法权益受损。

案例 22

种子合法来源抗辩及电子证据认定的侵权纠纷

——安徽皖某种业股份有限公司诉寿县向某汽车电器修理部侵害小麦“郑某 9023”植物新品种权纠纷案①

案情聚焦

小麦“郑某 9023”由某农业科学院选育，2003 年 3 月 1 日被授予植物新品种权，品种权号为 CNA20110443. 8，品种权人为某农业科学院。

2015 年 9 月，某农业科学院授权安徽皖某种业股份有限公司（以下简称皖某种业公司）在安徽省区域享有“郑某 9023”的独占实施许可权，包括但不限于自行生产经营、与其他单位联合生产经营、依法独立进行维权打假和诉讼等，授权期限自 2015 年 9 月 30 日起至 2018 年 3 月 1 日止。2017 年 10 月 24 日，皖某种业公司向安徽省淮南市正诚公证处申请证据保全公证，在寿县向某汽车电器修理部（以下简称向某修理部）经销门店内，购买了两袋“郑某 9023”麦种。后皖某种业公司向安徽省合肥市中级人民法院（以下简称一审法院）起诉向某修理部，请求：（1）向某修理部立即停止侵害“郑某 9023”植物新品种权的行为；（2）向某修理部对库存和尚未销售的侵权种子作灭绝活性

① 参见最高人民法院（2019）最高法民再 371 号民事判决书。

处理；（3）向某修理部在《农民日报·现代种业周刊》上刊登声明，公开确认侵权事实，消除因侵权造成的不良影响；（4）向某修理部赔偿皖某种业公司经济损失及因制止侵权支付的合理费用（律师费、差旅费等）合计20万元；（5）向某修理部承担本案全部诉讼费用。

一审法院作出（2017）皖01民初749号民事判决：（1）向某修理部于本判决生效之日立即停止销售侵害"郑某9023"植物新品种权的小麦种子的行为；（2）向某修理部于本判决生效之日起10日内，一次性赔偿皖某种业公司经济损失及合理支出5万元；（3）驳回皖某种业公司的其他诉讼请求。

向某修理部不服一审判决，上诉至安徽省高级人民法院（以下简称二审法院），二审法院作出（2018）皖民终568号民事判决：（1）撤销一审判决；（2）驳回皖某种业公司的诉讼请求。

皖某种业公司不服二审判决向最高人民法院申请再审，最高人民法院提审本案，于2019年12月25日作出（2019）最高法民再371号终审判决：（1）撤销安徽省高级人民法院（2018）皖民终568号民事判决；（2）维持安徽省合肥市中级人民法院（2017）皖01民初749号民事判决。

案例解析

本案为2019年中国法院50件典型知识产权案例之一，主要涉及侵权种子合法来源、电子数据证据认定及地域品种权实施许可三个问题。本案历经一审、二审，最终由最高人民法院提审本案，作出终审判决，恰当解决了争议焦点问题。其典型意义是不仅明确了特定地域范围内的品种权独占许可只有取得品种权人明确授权才可以单独提起侵权之诉，还明确了销售商对所售种子的合法来源应尽谨慎审查的义务，否则应依法承担侵权赔偿责任。

（一）本案原告侵权之诉资格的确立

首先，皖某种业公司取得了品种权人授权许可，就案涉品种有权在安徽省区域行使生产经营、维权打假和独立提起民事诉讼的权利。其次，本案被告未经品种权人许可，以经营目的在安徽省所辖寿县销售涉案种子的行为构成侵权。最后，尽管二审当中被告提交了进货来源的证据，但因证据形式不符合法律规定，其证明力无法对抗原告所享有的具有区域独占实施许可并经权利人明确授权的诉讼权利。因而，依据《最高人民法院关于审理侵犯植物新品种权纠纷案件具体应用法律问题的若干规定》第一条之规定，原告享有针对本案被告的行为提起侵权之诉的权利，主体适格。

（二）本案被告涉案种子合法来源的抗辩成立与否，关键在于对证据的认定和主观过错，一、二审法院意见相反，由最高人民法院作出最终判决

目前，我国知识产权单行法中，《专利法》第七十七条和《商标法》第六十四条第二款有关于合法来源抗辩进而免除销售者赔偿责任的规定。但规定免除赔偿责任是以销售者善意和不存在主观过错为前提的。综观本案，根据《种子法》第三十一条至第三十三条规定，从事主要农作物种子生产经营，必须取得农作物种子生产经营许可证，且须符合《农作物种子生产经营许可管理办法》的相关条件要求。被告向某修理部作为种子经销从业者，应当遵守法律规定，尽到审慎审查义务，其在二审中提交的所售麦种生产商的授权书和种子生产经营许可证等证据系复印件，在不能证明其真实性情况下，获法院支持改判驳回原告诉求，二审存在明显事实认定错误。反观原告在再审中提交的一份来源于农业农村部种子管理局官网公示的生产许可证打印件来反驳和质疑被告证据的真实性，更具有说服力。

依据《最高人民法院关于民事诉讼证据的若干规定》第十条第四项的规定，原告提供的生产许可证是来自政府网站上公开的内容，社会公众均可自由查询，属于根据日常生活经验可以推定的事实，同时直接来源于电子数据的打印件符合该规定第十五条第二款视为电子数据原件的规定，显然原告证据的证明力要高于被告提供的复印件证据，最终被最高人民法院采信同时否定被告涉案种子合法来源的抗辩，就顺理成章了。

案例 23

侵权纠纷案中科研豁免情形认定

——水稻“粤某丝苗”品种权侵权纠纷案①

案情聚焦

四川台沃种业有限责任公司（以下简称台某公司）因某市农业科技推广服务中心（以下简称某农业推广中心）侵害“粤某丝苗”植物新品种权，向广州知识产权法院（以下简称一审法院）提起诉讼。涉案品种“恒某优粤某丝苗”申请日为 2016 年 8 月 9 日，申请人为某农业推广中心，品种权申请号为 20161404.8，由不育系“恒某 A”和恢复系“粤某丝苗”配组而成。“粤某丝苗”授权日为 2018 年 4 月 23 日，品种权人为广东省农业科学院水稻研究所，品种权号为 CNA20141658.3。“恒某 A”品种权授权日为 2015 年 11 月 1 日，品种权人为广东粤良种业有限公司，品种权号为 CNA20110667.7。

2015 年 10 月 9 日，台某公司通过与广东省农业科学院水稻研究所签订《关于“粤某丝苗”独占许可协议》，取得“粤某丝苗”的独占使用权等相关权利。2015 年 10 月 12 日，台某公司与广东粤良种业有限公司签订《水稻不育系“恒某 A”使用协议》，获得了对“恒某 A”进行配组筛选、参加区试等权利，并独占享有对配组品种的生产经营权。某农业推广中心未经台某公司同意，使用“粤某丝苗”和“恒某 A”组配出“恒某优粤某丝苗”，并向保护办公室申请了品种权保护，向广东省农作物品种审定委员会申请了审定。

台某公司认为，某农业推广中心对不育系“恒某 A”及恢复系“粤某丝苗”不享有任何权利，某农业推广中心未经其同意而使用上述品种违法组配的行为，以及就组配品种申请植物新品种权、申请审定的行为侵犯了台某公司的合法权益。某农业推广中心则认为其从未以商业目的重复使用“粤某丝苗”，

① 参见最高人民法院（2020）最高法知民终 1588 号民事判决书、广州知识产权法院（2018）粤 73 民初 707 号民事判决书。

其使用“粤某丝苗”只是用于培育“恒某优粤某丝苗”，除了向保护办公室和广东省农作物品种审定委员会分别提交2500克“恒某优粤某丝苗”种子之外，并没有生产、销售过“恒某优粤某丝苗”，科研育种的过程中必然要经历“重复”的步骤，但这并不是重复生产。

一审法院认为，《种子法》和《植物新品种保护条例》对植物新品种权作出严格保护，任何人未经许可从事生产、繁殖或销售授权品种繁殖材料或者为商业目的将授权品种的繁殖材料重复用于生产另一品种的繁殖材料就构成侵权。但同时为了鼓励育种和科学研究，尊重农民留种、选种、用种的传统习惯，维护社会公共利益，对于植物新品种权人独占权的行使，《种子法》及《植物新品种保护条例》也作出了例外规定，即科研豁免和农民权利，以实现对品种权人的严格保护与社会公共利益之间的妥当性平衡。某农业推广中心未经台某公司许可，利用“粤某丝苗”和“恒某A”组配“恒某优粤某丝苗”的行为属于科研范畴，依照《种子法》第二十九条及《植物新品种保护条例》第十条规定，享有豁免权，其行为不构成侵权，亦不承担消除影响并赔偿损失的责任。

台某公司不服一审判决，向最高人民法院（以下简称二审法院）提起上诉。二审中双方均未提交新的证据，二审争议的焦点在于，某农业推广中心在申请植物新品种权和申请品种审定的过程中重复使用“恒某A”和“粤某丝苗”的繁殖材料生产“恒某优粤某丝苗”的繁殖材料的行为是否构成侵权。二审法院认为，某农业推广中心培育“恒某优粤某丝苗”并申请植物新品种权和品种审定的行为，是其就新育成品种获取品种权和市场准入的必然步骤，并非为获得可供上市的新品种种子的行为，属于科研活动的自然延伸，不应当视为有商业目的，不构成侵害台某公司涉案植物新品种权的行为。二审法院驳回上诉，维持原判。

案例解析

本案系植物新品种权纠纷中科研豁免情形的表现，并入选农业农村部2021年农业植物新品种保护十大典型案例。

（一）植物新品种权实行科研豁免是国际上通行的做法，在我国种子法律、法规中也有相应规定，属于对植物新品种权的权利限制

对“科研豁免”通常的理解是种质材料的科研交流、组配选育活动，而本案的焦点是利用授权亲本组配选育成新的品种并申请植物新品种权和申请品种审定的行为是否仍然属于“科研豁免”，继而判定是否构成侵权。

根据《种子法》第二十九条的规定，“利用授权品种进行育种及其他科研活动”和“农民自繁自用授权品种的繁殖材料”两种情形下使用授权品种的，可以不经植物新品种权所有人许可，不向其支付使用费，但不得侵犯植物新品种权所有人依照本法、有关法律、行政法规享有的其他权利。依据《种子法》的规定，两种豁免的情形分别是“科研豁免”和“农民特权”，也是对植物新品种权予以权利限制的两种法定情形。

（二）本案明确了利用授权品种培育新品种并申请品种权保护和品种审定的行为，不构成侵权

法院认为申请品种权保护和申请品种审定的行为属于科研豁免的自然延伸，在品种权保护和品种审定中所开展的田间试验是品种权授权和品种市场准入的必然步骤，其中必然会涉及将授权品种作为亲本材料重复使用的行为。同时认为对科研豁免也作出限定，即虽然申请了品种保护和品种审定，但不能形成商业行为或以商业为目的，否则获得品种权授权及通过品种审定后，进行生产制种、市场推广销售等生产经营行为的，就落入将“他人已授权品种的繁殖材料作为亲本材料，重复使用于生产该新品种繁殖材料”的范围，是需要经过亲本权利人的同意或许可的。

此外需要指出的是，“科研豁免”中育种单位或个人应使用来源合法、清晰可靠的育种材料进行科研活动，避免因非法获取商业秘密及其他不正当行为而卷入纠纷。

（三）本案的审理思路和裁判观点对“科研豁免”的阐释具有价值导向作用

“科研豁免”的价值是鼓励科研交流、促进科技创新，让优良的种质资源充分发挥其价值，不仅有利于种质资源的保护和运用，还有利于种业知识产权保护

和创新。本案的审理思路和裁判理由既维护了品种权人的合法权益，又对鼓励培育及推广良种起到了积极的促进作用，有效平衡了新品种权利人与已获授权品种权利人之间的权益，对于社会公共利益及现代种业发展具有良好的促进作用。

（四）本案的审理思路和裁判观点为新司法解释所采用，使为植物新品种权纠纷中科研豁免自然延伸行为的认定有了明确法律依据

2021 年 7 月 7 日起施行的《最高人民法院关于审理侵害植物新品种权纠纷案件具体应用法律问题的若干规定（二）》第十一条明确规定“利用授权品种培育新品种”和“利用授权品种培育形成新品种后，为品种权申请、品种审定、品种登记需要而重复利用授权品种的繁殖材料”属于科研豁免情形，对授权品种进行生产、繁殖的行为属于科研活动，不构成侵权。

案例 24

非法代繁侵权纠纷

——玉米“隆某 206”品种权侵权纠纷案①

案情聚焦

安徽隆某高某种业有限公司（以下简称安徽隆某公司）因甘肃省酒泉市农某种业有限公司（以下简称农某公司）、刘某平侵害玉米品种“隆某 206”植物新品种权，向甘肃省酒泉市中级人民法院提起诉讼。该案经一审、二审、再审、重审，最后经最高人民法院知识产权法庭二审判决。涉案品种为玉米杂交种“隆某 206”及其母本“L239”，品种权授权日分别为 2012 年 3 月 1 日和 2014 年 1 月 1 日，品种权人均为安徽隆某公司，品种权号分别为 CNA20080005. 1 和 CNA20100255. 6。

① 参见最高人民法院（2021）最高法知民终 566 号民事判决书、甘肃省酒泉市中级人民法院（2019）甘 09 民初 50 号民事判决书、最高人民法院（2018）最高法民再 416 号民事裁定书、最高人民法院（2018）最高法民申 966 号民事裁定书、甘肃省高级人民法院（2016）甘民终 266 号民事判决书、甘肃省酒泉市中级人民法院（2014）酒民三初字第 4 号民事判决书。

2012年8月，安徽隆某公司发现农某公司在酒泉市肃州区未经其许可使用“L239”繁育“隆某206”。2012年9月12日，安徽隆某公司起诉农某公司并申请保全证据。2012年9月14日，酒泉市中级人民法院对酒泉市肃州区铧尖乡某村13组杜某耕地内的玉米果穗进行多点随机采样，提取玉米果穗若干封存，保全过程全程录像。2012年11月28日，法院分别对某村13组农户杜某、柴某权及组长刘某平进行调查。杜某和柴某权均称种子取自组长刘某平处，由农某公司委托制种，未签制种合同，收获种子农某公司予以回收。柴某权出示了农某公司的《田间验收单》和《种子收购划码单》。刘某平称，全村20多户种植的玉米均由一个张掖人提供亲本，再由其分发给农户。2012年12月12日，安徽隆某公司以补充证据为由撤回起诉，2014年9月20日再次起诉，申请追加刘某平为被告。2015年9月21日，依安徽隆某公司申请，法院将2012年提取的玉米果穗样品送交北京玉米种子检测中心检测，检测结果显示，送检样品与“隆某206”繁殖材料相同或极近似。经庭审确认，柴某权提供的《种子收购划码单》上无农某公司印章，且在“划码”签字的“桑某梅”非农某公司员工；《田间验收单》上农某公司技术员“王某东”的签字非本人签字，且所盖酒泉市农某种业有限公司印章与酒泉市德某种业有限责任公司印章大部分重合，无法辨认和鉴定，农某公司对该印章真实性持有异议。法院认为，安徽隆某公司提供的证据不足以证明农某公司组织种植涉案玉米种子，判决刘某平赔偿损失15万元，驳回其他诉讼请求。

刘某平以一审判决认定事实不清，适用法律错误为由，向甘肃省高级人民法院（以下简称二审法院）提起上诉。安徽隆某公司认为本案的真正组织种植者是农某公司。各方当事人均未提交新证据。二审法院确认一审查明的事实，认为一审判决认定事实清楚，适用法律正确，驳回上诉，维持原判。执行期间，安徽隆某公司向最高人民法院申请再审，认为有新证据可以证明真正的侵权人是农某公司而非刘某平。再审期间，刘某平提交2012年农某公司种子农药清算单、农某公司支付的预付款、农某公司亲本种子发放表以及“肃州区铧尖镇人民政府出具的证明”，证明其组织农户繁殖的种子系受农某公司委托，繁殖后的种子亦由农某公司回收。最高人民法院再审认为，根据杜某、柴某权证人证言以及刘某平再审期间所提供的证据，农某公司指使刘某平或者二者串通作虚假陈述具有高度可能性，于2018年11月27日，裁定撤销二审判决，发回酒泉市中级人民法院重审。

2019年6月3日，酒泉市中级人民法院（以下简称再审法院）再审立案。再审法院结合本案当事双方提供的全部证据，以及再审法院依职权调取的银行账户来往明细、调查笔录等，查明刘某平所在村组制种的涉案玉米，系刘某平向农户发放，玉米成熟后，农户将玉米交至农某公司，并由该公司通过刘某平银行账户向农户支付制种款。农某公司辩称该笔款为蔬菜制种款，经查其提供的银行账户明细与刘某平的银行账户收入记录时间及数额均不一致，其又未提交其他证据予以佐证，酒泉农村商业银行股份有限公司铧尖支行认可只为刘某平办理过一次玉米制种款代发业务。再审法院经审理认为，刘某平主张其向农户发放的制种玉米亲本由农某提供并由该公司向农户支付制种款的事实已达到证据的高度盖然性标准，涉案制种玉米亲本由农某公司提供的事实具有高度可能性，依法应认定农某公司为本案侵权主体；确认刘某平在本次庭审中的陈述属实，考虑其参与制种并向农户发放亲本的行为不具有商业目的，依法不应认定其为本案侵权主体。2020年8月4日，酒泉市中级人民法院根据重新查明的侵权面积，结合侵权持续时间等因素，判决农某公司赔偿安徽隆某公司损失13.2万元并支付鉴定费4000元，驳回其他诉讼请求。

农某公司不服一审判决向最高人民法院知识产权庭（以下简称二审法院）提起上诉。当事人没有提交新证据。二审法院确认一审查明事实，认为二审争议的焦点是一审法院认定本案侵害品种权的繁殖材料来源于农某公司是否正确。二审法院另查明，2013年2月5日，农某公司曾向其技术员王某东银行账户转账80万元，次日王某东从其账户向刘某平账户转款523420元，后刘某平委托银行向农户代支付制种款500680元。领取制种款的农户名单与刘某平在一审法院提交的种子发放签收单上的农户名单基本对应。农某公司辩称上述款项系其甜椒、南瓜等蔬菜制种款，非本案玉米制种款。经查，农某公司主张的蔬菜制种款所涉及的农户与刘某平委托银行代支付制种款的农户并不相同，且其未提交相应的蔬菜制种协议或者委托刘某平代付蔬菜制种款的证据。农某公司认为，本案种子发放签收单及预付款发放单系刘某平单方制作，并没有农某公司与农户签订的合同以及农某公司公章及法人签字等，不能认定由其提供涉案繁殖材料，主张刘某平也有获取涉案繁殖材料的可能。二审法院经审理认为，本案所涉行为是未经安徽隆某公司许可进行的非法代繁制种行为，为逃避法律责任，不签订制种合同，财务转账不规范导致所涉品种权交易的相关证据单方形成；一审法院根据刘某平提供的种子农药结算单据、种子发放签收单、肃州区铧尖镇人民政府出具的参与制种农户及制种田亩数的证明、法院调查的银行账户信息，以及农户认可从刘某平处领取的玉米种子来源于农某公司，且农某公司对制种进行过指导、收获的种子交给农某公司等信息，认定侵权种子来源于农某公司具有高度可能性，据此认定农某公司为本案侵权主体，结论正确；农某公司仅对该事实提出质疑，未提交证据否定该事实，对其上诉主张不予支持。二审判决驳回上诉，维持原判。

案例解析

本案是对非法代繁行为维权成功的典型案例，且入选农业农村部公布的2021年农业植物新品种保护十大典型案例。综观本案，虽说最终取得了维权胜利，但是历尽波折，从2012年到2021年，历时9年，从一审、二审、再审到发回重审，再经一审和二审，几乎穷尽了审理程序。

本案的再审审理凸显了证据高度盖然性规则在种业知识产权民事案件中的合理适用。下面主要分析本案关于证据高度盖然性规则的适用以及非法代繁行为的侵权认定。

（一）证据高度盖然性规则及适用

《最高人民法院关于适用〈中华人民共和国民事诉讼法〉的解释》第一百零八条第一款规定：“对负有举证证明责任的当事人提供的证据，人民法院经审查并结合相关事实，确信待证事实的存在具有高度可能性的，应当认定该事实存在。”该条规定的“高度可能性”即表明我国的民事诉讼遵循证据高度盖然性的证明标准。

高度盖然性的证明标准是要求举证方提供证据的证明力远大于另一方，此时审判人员依据法律的规定，遵循法官职业道德，运用逻辑推理和日常生活经验，作出确信待证事实并予以认定。该证据规则证明标准的适用凸显法官认定的事实更接近于客观事实，更有利于案件的公平公正。

本案中，首先，是在最高人民法院再审期间，认为被告刘某平提交的新证据，能够确信被告农某公司指使刘某平或者二者串通作虚假陈述具有高度可能性，适用证据高度盖然性规则，裁定发回酒泉市中级人民法院重审。其次，酒泉市中级人民法院在重审中，依职权调取了刘某平银行账户往来明细的关键证据，并经审理查明刘某平主张其向农户发放的制种玉米亲本由农某公司提供并由该公司向农户支付制种款的事实已达到证据的高度盖然性标准，涉案制种玉米亲本由农某公司提供的事实具有高度可能性，依法认定了农某公司为本案侵权主体及事实。最后，最高人民法院知识产权法庭在二审中，依职权调取了农某公司技术员的银行账户信息，进一步增强了农某公司生产涉案繁殖材料的可能性及证明力，结合农户认可从刘某平处领取的玉米种子来源于农某公司、农某公司对制种进行过指导、收获的种子交给农某公司等信息，再次认定侵权种子来源于农某公司具有高度可能性。最终作出驳回上诉、维持原判的终审判决，是对证据高度盖然性规则的完美适用。

（二）非法代繁行为的侵权认定

顾名思义，非法代繁是指未经合法授权许可和签订农作物种子生产预约或委托生产合同，私自繁制侵权种子的行为。

通过本案不难看出，不与农户签订制种合同、选定代理人发放繁殖材料、通过间接方式给付制种费用等方式，是实践中非法代繁行为所普遍采取的手段。该手段造成侵权行为隐蔽、品种权人取证困难，难以追究真正侵权人的法律责任。

本案中，刘某平作为制种农民，起初的审理程序中存在与真正的侵权主体即农某公司串通做假证的可能，没有如实提供证言，被判承担侵权赔偿责任。后来认识到侵权责任的重要性，在后续再审程序中提供了新证据，证明其受委托分发侵权繁殖材料，说明了种子的来源，也由此免除了自己的赔偿责任。

因此，制种农户在不知道代繁物是侵权繁殖材料并说明种子来源的情况下可以免除责任承担，反之就应承担侵权赔偿责任。

本案最终认定侵权主体并判决承担侵权责任，主要是法院通过调查取证、补充证据，并结合对制种农户的调查、种子发放签收单、银行账户来往明细、所制种子的回收等，确信侵权种子来自被控侵权主体的事实具有高度可能性，并认定非法代繁行为构成侵权。

（三）本案的重要意义

本案虽过程曲折但结局美好。将其作为典型案例发布对那些行走在艰难维权路上的品种权人，是一种极大鼓舞，也是对农民从事制种代繁行为的一种风险提示，更是对试图通过隐蔽方式实施侵权的行为人的一种警示。因此，具有正面的价值导向作用和社会影响。

案例 25
侵权纠纷中商品粮抗辩无效
——小麦“淮某 33”品种权侵权纠纷案①

案情聚焦

江苏明某种业科技股份有限公司（以下简称明某种业公司）因响水金某仓种业有限公司（以下简称金某仓公司）侵害“淮某 33”品种权，向江苏省南京市中级人民法院（以下简称一审法院）提起诉讼。涉案品种为小麦品种“淮某 33”，品种权申请日为 2012 年 4 月 18 日，授权日为 2016 年 1 月 1 日，品种权人为江苏徐淮地区淮阴农业科学研究所，品种权号为 CNA20120336.7。

---

① 参见江苏省高级人民法院（2018）苏民终 1492 号民事判决书、江苏省南京市中级人民法院（2018）苏 01 民初 293 号民事判决书。

2017年9月28日，明某种业公司代理人殷某军与公证人员来到响水县的一座院落，分上午、下午两次购买金某仓公司销售的“淮某33”。明某种业公司代理人殷某军与公证人员拍摄了院落及门牌照片、获取了现场高德地图定位和“淮某33”售价等证据资料，认为金某仓公司销售“淮某33”的行为构成侵权。

一审法院认为，被控侵权人对公证证明虽然提出了“涉案公证书先公证，后收费。两名公证工作人员与当事人同吃、同住、同行，公证员没有到达公证现场”等异议，但均没有提供足够的证据证实，故对涉案两份公证书予以采信，认定金某仓公司销售了“淮某33”小麦种子的事实。依据明某种业公司提供的证据材料和《种子法》第二十八条、第七十三条[①]规定判决金某仓公司立即停止生产、销售侵权种子，赔偿明某种业公司经济损失100万元，案件受理费3.08万元由金某仓公司承担。

金某仓公司不服一审判决，向江苏省高级人民法院（以下简称二审法院）提起上诉。二审法院经审理认为，江苏徐淮地区淮阴农业科学研究所授予明某种业公司“淮某33”独占实施许可权，授权区域为适宜“淮某33”种植的全部区域（淮安市、陕西省除外），授权期限自2013年9月6日至植物新品种权终止之日，其他任何单位或个人未经明某种业公司授权、许可或超越授权许可范围生产经营或销售“淮某33”，明某种业公司有权独立进行维权、打假、提起民事诉讼、投诉举报等，明某种业公司诉讼主体适格，有权提起本案诉讼；金某仓公司工作人员韩某军、胡某梅在公安机关的询问笔录亦承认销售了被控侵权产品，在销售的品种、单价、数量上与两份公证书记载的一致。针对金某仓公司销售的是商品粮而不是种子的主张，二审法院审查认为，金某仓公司销售的被控侵权产品上午和下午价格分别为每斤1.65元和每斤1.7元，明显高于当年小麦商品粮的价格，一审法院认定其销售的是“淮某33”小麦种子并无不当。一审法院综合涉案种子的品种权使用费，金某仓公司的注册资本、经营规模，“淮某33”适宜种植的区域，金某仓公司侵权行为的性质、情节，以及

---

① 现参见2021年修正的《种子法》第二十八条、第七十二条。

明某种业公司的维权合理开支等因素，酌定金某仓公司赔偿明某种业公司 100 万元，并无不当。二审判决驳回上诉，维持原判。

案例解析

本案是关于维权取证及商品粮抗辩的典型案例，入选农业农村部 2021 年农业植物新品种保护十大典型案例。

（一）本案扎实的调查取证及依法采取公证保全证据是认定案件事实并致胜的关键

首先，关于证据保全与保全证据公证。证据保全是指在证据可能灭失或以后难以取得的情况下，当事人在诉讼中或利害关系人在提起诉讼或者申请仲裁前向人民法院申请采取提取、固定等保全措施的活动。保全证据公证是指公证机构根据自然人、法人或者其他组织的申请，依法对与申请人权益有关的、有法律意义的证据、行为过程加以提取、收存、固定、描述或者对申请人的取证行为的真实性予以证明的活动。

《民事诉讼法》第八十四条对证据保全作出明确规定，《公证法》第十一条，将“保全证据”列入公证机构的公证事项范围。因此，无论是申请人民法院对证据实施保全还是申请公证机构进行保全证据，均具有法律依据。

其次，关于证据保全的申请人及管辖机构。根据申请证据保全的方式不同，管辖地不同，并非可以向任何人民法院或公证机构申请保全，法律对请求保全的申请人和管辖机构具有明确规定。比如，根据《民事诉讼法》第八十四条第一款、第二款规定，申请人民法院保全证据的案件当事人或利害关系人，可以在提起诉讼或者申请仲裁前向证据所在地、被申请人住所地或者对案件有管辖权的人民法院申请保全证据。根据《公证法》第二十五条及证据保全相关指导意见，与保全事项存在关联的自然人、法人或其他组织可以向住所地、经常居住地、行为地或者事实发生地的公证机构提出申请。本案中，当事人是向住所地的公证机构提出保全证据公证申请，并在行为和事实发生地（被控侵权人种子销售地）对购种过程现场监督并采取拍照、定位等保全措施。

最后，关于公证证据保全的效力。依据《民事诉讼法》第七十二条和《公证法》第三十六条规定，除有相反证据足以推翻公证证明外，经过法定程序公证的民事法律行为、法律事实和文书，应当作为认定事实的根据。因此，通过法定程序公证保全的证据，具有法定效力。本案中，一、二审法院的审理思路和裁判理由即在被控侵权人的抗辩理由无证据支撑下，采信了公证书所公证的事实，从而作为认定销售侵权种子的事实。

一言以蔽之，侵权种子储存隐蔽、销售方式多变，侵权手段花样繁多，取证较为困难，在证据可能灭失或难以取得的情况下，申请法院保全或公证机构保全，是种业维权中突破侵权行为隐蔽、难以获得合法有效证据的关键。

（二）以商品粮作为不侵权的抗辩理由难以获得法律支持

首先，本案的案涉品种“淮某33”是常规作物小麦种子，既是繁殖材料又是收获材料，依据现行《种子法》规定，均受法律保护，未经品种权人许可，任何单位或个人不得生产、繁殖、销售该授权品种。

其次，商品粮与种子具有明显区别。两者在功能、价格、经营主体、要求及监管等方面均有不同。种子具有活力和繁殖能力，在纯度、净度、发芽率和水分方面具有特殊要求和标准，是一种特殊的商品；经营种子的一般是种子生产经营企业和种子经销户，需要取得种子生产经营许可证或农业备案；种子的监管部门是政府的农业农村主管部门；而商品粮是粮食，不具有种子活性，不能作为种子使用，也无纯度、发芽率等要求；作为种子种植后的收获物，其成本和销售价格要明显低于种子；经营商品粮大宗贸易的一般是企业，需要营业执照和流通许可，要接受市场监督管理部门监管。本案中，被控侵权人否认侵权的抗辩理由是其销售的是小麦商品粮而不是种子，但是从两次公证购买被控侵权物的价格判断，金某仓公司销售被控侵权物的价格明显高于当年小麦商品粮的价格。因此，法院认定被控侵权人销售的是侵权种子，而非商品粮，所以其抗辩不成立，不具有客观性。

最后，以销售商品粮的名义销售种子，在大豆、小麦等常规作物种子市场中时有发生，不仅侵害了品种权人的合法权益，而且属于假种子的范畴，更是种业市场严厉打击的违法行为。

（三）本案涉及植物新品种权纠纷中既是繁殖材料又是收获材料的侵权认定

《种子法》在2021年修改之前，对于植物新品种的保护范围仅限于繁殖材料而不包括收获材料，对于既是授予品种权的繁殖材料也是收获材料的被诉侵权物，被控侵权人往往抗辩涉案被控侵权物是收获材料，用作商品粮等，试图逃避侵权指控。本案中涉案品种“淮某33”小麦作物具有双重属性，既是繁殖材料又是收获材料，被控侵权人以商品粮抗辩不侵权，即属此类典型。

本案中，法院在审理时依法加大事实的查明力度，充分利用经验法则和专业常识，适时转移证明责任。最终认定被控侵权人销售侵权种子的事实，并判定抗辩无效，构成侵权。

当然，2021年《种子法》修改后将植物新品种保护范围由繁殖材料扩展到收获材料，类似于本案的侵权判定变得较为容易，是常规作物种子市场维权的福音。

（四）本案的启示

本案作为以销售商品粮名义销售侵权种子抗辩无效的典型案例，具有很好的市场警示作用，警示不法行为人严禁以商品粮假冒种子，要严格遵守种业市场秩序，诚信合法经营，保障农业安全和粮食安全。

案例26

侵权纠纷中涉外品种权享有同等保护和国民待遇

——草莓“圣某红”品种权侵权纠纷案①

案情聚焦

E种业技术（北京）有限责任公司（以下简称E公司）因台州绿某川农业

---

① 参见最高人民法院（2019）最高法知民终774号民事判决书、浙江省宁波市中级人民法院（2018）浙02民初789号民事判决书。

有限公司（以下简称绿某川公司）侵害“圣某红”草莓品种权，向浙江省宁波市中级人民法院（以下简称一审法院）提起诉讼。涉案品种为草莓新品种“圣某红”，品种权申请日为2011年7月25日，授权日为2015年9月1日，品种权人为韩国某农业技术院，品种权号为CNA20110546.4。

2017年8月15日，林某进和案外人李某彬共同与绿某川公司签订了《草莓种苗购销合同书》，向绿某川公司购买涉案“圣某红”草莓幼苗3.6万株，单价为1.5元每株，总价为5.4万元。合同乙方签章处，盖有绿某川公司公章，并有该公司员工“张某”的签名。绿某川公司将该批种苗的14200株发给案外人李某彬种植，其余22000株发给林某进种植。一审法院依据上述《草莓种苗购销合同书》以及林某进于2018年1月8日出具的《关于购买“圣某红”苗木事宜的情况说明》认定绿某川公司销售草莓种苗的事实存在。同时，依据销售合同中使用的“圣某红”种苗名称，以及宁波科集技术服务有限公司出具的甬集鉴字（2019）14号《宁波科集技术服务有限公司鉴定书》（该鉴定书作出林某进种植的苗木样品与E公司的“圣某红”样品遗传背景相似度为96.84%的鉴定结论等），认定绿某川公司销售草莓种苗行为侵害了E公司的植物新品种权，判决绿某川公司立即停止侵犯“圣某红”植物新品种权的行为，赔偿E公司经济损失50万元。

绿某川公司不服一审判决，向最高人民法院知识产权法庭（以下简称二审法院）提起上诉。二审法院审查中，各方当事人对绿某川公司与林某进存在草莓种苗购销合同关系并曾交付涉案“圣某红”草莓幼苗的事实均无异议，绿某川公司称涉案“圣某红”草莓幼苗由其自行生产、繁殖，但未提出合法使用的抗辩理由。二审法院经审理认为，E公司经品种权人独占许可，可以自己的名义直接向第三方主张权利，且《授权委托书》（包含中文译本）经大韩民国公证机关公证，并由中国驻大韩民国大使馆领事部认证，符合我国关于域外证据公证认证等相关法律规定，具有本案诉讼主体资格；一审法院依法委托司法鉴定机构作出的鉴定结论，经依法质证，程序合法，可以采信；一审法院综合考虑侵权的性质、持续时间、后果，植物新品种实施许可费的数额，植物新品种实施许可的种类、时间、范围及被侵权人调查、制止侵权所支付的合理费用等因素，确定本案赔偿数额为 50 万元，并无不当。二审判决驳回上诉，维持原判。

案例解析

本案是关于涉外品种权享有同等保护和国民待遇的典型案例，入选农业农村部 2021 年农业植物新品种保护十大典型案例。

（一）关于植物新品种保护领域的国民待遇原则

首先，国民待遇原则是指在民事权利方面一个国家给予在其国境内的外国公民和企业与其国内公民、企业同等的待遇。

其次，UPOV 公约 1978 年文本第三条是关于“国家待遇”方面的相关规定：（1）就承认和保护植物新品种育种者的权利而言，在不损害本公约专门规定的权利的前提下，在其中一联盟成员国居住或有注册办事机构的自然人和法人，只要他们遵守和履行这些国家为本国国民制定的规定和手续，就能享受这些国家根据其各自的法律给予或随后可能给予与该国国民同样的待遇。（2）联盟成员国的国民，在其他任一联盟成员国既未定居也无注册办事机构者，也同样享受相同的权利，但必须履行对其培育的品种进行检测和对该品种的繁殖进行核查的义务。（3）尽管有（1）和（2）款的规定，实施本公约的任何联盟成员国对某一属或种，将有权限制对该属或种实施本公约的其他各联盟成员国国民和在这些其他国任何一国定居或设有注册办事机构的自然人和法人的利益。

最后，我国是国际植物新品种保护联盟成员国，在 1999 年即加入该国际公约，且执行 1978 年文本，因此，适用该公约 1978 年文本的第三条国民待遇和互惠原则规定。作为联盟成员国的国民，只要遵守和履行与其他成员国国民相同的规定和手续，就能享有与该国国民同样的待遇。

本案中，“圣某红”草莓新品种的品种权人韩国某农业技术院为外国企业，授权 E 公司在我国独占实施该品种权，根据国际公约在我国享有品种权受到同等保护的国民待遇。当其品种权受到侵害时，独占被许可人可以自己的名义直接向第三方主张权利和向法院提起诉讼。

本案是宁波知识产权法庭成立以来审理的首例植物新品种案件，也是宁波首例采用植物基因指纹图谱检测（DNA 检测）方法进行司法鉴定的知识产权案件。

（二）关于诉讼主体资格的认定是本案的关键

依据我国《民事诉讼法》和《最高人民法院关于民事诉讼证据的若干规定》，当事人提供的公文书证系在中华人民共和国领域外形成的，该证据应当经所在国公证机关证明，或者履行中华人民共和国与该所在国订立的有关条约中规定的证明手续。在中华人民共和国领域外形成的涉及身份关系的证据，应当经所在国公证机关证明并经中华人民共和国驻该国使领馆认证，或者履行中华人民共和国与该所在国订立的有关条约中规定的证明手续。同时，当事人向人民法院提供外文书证或者外文说明资料，应当附有中文译本。本案中，法院认为 E 公司系取得品种权独占许可的被许可人，依法可以自己的名义直接向法院提起诉讼，并且《授权委托书》（包含中文译本）经大韩民国公证机关公证，并由中国驻大韩民国大使馆领事部认证，符合我国关于域外证据公证认证等相关法律规定，确认诉讼主体适格，是进一步判决侵权赔偿的关键。

因此，本案也提示品种权人或利害关系人注意涉外案件在举证及提交证明材料时，应合法有效，符合我国关于域外证据进行公证认证的相关法律规定。

案例 27
种子套牌侵权适用惩罚性赔偿纠纷
——江苏省金某种业科技有限公司诉江苏亲某田农业产业发展有限公司侵害植物新品种权纠纷案①

案情聚焦

江苏省金某种业科技有限公司（以下简称金某公司）为水稻新品种“金某

① 参见最高人民法院（2021）最高法知民终 816 号民事判决书、江苏省南京市中级人民法院（2020）苏 01 民初 773 号民事判决书。

818”的独占实施被许可人，江苏亲某田农业产业发展有限公司（以下简称亲某田公司）未经许可，以线下门店推广以及在微信群内发布“农业产业链信息匹配”线上宣传等方式，寻找潜在的交易者，并对成为亲某田公司会员的主体提供具体的侵权种子交易信息，在与买家商定交易价格、数量、交货时间后安排送货收款，对外销售白皮袋包装的“金某 818”稻种。金某公司认为亲某田公司的行为构成侵权，故诉请判令亲某田公司停止侵权并赔偿经济损失 300 万元。亲某田公司辩称其仅是向作为农民的种子供需双方提供自留种子信息，由供需双方自行交易，并未销售被诉侵权“金某 818”稻种。

裁判结果：江苏省南京市中级人民法院一审认为，亲某田公司为涉案种子交易的达成提供了积极有效的帮助。亲某田公司在帮助销售种子的过程中，在销售主体、销售地域及销售数量上均不符合农民在当地集贸市场上合法交易个人自繁自用剩余常规种子的情形，构成侵权。综合考虑亲某田公司侵权行为的情节，适用惩罚性赔偿确定损害赔偿数额，判决亲某田公司停止侵权并赔偿经济损失及合理开支 300 万元。亲某田公司不服，提起上诉。最高人民法院二审认为，亲某田公司发布侵权种子销售具体信息，与购买者协商确定种子买卖的包装方式、价款和数量、履行期限等交易要素，销售合同已经依法成立，销售行为已经实施，应认定亲某田公司构成销售侵权，对一审法院认定的帮助侵权予以纠正。亲某田公司没有获得种子生产经营许可证，违法销售“白皮袋”种子的行为，侵权行为严重，一审法院按照赔偿基数的二倍适用惩罚性赔偿正确，故判令驳回上诉，维持原判。

案例解析

本案作为种子套牌侵权纠纷案入选由最高人民法院、中央广播电视总台共同主办的“新时代推动法治进程 2021 年度十大案件”。专家案评团对本案的评语：种子套牌侵权纠纷案，推动了新时代法治进程。保护种业知识产权，就是守护“饭碗安全”。

（一）本案对新的侵权形式实施了有力打击，充分体现严格知识产权司法保护的理念，严厉打击种子套牌侵权的决心

本案对于被诉侵权人以通过信息网络途径组织买卖各方，以“农民”“种粮大户”等经营主体名义为掩护实施的侵权行为进行了准确定性。对以“商品粮”名义销售侵权种子及打着“农民”旗号实施违法行为进行有力打击。

亲某田公司发布侵权种子销售具体信息，与购买方协商确定种子买卖的包装方式、价款和数量、履行期限等交易要素，销售合同已经依法成立，亲某田公司系被诉侵权种子的交易组织者、决策者，实施了销售行为，构成侵权。亲某田公司并非农民，其发布和组织交易的种子销售信息所涉种子数量达数万斤，远远超出了农民个人自繁自用的数量和规模。在赔偿数额上，亲某田公司表示自己不留存有关交易记录，无法提供相关账簿，故人民法院参考亲某田公司宣传交易额过亿的资料，综合考虑侵权情节，推定其侵权获利超出 100 万元，并以 100 万元作为计算本案赔偿的基数。

（二）本案适用惩罚性赔偿法律适用正确，于法有据

首先，《民法典》第一千一百八十五条规定，故意侵害他人知识产权，情节严重的，被侵权人有权请求相应的惩罚性赔偿。

其次，本案被告耕田公司组织销售不标注任何产品信息的白皮袋侵权种子、未取得种子生产经营许可证但生产经营种子，违反《种子法》关于种子生产经营许可和销售的种子应当符合国家或者行业标准，附有标签和使用说明的规定，并且符合《最高人民法院关于审理侵害植物新品种权纠纷案件具体应用法律问题的若干规定（二）》第十七条规定的以无标识、标签的包装销售授权品种，违反《种子法》第七十六条第一款第一项的规定的情形，属于侵权行为情节严重情形，依法应适用惩罚性赔偿制度。

最后，确定惩罚性赔偿数额的计算倍数上也是正确的。参照《最高人民法院关于审理侵害植物新品种权纠纷案件具体应用法律问题的若干规定（二）》第十七条第二款关于认定为侵权情节严重，“存在前款第一项至第五项情形的，在依法适用惩罚性赔偿时可以按照计算基数的二倍以上确定惩罚性赔偿数额”

的规定，对于亲某田公司在依法适用惩罚性赔偿时可以按照计算基数的二倍以上确定惩罚性赔偿数额。故本案以100万元作为计算基数，按照计算基数二倍适用的惩罚性赔偿金额为200万元，加上侵权赔偿100万元，共计判令亲某田公司承担共300万元的赔偿责任于法有据。

（三）本案对利用微信、电话等方式线上宣传、推广、交易，线下供货的新型侵权方式，判定侵权并赋予惩罚性司法打击，有利于加强对植物新品种权的全面保护，为打击种业侵权，护航种业发展提供了裁判思路

随着科技的发展，网络即时通信技术已经深深的融入大众生活，也在逐步改变农产品的交易方式和习惯。利用农业电商、微商、自媒体等平台、网路渠道线上、线下相结合实施侵权，已成为种业知识产权保护道路上的侵权新类型、新手段。面临新形势，亟须对利用平台型电子商务经营者经营商品或提供服务实施侵权的行为进行规制。

本案中，二审法院将亲某田公司利用微信进行销售的行为界定为直接侵权，并纠正一审认定帮助侵权的观点，有利于减轻原告方的举证负担，而且被告的销售行为也符合《民法典》中合同要素的规定，如与买家商定交易价格、数量、交货时间后安排送货收款等均通过微信达成，从证据角度销售合同已经成立，认定为直接侵权为宜。另外，根据《民法典》及相关司法解释，对于被诉侵权人知道或者应当知道他人实施侵害品种权的行为，仍然提供收购、存储、运输、以繁殖为目的的加工处理等服务或者提供相关证明材料等条件的，人民法院可以依据《民法典》第一千一百六十九条的规定认定为帮助他人实施侵权行为。

（四）本案的启示及重要意义

我国《种子法》在2021年修改前对品种权人的许诺销售权未给予明确规定，本案对以广告、展陈等许诺方式作出销售授权品种的繁殖材料的意思表示的，按销售行为认定处理，2021年修改《种子法》时对该裁判观点予以采用，并在扩大侵权行为环节中增加了“许诺销售”侵权，增强了品种权的效力范围，为今后品种权人更好地维权提供了法律依据。

本案作为适用惩罚性赔偿的典型，给种业维权树立了良好的典范，增强了种业维权的信心。同时，对种子微商销售、许诺销售侵权种子的行为予以明确规制，符合新形势下加强种业知识产权保护的方向。本案为进一步高质量发展现代种业、强化种业知识产权保护指明了方向，明确了路径，鼓舞了士气。

案例 28
以种子套牌形式认定侵权

——四川绿某至诚种业有限公司诉泸州泰某种业有限公司侵害植物新品种权纠纷案[①]

案情聚焦

四川省绿某种业有限责任公司、某农业大学农学院、某农业科学院联合选育的“宜某优 2115”水稻于 2012 年 12 月 24 日通过农业部国家农作物品种审定委员会审定，并于 2016 年 3 月 1 日获得了植物新品种权。四川绿某至诚种业有限公司（以下简称绿某公司）获得“宜某优 2115”独占生产、经营权以及市场维护、维权打假的权利。2018 年，绿某公司发现泸州泰某种业有限公司（以下简称泰某公司）未经许可套牌销售“宜某优 2115”稻种，构成侵权，故诉请判令泰某公司停止侵权，销毁库存侵权稻种，赔偿损失 300 万元并刊登声明消除影响。

裁判结果：四川省成都市中级人民法院一审认为，（2018）农种检报字第 69 号、（2018）农种检报字第 70 号鉴定报告中送检的“宜香 5979”来源于泰某公司库存或销售网点，非来源于公证购买的销售网点，无法确定其送检的种子和被诉侵权的种子以及“宜某优 2115”具有一一对应的关系，对上述鉴定报告未予采信。根据法院委托作出的（2019）农种检报字第 0066 号检验报告，泰某公司生产、销售的“宜某优 5979”号水稻和案涉品种权相同，故对绿某公

① 参见最高人民法院（2020）最高法知民终 793 号民事判决书、四川省成都市中级人民法院（2018）川 01 民初 1217 号民事判决书。

司关于泰某公司生产、销售侵害其植物新品种权繁殖材料的主张予以支持，判令泰某公司停止侵权、赔偿经济损失 70 万元和合理开支 8 万余元。泰某公司不服，提起上诉。最高人民法院二审认为，泸州市农业局行政执法中的检验报告与法院委托鉴定意见，并非针对同一种子批的检验，二者得出不同结论，相互之间并不冲突，泸州市农业局行政执法中的检验报告不能排斥法院委托鉴定意见，泰某公司关于“宜某优 5979”未套牌“宜某优 2115”，没有侵权行为的上诉主张不成立，故判决驳回上诉，维持原判。

案例解析

本案是打击种子套牌侵权的典型案件，入选了最高人民法院发布的人民法院种业知识产权司法保护典型案例（第一批）。

种子套牌侵权是植物新品种权侵权的主要情形，成为历年审理植物新品种侵权案件的重点类型。套牌侵权种子是一颗毒瘤，不仅严重扰乱了种业市场秩序，还严重挫伤了育种者积极性，是打击侵权的重点和保护种业知识产权的难点。

（一）关于民事诉讼中侵权事实的认定，是依据人民法院委托形成的司法鉴定意见还是行政机关执法中的检验报告，本案给予了明确意见

首先，农业行政执法和民事诉讼属于两个不同的程序，是行政执法程序和民事诉讼程序的关系。

其次，本案中，被告泰某公司主张农业执法部门送检的执法结果来抗辩不侵权，但是行政执法中检验的种子来源于泰某公司库存或销售网点，取证形式、来源、检验存疑，特别是无法确定其送检的种子和被诉侵权的种子以及“宜某优 2115”具有一一对应的关系，客观公正性不强，一审法院未予采信。相反，人民法院就原告绿某公司提供的公证购买的涉案品种“宜某优 5979”与真实的“宜某优 2115”，委托合法检测机构进行对比检测，结果两者具有同一性。据此，二审法院认为，泸州市农业局行政执法中的检验报告与法院委托鉴定意见，并非检验的同一种子批，二者得出不同结论，相互之间并不冲突，行

政执法中的检验报告并不能排斥法院委托鉴定意见，故而被告的抗辩无效，侵权事实成立。

最后，通过本案可以看出，针对侵害其植物新品种权的行为，权利人维权时既可以采取行政举报方式打击侵权，也可以向人民法院提起侵权诉讼，主张权利、索取赔偿、维护权益。

（二）本案明确了行政执法程序中的检验报告和民事诉讼程序中鉴定意见的关系

首先，行政主管部门根据举报，对被控侵权人进行执法检查，抽检被控侵权人的库存种子，并送检形成的检验报告，本身具有合法性。针对同一侵权行为在行政查处程序中形成的检验报告与民事侵权纠纷案件具有关联性，相关检验报告可以在民事侵权纠纷案件中作为证据使用。

其次，针对不同批种子的检验，不同检测机构得出不同的结论，并不能当然认为检验结论之间存在冲突。在没有证据证明多份检测报告系针对同一种子批，且相关证据显示送检样本来源不同、生产日期不同时，应认定多份检测报告并非针对同一批种子的检测，其得出的不同结论是正常的，相互之间并不冲突。

最后，法院委托检测机构作出的检测报告只要程序规范合法，应予采用。

（三）本案的启示

针对种子侵权可以采取不同的维权手段，无论是行政举报打击还是民事起诉，都是合法的程序，权利人可以根据现实情况采取不同的维权途径，并且两者并不冲突，同一侵权行为在行政查处程序中形成的检验报告与民事侵权纠纷案件具有关联性，如无充足相反证据，行政执法中的相关检验报告可以在民事侵权纠纷案件中作为证据使用。同时，注意证据的收集保全，取得的证据要符合民事诉讼证据的合法性、客观性和关联性，确保有效使用，维权成功。

案例 29

以假冒授权品种名称及种子包装形式侵权

——佳木斯龙某种业有限公司诉黑龙江省建三江农某禾谷农资销售有限公司侵害“龙某 31”“龙某 57”植物新品种权纠纷案①

案情聚焦

“龙某 31”和“龙某 57”系某水稻研究所选育的水稻新品种，分别于 2011 年 4 月 2 日和 2017 年 5 月 31 日获得黑龙江省农作物品种审定证书，审定编号为黑审稻 2011004、黑审稻 2017033，并分别于 2014 年 9 月 1 日和 2017 年 9 月 1 日取得原农业部颁发的《植物新品种权证书》，品种权号为 CNA 20100737.4、CNA20140260.5，“龙某 31”的品种权人为某水稻研究所和佳木斯龙某种业有限公司（以下简称龙某公司），“龙某 57”的品种权人为某水稻研究所和黑龙江省龙某种业集团有限公司（以下简称龙某集团公司），迄今两个品种的权利保护状态持续稳定有效。龙某公司享有“龙某 31”“龙某 57”水稻原种种子的独占生产经营权，并且由某水稻研究所和龙某集团公司专门出具《委托书》和《授权书》，授权龙某公司在法律范围内，以自己的名义行使市场维权打假权利。

2020 年 3 月初，龙某公司陆续接到群众反映，在建三江农资市场上购买的“龙某 31”“龙某 57”品种与龙某公司生产经营的“龙某 31”“龙某 57”包装不同。龙某公司经调查发现确实存在假冒包装现象，遂举报到当地农业行政执法部门，黑龙江建三江管委会农业水务局在黑龙江省建三江农某禾某农资销售有限公司（以下简称禾某农资公司）经营场所查处了假冒“龙某 31”包装种子，并作出没收 14980 斤假包装种子，没收违法所得及罚款的行政处罚决定。行政处罚案卷材料中询问笔录记载，禾某农资公司负责人杨某某通过银行转账

① 参见黑龙江省哈尔滨市中级人民法院（2020）黑 01 民初 1762 号民事判决书。

或微信转账方式向于某购进“龙某31”219袋，共15330斤；购进“龙某57”228袋，共15960斤，涉案“龙某57”种子已销售完毕，剩余“龙某31”16袋。《农作物种子质量检验报告》显示案涉“龙某31”与对照样品“龙某31”系极近似或相同品种。

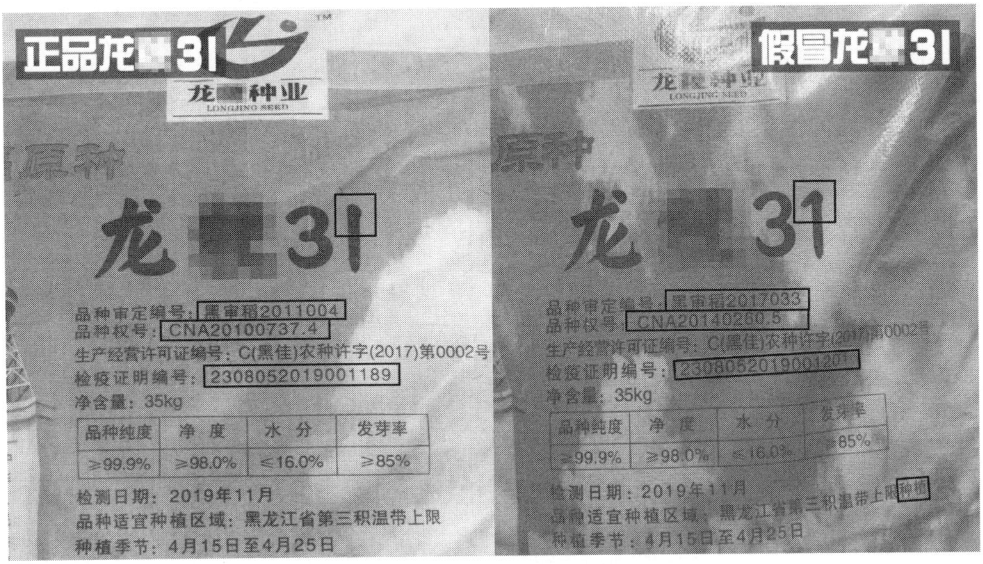

真假“龙某31”种子包装对比图

2020年7月25日，原告龙某公司以侵害植物新品种权及不正当竞争纠纷为案由，将禾某农资公司和杨某某起诉到黑龙江省哈尔滨市中级人民法院（以下简称哈尔滨中院），请求：（1）判令禾某农资公司和杨某某立即停止侵权，禁止生产销售“龙某31”和“龙某57”水稻种子；（2）判令禾某农资公司和杨某某共同赔偿原告经济损失及维权合理支出合计100万元人民币；（3）诉讼费及其他相关费用由禾某农资公司和杨某某承担。事实和理由：认为被告禾某农资公司和杨某某以商业为目的，以假冒原告厂名厂址、包装装潢形式私自包装并以授权品种“龙某31”名义对外销售水稻原种种子的行为严重违反了《种子法》和《植物新品种保护条例》规定，构成侵害植物新品种权。同时被告以假冒包装形式对外销售，主观故意大、行为恶劣、性质严重，还违反了

《反不正当竞争法》，构成不正当竞争。“龙某 31”品种具有较高的市场价值和广泛的知名度，杨某某系禾某农资公司法定代表人，禾某农资公司系杨某某独资的一人有限责任公司，其通过个人微信和禾某农资经营场所销售涉案种子，明显构成公司财产和股东财产的混合，构成共同侵权，应承担连带责任。并向法庭举示了购买凭证、现场查处照片、委托书、授权书、“龙某 31”品种所获奖项、中央和黑龙江省媒体对“龙某 31”品种的报道、技术许可合同书、许可费付款凭证发票等证据。被告禾某农资公司辩称原告不具备诉讼主体资格，主张赔偿数额过高以及承担连带责任无法律依据。

本案在审理前，原告向法院申请调取黑龙江建三江管委会农业水务局的行政处罚案卷材料，哈尔滨中院签发了《律师调查令》，依法调取了本案行政处罚案卷材料。

裁判结果：哈尔滨中院归纳本案的焦点为：（1）原告龙某公司是否具备诉讼主体资格；（2）杨某某是否与禾某农资公司共同实施侵害涉案品种植物新品种权及不正当竞争行为，以及如何承担相应的责任。经审理认为，原告龙某公司系“龙某 31”品种共有品种权人，“龙某 57”的利害关系人，且取得某水稻研究所和龙某集团公司的授权，具备诉讼主体资格。行政处罚决定书及案卷材料笔录、相关证据足以证明禾某农资公司和杨某某销售涉案品种的事实成立，违反了《种子法》第二十八条规定，构成侵权，其行为在侵害品种权人植物新品种权的同时，也侵害了利害关系人龙某公司的合法权益。《公司法》第六十三条规定：“一人有限责任公司的股东不能证明公司财产独立于股东自己的财产的，应当对公司债务承担连带责任。”禾某农资公司系杨某某独资的有限责任公司，结合在案证据，认定杨某某应当对禾某农资公司的债务承担连带责任。

法院判决：（1）禾某农资公司于判决生效之日起停止侵害“龙某 31”和“龙某 57”的植物新品种权的行为；（2）禾某农资公司赔偿原告经济损失和维权合理开支 10 万元，杨某某对该赔偿承担连带责任；（3）驳回原告其他诉讼请求。

案例解析

本案是以假冒包装及授权品种名称实施侵权的典型案例。遗憾的是，本案的判决赔偿数额与诉讼请求数额差距较大，不符合严格种业知识产权司法保护的方向、精神，与类似案例判额悬殊较大，且未充分查明案件事实，法律适用存在瑕疵。

（一）本案判决赔偿额未充分考虑植物新品种的高科技性、涉案品种的市场价值及原告主张参照许可费合理确定赔偿等因素

首先，种子是人类赖以生存和发展的物质基础，一个植物新品种的成功选育，要经过多次多季多年的人工组配、技术测试、田间种植实验等多个环节，要结合并运用植物遗传、栽培、生物、农学等多个领域知识，耗时、耗力、耗财，才能培育出具有抗性、适应性、适合生产应用的品种，植物新品种是人类智力成果，是农业高科技价值产品。本案法院未充分考虑植物新品种的科学价值和技术内涵。

其次，涉案品种“龙某 31”和“龙某 57”均系某水稻研究所研发选育的优质粳稻品种，并获得植物新品种权保护，市场价值和社会影响巨大。特别是“龙某 31”系国家确认的超级稻、优质高产多抗寒地早粳稻，其“寒地早粳稻优质高产多抗龙某新品种选育及应用”荣获了国家科技进步二等奖、黑龙江省科技进步一等奖，是农业农村部北方粳稻区主导品种和黑龙江省主栽品种，是 2001 年以后我国年种植面积最大的水稻品种，累计推广面积 9666 万亩，取代了在寒地早粳稻区占主导地位 10 年之久的日本品种“空育 131”，成为寒地早粳稻育种史上标志性品种，彻底地改变了国外品种主导我国寒地早粳稻区水稻生产的格局，极大地推动了寒地早粳稻产业的发展，为农民增产增收做出重大贡献。作为“十三五”农业十大科技成果之一，央视等媒体多次报道其科技成果带来的价值和影响。从本案法院裁判来看，并未充分考虑龙某品种的市场价值和对农业的重大贡献。

最后，原告主张参照许可使用费判定赔偿数额具有事实和法律依据。其一，“龙某 31”和“龙某 57”均系某水稻研究所选育的水稻新品种，授权许可给原告公司独占开发，为此原告支付了近千万元的高额许可使用费，并作为证

据证明原告的诉求具有事实依据。其二，《种子法》第七十三条第三款[①]规定："……权利人的损失或者侵权人获得的利益难以确定的，可以参照该植物新品种权许可使用费的倍数合理确定……"据此，原告主张赔偿100万元于法有据，且远低于许可使用费，更不谈许可使用费的倍数。本案法院裁判缺乏足够说服力，至少未充分依据客观事实、未正确适用法律。

（二）本案民事责任承担部分未充分考虑涉案侵权行为方式，遗漏了不正当竞争行为的认定和判责

本案被告的侵权行为比较明显、无任何争议，侵权方式也比较大胆、直接，以假冒包装、假冒授权品种名义公开对外销售，主观恶意大，性质严重。以假冒原告包装、厂名、厂址形式，不仅公开抢占了原告原有的市场份额，还给原告带来负面影响，从农户纷纷电话举报、询问真伪即可反映出该事件的恶劣社会影响，严重影响了原告的商誉。

依据《反不正当竞争法》第六条规定，"擅自使用与他人有一定影响的商品名称、包装、装潢等相同或者近似的标识，擅自使用他人有一定影响的企业名称（包括简称、字号等）、社会组织名称（包括简称等）、姓名（包括笔名、艺名、译名等）"系不正当竞争行为中的混淆行为。本案中，被告销售的假冒"龙某31"和"龙某57"，其包装与原告销售的正品几乎相同，足以引人误认为是原告经营的种子或与原告存在特定联系。本案中，原告主张被告构成不正当竞争行为，但法院未对该事实行为予以认定，进而未考量不正当竞争行为的责任承担，是一个重要遗漏。

另一个与本案类似的案例，裁判结果与本案形成反差。江苏明某种业科技股份有限公司与被告江苏省泗某种业有限责任公司侵害植物新品种权及不正当竞争纠纷一案[②]中，法院认为被告以小麦品种特有的名称"宁某13"名义销售非正品的"宁某13"种子，借助了正品的市场影响力和知名度为自己谋取利益。证明了"宁某13"正品小麦种子的市场影响力和知名度。此外，有别于

---

① 现参见2021年修正后的《种子法》第七十二条第三款。

② 参见江苏省南京市中级人民法院（2018）苏01民初427号民事判决书。

植物品种之外的其他知名商品，涉案“宁某 13”小麦种子不仅是知名商品，而且获得了植物新品种权保护，因此在商品和特有的名称之间形成了双重唯一性、对应性和独占性。最终认定被告的行为构成不正当竞争，判赔经济损失 300 万元。

（三）在植物新品种侵权案件中，应将同时侵害多个品种的植物新品种权作为严重情节来考量赔偿额

本案中，法院调取的行政处罚案卷中，询问笔录记载了被告销售涉案“龙某 31”和“龙某 57”的数量、价格等情况，法院判项中也认定了侵害原告两个品种的权利，但是从判赔数额看，并没有充分考虑该严重情节，从而作出了一份不太合乎情理和法理的判决。

（四）本案的启示

本案的判决在一定程度上能够说明我国的司法队伍在种业知识产权保护方面，存在结构不同、认识不一、高度不一致、业务水平不均衡的问题，有待进一步提高认识，增强业务水平。近年来，党中央高度重视种业知识产权保护，提出打好种业翻身仗，通过种业振兴行动方案，立志依法严厉打击假冒伪劣、套牌侵权等违法犯罪行为，让侵权者付出沉重代价。贯彻落实中央精神和要求，不仅需要立法、行政，更需要筑牢和提升司法保护的最后一道防线。

案例 30

滥用农民自繁自用侵权纠纷

——江苏省高某种业科技有限公司诉秦某宏侵害植物新品种权纠纷案[①]

案情聚焦

江苏省高某种业科技有限公司（以下简称高某种业公司）为水稻新品种“南某 9108”的独占实施许可人，有权以自己名义对侵害水稻“南某 9108”植

① 参见最高人民法院（2020）最高法知民终 793 号民事判决书、四川省成都市中级人民法院（2018）川 01 民初 1217 号民事判决书。

物新品种权的单位和个人追究法律责任。高某种业公司认为秦某宏未经许可擅自生产、销售“南某9108”水稻种子的行为侵害了其独占实施的被许可权，诉请判令秦某宏停止侵权并赔偿经济损失50万元。秦某宏辩称，其利用自留种子生产商品粮的行为属于法律规定的“农民自繁自用”情形，不构成对“南某9108”水稻新品种权的侵害。

裁判结果：江苏省南京市中级人民法院一审认为，秦某宏通过土地流转，获得经转包的土地经营权达973.2亩，已不是以家庭联产承包责任制的形式签订农村土地承包合同的农民，而是一种新型的农业生产经营主体（俗称种粮大户）。该类经营主体将他人享有品种权的授权品种用于生产经营活动的，应当取得品种权人的许可，否则构成侵权。故判令秦某宏停止侵权并赔偿经济损失。最高人民法院二审认为，秦某宏经营的土地面积高达900余亩，其在该面积土地上进行耕种、收获粮食后售出以赚取收益的行为，不再仅仅是为了满足其个人和家庭生活的需要，而是具有商业目的。从秦某宏享有经营权的土地面积、种植规模、粮食产量以及收获粮食的用途来看，其已远远超出普通农民个人以家庭为单位、依照家庭联产承包责任制承包土地来进行种植的范畴，原审法院将其认定为一种新型农业生产经营主体，具有事实依据和法律依据。若允许秦某宏播种上述面积土地所使用的繁殖材料均由自己生产、自己留种而无须向品种权人支付任何费用，无疑会给包括高某种业公司在内的涉案品种权利人造成重大经济损失，损害其合法权益。由于秦某宏在其通过转包获得经营权的973.2亩土地上进行耕种，未经许可生产“南某9108”水稻种子并留作第二年播种使用的行为，不属于法律规定的“农民自繁自用”情形，应当取得涉案品种权利人的同意，并向品种权人或经授权的企业或个人支付费用。因现有证据仅能证明秦某宏存在生产行为，不能证明其实施了销售侵权种子的行为，故对原审判决赔偿数额予以酌情调整。

案例解析

本案是对滥用农民自繁自用情形准确认定的典型案件，入选了最高人民法院发布的人民法院种业知识产权司法保护典型案例（第一批）。

本案进一步细化了“农民自繁自用”的适用条件，有助于解决司法实践中“农民”身份界定难、“自繁自用”行为界定难的问题，对准确适用“农民自繁自用授权品种的繁殖材料”具有指导意义。

（一）本案对“农民自繁自用”给予了明确界定

首先，农民自繁自用的适用主体，是以家庭联产承包责任制的形式签订农村土地承包合同的农民个人，不包括合作社、种粮大户、家庭农场等新型农业经营主体。

其次，农民自繁自用的适用土地范围，是通过家庭联产承包责任制承包的土地，而不包括通过各种流转方式获得经营权的土地。

最后，农民自繁自用的种子用途是以自用为限，除法律规定的可以在当地乡镇区域集贸市场上出售、串换剩余常规种子外，不能通过各种交易形式将生产、留用的种子提供给他人使用。

本案中，被诉侵权人享有经营权的土地面积、种植规模、粮食产量以及收获粮食的用途足以表明其远远超出了农民个人以家庭为单位、依照家庭联产承包责任制承包土地来进行种植的范畴，不属于“农民自繁自用”的情形。

（二）法律赋予农民特权的同时，也给出了适用的限定条件，禁止滥用特权

《种子法》第二十九条规定了农民自繁自用授权品种的繁殖材料，可以不经品种权人的许可，不向其支付使用费，这是法律赋予农民的一项特权。正如前文所述，这种农民特权是由法律限定范围的，超出限定范围即不受法律保护，成为打击侵权的对象。如《最高人民法院关于审理侵害植物新品种权纠纷案件具体应用法律问题的若干规定（二）》第十二条第一款规定：“农民在其家庭农村土地承包经营合同约定的土地范围内自繁自用授权品种的繁殖材料，权利人对此主张构成侵权的，人民法院不予支持。”同时本条第二款进一步规定：“对前款规定以外的行为，被诉侵权人主张其行为属于种子法规定的农民自繁自用授权品种的繁殖材料的，人民法院应当综合考虑被诉侵权行为的目

的、规模、是否营利等因素予以认定。”在这种情况下，人民法院将“农民自繁自用”的举证责任交由被诉侵权人来承担，如果举证不能或举证不符合“农民自繁自用”的限定条件，即认定构成侵权。因此，“农民特权”要正确使用，而不能滥用。

案例31

侵权纠纷中合法来源和权利用尽原则抗辩认定

——中国农业科学院某果树研究所诉郑州市二七区百某水果种植园侵害植物新品种权纠纷案①

案情聚焦

中国农业科学院某果树研究所（以下简称某果树研究所）为梨树新品种“丹某红”的品种权人，郑州市二七区百某水果种植园（以下简称百某水果种植园）未经许可将其购买的梨树苗进行栽苗、出售，且经品种鉴定报告显示编号为2-7的梨树样品与“丹某红”对照差异位点数为0。某果树研究所认为百某水果种植园构成侵权，故诉请判令百某水果种植园停止侵权并赔偿经济损失50万元。

裁判结果：河南省郑州市中级人民法院一审认为，百某水果种植园在未征得某果树研究所许可的情况下，将其购买的梨树苗进行栽苗并出售，且经品种鉴定报告显示编号为2-7的梨样品与“丹某红”对照差异位点数为0，其行为侵害了某果树研究所享有的涉案品种权，构成侵权，应当承担相应的民事责任。据此判令百某水果种植园停止侵权并赔偿某果树研究所经济损失4万元。最高人民法院二审认为，涉案梨树中部分是百某水果种植园购买“丹某红”品种苗木后，利用5年的梨树作砧木嫁接而来，结合百某水果种植园多次销售“丹某红”品种苗木的行为及其销售数量，可以证明百某水果种植园存在繁殖

① 参见最高人民法院（2021）最高法知民终592号民事判决书、河南省郑州市中级人民法院（2020）豫01知民初605号民事判决书。

“丹某红”品种的事实。百某水果种植园未证明所购入的“丹某红”苗木是经品种权人许可售出的，且其在本案中实施的不仅是销售行为，还存在对购入的“丹某红”苗木进行进一步繁殖，并向他人销售从而获利的行为，显然侵害了品种权人的利益，应当认定属于侵权行为。故判决驳回上诉，维持原判。

案例解析

本案对于植物新品种侵权纠纷中合法来源抗辩和权利用尽抗辩的审查认定具有指导意义。

（一）关于植物新品种侵权案中合法来源抗辩的适用

关于合法来源抗辩的适用，《专利法》《商标法》及《著作权法》中均有明确规定，如《商标法》第六十四条第二款规定：“销售不知道是侵犯注册商标专用权的商品，能证明该商品是自己合法取得并说明提供者的，不承担赔偿责任。”而《种子法》及专门保护植物新品种的行政法规中均无合法来源抗辩的相关规定。

如今合法来源已成为侵犯知识产权纠纷案中一项重要的抗辩理由，当然，对合法来源的认定也是较为严格的。

《最高人民法院关于审理侵害植物新品种权纠纷案件具体应用法律问题的若干规定（二）》对侵犯植物新品权纠纷，明确规定了“合法来源”规则的适用。如第十三条第一款规定：“销售不知道也不应当知道是未经品种权人许可而售出的被诉侵权品种繁殖材料，且举证证明具有合法来源的，人民法院可以不判令销售者承担赔偿责任，但应当判令其停止销售并承担权利人为制止侵权行为所支付的合理开支。”

种子侵权纠纷案中合法来源的认定，主要考量两个方面：一是由销售者承担举证责任；二是销售者应在购货渠道合法、价格合理、存在实际的具体供货方、销售行为符合相关生产经营许可制度等方面承担举证责任。如果符合合法来源，即认定抗辩有效，可以不承担赔偿责任，但应承担停止侵权及合理开支的费用。

（二）关于植物新品种侵权案中权利用尽抗辩的适用

权利用尽原则的适用，如同合法来源抗辩，均由被诉侵权人承担举证责任，并且法院对此有严格的审查制度。本案中，被诉侵权人销售“丹某红”苗木的数量超出其购买数量，足以认定其存在繁殖行为，不能适用权利用尽抗辩。品种权通过保护繁殖材料来保护品种权人利益，而品种权的繁殖材料具有繁殖子代的特性。因此，与其他知识产权领域相比，植物新品种领域的权利用尽原则要受到更多限制，对于存在进一步繁殖后销售的行为，不适用权利用尽抗辩，避免出现以权利用尽为名严重影响品种权人利益的后果。

由此，《最高人民法院关于审理侵害植物新品种权纠纷案件具体应用法律问题的若干规定（二）》关于“权利用尽”的适用予以明确规定，如第十条规定的“授权品种的繁殖材料经品种权人或者经其许可的单位、个人售出后，权利人主张他人生产、繁殖、销售该繁殖材料构成侵权的，人民法院一般不予支持”就是权利用尽的情形。但是该司法解释也规定了权利用尽的两种例外情形：一是对该繁殖材料生产、繁殖后获得的繁殖材料进行生产、繁殖、销售，如再生产、再繁殖；二是为生产、繁殖目的将该繁殖材料出口到不保护该品种所属植物属或者种的国家或者地区，如个别常规品种。

第三节　植物新品种申请权及权属纠纷

案例 32
玉米“农某 372”及其亲本申请权转让协议无效与权属纠纷案[①]

案情聚焦

北京华某农科玉育种开发有限责任公司（以下简称华某育种公司）与九某

① 参见最高人民法院（2020）最高法知民终942号民事判决书、北京知识产权法院（2017）京73民初118号民事判决书、北京市高级人民法院（2018）京民再148号民事判决书、最高人民法院（2018）民申3号再审审查与审判监督民事裁定书、北京市高级人民法院（2017）京民终211号民事判决书、北京知识产权法院（2016）京73民初380号民事判决书。

九盛种业有限责任公司（以下简称九某种业公司）、宋某明分别因植物新品种申请权转让协议无效和申请权权属纠纷向北京知识产权法院提起诉讼。该申请权转让协议无效案经上诉、申请再审，北京市高级人民法院再审判决涉案协议无效，申请权权属纠纷案经最高人民法院知识产权法庭二审判决结案。涉案品种系玉米品种“农某 372”，及其母本“X24621”和父本“BA702”，品种权申请日期分别为 2014 年 12 月 31 日和 7 月 16 日，植物新品种权申请人为九某种业公司，培育人为宋某明，品种权申请号分别为 20141695.8、20140780.6 和 20140779.9。

2009 年 9 月 27 日，华某育种公司与宋某明签署为期 5 年的《战略合作协议》，约定 2010 年 1 月 1 日前宋某明业已完成的自交系、杂交组合，其品种权归宋某明；华某育种公司提供科研经费期间由宋某明选育的自交系、杂交组合，其品种权（包括申请权）由双方共有。2011 年 3 月 30 日，双方签署《战略合作协议的补充协议》，约定宋某明在 2010 年前育成的还没有参加审定试验的普通大田玉米品种，以华某育种公司名义参加品种审定并享有商业开发权。2013 年 6 月 8 日，双方续签《战略合作协议》，确认 2009 年合作协议中“甲、乙双方合作以前（2010 年 1 月 1 日），甲方业已完成的自交系选育、杂交种组合，其品种权归甲方所有”；合作期间宋某明育成的玉米品种以华某育种公司或其指定第三方名义申请品种审定的，由华某育种公司或其指定第三方申请品种权保护；合作期间宋某明不应以任何方式将合作范围内培育品种或者自交系的生产经营权许可第三方或者允许第三方经营。其后，双方又签订了《关于〈战略合作协议〉有关条款的解释》明确“农某 372”由华某育种公司或其指定的第三方申请品种权保护。该解释签署时间不明，宋某明与华某育种公司主张签订时间为 2013 年下半年，九某种业公司主张为 2015 年 7 月。2010 年 4 月 28 日至 2015 年 4 月 27 日，华某育种公司为宋某明累计提供 14 次共 177.5 万元育种经费。2010 年到 2015 年，华某育种公司作为选育单位分别以“ND372”“冠某 372”等品种名称申请河南、山东、陕西等省级品种审定，并在申请国家品种审定中更名为“农某 372”。

九某种业公司成立于2014年6月5日，其股东叶某生与宋某明签订《转让出资协议》，约定叶某生将其持有九某种业公司出资的5%转给宋某明，宋某明以“中农某372”（实为“冠某372”）作为对九某种业公司出资，并于2015年9月前向华某育种公司提出终止《战略合作协议》。后叶某生、宋某明以及九某种业公司三方签订《股份代持协议书》和《玉米品种中农某372品种使用费协议书》，对宋某明解除与华某育种公司协议等事项进行约定。其后，九某种业公司作为申请人向农业部植物新品种保护办公室（以下简称保护办公室）就“农某372”及其亲本申请植物新品种权，并于2016年3月1日发布上述品种的《维权声明》，要求他人未经许可停止销售。2017年12月26日华某育种公司向保护办公室提出中止上述品种审查程序的请求，2018年4月17日保护办公室同意中止上述品种审查程序。上述事实已由相关法院查明并获终审法院确认。

在确认九某种业公司与宋某明签订的《玉米品种中农某372品种使用费协议书》等协议无效案中，北京市高级人民法院经再审认为，应将华某育种公司与宋某明从2009年到2013年签订的3份协议统一看待，结合华某育种公司申请和参加相关品种审定和试验的过程，认为“农某372”虽在2008年至2009年间育成命名为“ND3772”，但后续仍在试验和测试中，不能将其认定为2010年1月1日业已完成的品种。宋某明已经将“农某372”品种权及经营开发权赋予华某育种公司，后又签署协议将其转让给九某种业公司，而九某种业公司明知宋某明与华某育种公司之间的合作，仍然恶意串通签订涉案协议，损害了华某育种公司的合法利益。九某种业公司与宋某明之间签署的涉案协议应当认定无效。

在植物新品种申请权属纠纷中，最高人民法院知识产权法庭认为，华某育种公司与宋某明之间签订的3份协议以及相关条款的解释是判断涉案“农某372”及其亲本权属的重要事实。北京市高级人民法院对相关协议案的再审认定中，确认了“农某372”包含在华某育种公司与宋某明签订的协议中的事实，意味着宋某明已将“农某372”及其亲本申请品种权的权利转让给华某育种公司。九某种业公司与宋某明签订的《转让出资协议书》和《股份代持协议书》，与已被确认无效的《中农某372许可协议书》和《中农某372使用费协议书》关系紧密，均有恶意串通、损害华某育种公司合法权益的情形，不能据此获取“农某372”及其亲本的申请权。二审判决驳回上诉，维持原判。

案例解析

本案是因合作育种成果“一女多嫁”引发的典型纠纷，入选了农业农村部2021年农业植物新品种保护十大典型案例。

有关“农某372”权属的纷争引起行业内广泛关注，本案涉及的法律事实较多，经历的法律程序也多，当事人分别以品种申请权转让协议无效和申请权归属为由，先后进行了5次诉讼，经历上诉、再审和重审等程序，诉讼时间长达5年。最后，随着最高人民法院的终审判决，尘埃落定。

（一）委托育种合同约定不明往往是引发诉争的主因

首先，委托育种合同属于技术合同中的委托开发合同，相关约定和履行应遵循技术合同的规则。依据《民法典》规定，技术合同是当事人就技术开发、转让、许可、咨询或者服务订立的确立相互之间权利和义务的合同。技术合同内容一般包括项目的名称，标的的内容、范围和要求，履行的计划、地点和方式，技术信息和资料的保密，技术成果的归属和收益的分配办法，验收标准和方法，名词和术语的解释等条款。《民法典》第八百五十一条规定，“技术开发合同是当事人之间就新技术、新产品、新工艺、新品种或者新材料及其系统的研究开发所订立的合同。技术开发合同包括委托开发合同和合作开发合同”。

其次，委托开发合同除法律另有规定或当事人另有约定外，其知识产权归属研究开发人。《民法典》第八百五十九条规定：“委托开发完成的发明创造，除法律另有规定或者当事人另有约定外，申请专利的权利属于研究开发人。研究开发人取得专利权的，委托人可以依法实施该专利。研究开发人转让专利申请权的，委托人享有以同等条件优先受让的权利。”参照该条规定，委托育种合同当事人之间可以约定开发品种的权利归属，如果无约定其品种权的申请权和品种权归育种人。《民法典》第八百六十条第一款规定："合作开发完成的发明创造，申请专利的权利属于合作开发的当事人共有；当事人一方转让其共有的专利申请权的，其他各方享有以同等条件优先受让的权利。但是，当事人另有约定的除外。"参照该条规定，合作开发育种合同，除当事人另有约定外，申请品种权的权利属于合作开发的当事人共有。

本案中，引发诉争的主要原因就是，当事人之间签署了包括合作、委托、共同育种等多个协议，并且协议约定不明，仅用含糊的表述而没有清楚地指明哪些品种受协议约束，致使第三方有机可乘，引发本可避免的纠纷。

（二）恶意串通损害第三人利益的合同，属无效合同

首先，关于无效合同的认定。依据《民法典》规定，无效合同的情形包括：违反法律、行政法规的强制性规定的合同，违反社会公共利益的合同，违背公序良俗的合同，以合法形式掩盖非法目的的合同，恶意串通损害他人合法权益的合同。

其次，本案中行为人存在恶意串通签订协议损害了第三人的合法权益。九某种业及股东在明知育种家宋某明已与华某育种公司签订战略合作协议，并明确权利义务且履行的情况下，仍然与宋某明签订《转让出资协议》《股份代持协议书》和《玉米品种中农某 372 品种使用费协议书》，对解除宋某明与华某育种公司的协议等事项进行约定，恶意串通行为明显，损害了华某育种公司的合法利益。故北京市高级人民法院认定九某种业公司与宋某明之间签署的涉案协议属于"恶意串通损害第三人利益的合同"，归属无效。

最后，无效合同自始没有法律约束力。本案中关于"农某 372"植物新品种申请权属纠纷，虽然九某种业与宋某明签订了《中农某 372 许可协议书》《中农某 372 使用费协议书》《转让出资协议书》和《股份代持协议书》，但是四份协议相互关联，涉案"农某 372"及其亲本权属的重要事实已由北京市高级人民法院确认，且确认了《中农某 372 许可协议书》和《中农某 372 使用费协议书》无效。依据《民法典》无效合同自始无效的规定，最高人民法院驳回

了九某种业的上诉请求，最终判定“农某 372”的权利归属华某育种公司。

（三）本案的启示

种子企业科企合作、委托育种现象较为普遍，这也是现代种业发展的趋势和需要。然而，这毕竟涉及品种的权利归属及未来商业开发，在合同条款中应明确品种权申请权与权利归属、成果转化及方式、相关费用及支付等核心内容，以免引发争议，合作不畅。同时，种子企业应加强合同规则意识的培养，诚实守信，尊重和保护知识产权，做好企业法律风险体系建设与防范，避免争端发生。

第四节 植物新品种合同纠纷

案例 33
河南省金某种业有限公司诉河北绿某种业有限公司小麦“农某 5181”植物新品种合同纠纷案[①]

案情聚焦

2013 年 7 月 29 日，某大学与河南省金某种业有限公司（以下简称金某公司）签订了一份《小麦新品种“农某 5181”品种权转让协议》，约定某大学将小麦新品种“农某 5181”在全国范围内的生产经营权独家转让给金某公司，金某公司有权对其他公司进行授权该品种的生产经营、连繁联销等经营活动。2017 年 6 月 1 日，金某公司与河北绿某种业有限公司（以下简称绿某公司）签订《农某 5181 生产经营权转让协议》，约定授权绿某公司在河北省（含河北省旱肥地）、北京市及天津市的审定区域内生产、经营“农某 5181”小麦种子；

① 参见最高人民法院（2020）最高法知民终 546 号民事判决书。

授权期限为自2017年6月1日至该品种退出市场止；2017年6月10日前绿某公司向金某公司支付生产经营权费30万元，付费后金某公司提供相关生产经营手续；该品种生产经营权在本协议签订之前金某公司未授权转让给第三方。6月13日金某公司将公司对公账号发给绿某公司，绿某公司在6月15日向金某公司支付品种权费30万元，6月30日金某公司又将此款退还给绿某公司。后因合同履行问题双方产生纠纷，绿某公司将金某公司诉至法院，主张金某公司违约获得石家庄市新华区人民法院一审、石家庄市中院二审和河北省高院再审支持。进而发生本案原告金某公司向郑州市中级人民法院（以下简称一审法院）起诉被告绿某公司要求继续履行合同义务，支付30万元生产经营权费，并承担违约金100万元。

裁判结果：一审法院判决：（1）《小麦新品种农某5181品种权转让协议》继续履行；（2）被告绿某公司于判决生效之日起10日内向金某公司支付“农大5181”品种权生产经营权费30万元；（3）驳回金某公司的其他诉讼请求。原、被告均不服一审判决，上诉至最高人民法院（以下简称二审法院），2020年9月27日，二审法院作出终审判决：驳回上诉，维持原判。

案例解析

本案涉及植物新品种合同的效力和诚信履行，是植物新品种合同纠纷比较典型的问题。在推进社会诚信体系建设的时代，加强种子领域知识产权合同规范制定和诚信建设，对完善植物新品种保护制度，规范种业市场秩序具有重要意义。

（一）关于本案诉争合同效力问题

根据《最高人民法院关于民事诉讼证据的若干规定》第十条第一款第六项的规定，已为人民法院发生法律效力的裁判所确认的基本事实，当事人无须举证证明，当事人有相反证据足以推翻的除外。本案中，涉案协议成立并生效的事实已经过在先发生法律效力的裁判所确认，原、被告双方无证据推翻。

（二）关于合同诚信履行问题

相信当事双方在签订涉案协议时，都秉持着自愿平等和合法守信原则，但为何后来双方分歧不断？关键问题在于合同文本不规范，合同履行不诚信。根据案情，双方争议焦点之一是绿某公司是否依约付款；之二是金某公司是否在先转让第三方。虽然涉案协议约定了费用支付时间和同区域排他许可条款，但未约定支付方式和账户，金某公司认为绿某公司违约在先将款项退回，绿某公司质疑金某公司违约在先，存在在先转让。说明双方都认为对方在合同履行过程中违约缺乏诚信。

（三）合同纠纷应及时依法解决

本案绿某公司未在一审中提起反诉主张解除涉案协议，在二审程序中要求解除合同不符合法律规定，二审法院主持调解不成告知另行起诉于法有据。根据《最高人民法院关于适用〈中华人民共和国民事诉讼法〉的解释》第三百二十八条①规定，在第二审程序中，原审金某公司增加独立的诉讼请求或者原审绿某公司提出反诉的，第二审人民法院可以根据当事人自愿的原则就新增加的诉讼请求或者反诉进行调解；调解不成的，告知当事人另行起诉。双方当事人同意由第二审人民法院一并审理的，第二审人民法院可以一并裁判。

（四）本案的启示

一是合同诚信原则应贯穿合同签订和履行整个过程。二是合同条款约定要清晰、明确、规范，尤其是涉及财务税费、地址、联系人及通信方式等重要信息的，应在合同条款中列明，避免事后增加沟通成本和不必要的争议。三是合同纠纷应当及时依法解决。四是为了减少品种权转让纠纷和防范法律风险，不妨参考农业农村部最新发布的农业植物新品种权转让合同范本。

① 现参见2022年4月1日起施行的《最高人民法院关于适用〈中华人民共和国民事诉讼法〉的解释》第三百二十六条。

第四章 刑事犯罪类

本章梳理涉种子刑事犯罪，在《刑法》条文中主要由第一百四十条生产、销售伪劣产品罪，第一百四十七条生产、销售伪劣种子罪，第二百一十三条假冒注册商标罪、第二百一十九条侵犯商业秘密罪和第二百二十五条非法经营罪。下面结合案例进行具体分析。

第一节 生产、销售伪劣产品罪

【罪名释义】生产、销售伪劣产品罪①属于破坏社会主义市场经济秩序罪中的生产、销售伪劣商品罪，是指生产者、销售者在产品中掺杂、掺假，以假充真，以次充好或者以不合格产品冒充合格产品，销售金额达5万元以上的行为。

本罪构成要件：

(1) 犯罪主体是一般主体。行为主体包括自然人和单位。虽然《刑法》条文规定，本罪行为主体是生产者与销售者，但是自然人或单位均可能成为生产者或销售者。其中“生产者”既包括产品的制造者，也包括产品的加工者；“销售者”既包括产品的批发销售者，也包括产品的零散销售者，还可以是生产后的直接销售者（此时的生产者与销售者重合）。因此，本罪是行为犯，至于行为

---

① 《刑法》第一百四十条规定：“生产者、销售者在产品中掺杂、掺假，以假充真，以次充好或者以不合格产品冒充合格产品，销售金额五万元以上不满二十万元的，处二年以下有期徒刑或者拘役，并处或者单处销售金额百分之五十以上二倍以下罚金；销售金额二十万元以上不满五十万元的，处二年以上七年以下有期徒刑，并处销售金额百分之五十以上二倍以下罚金；销售金额五十万元以上不满二百万元的，处七年以上有期徒刑，并处销售金额百分之五十以上二倍以下罚金；销售金额二百万元以上的，处十五年有期徒刑或者无期徒刑，并处销售金额百分之五十以上二倍以下罚金或者没收财产。”

主体是否取得了有关产品的生产许可资质或营业执照，并不影响本罪的成立。

（2）犯罪主观方面，责任形式表现为故意。行为人明知自己在生产、销售的产品中掺杂、掺假，以假充真，以次充好或以不合格产品冒充合格产品的行为，会发生破坏社会主义市场经济秩序、侵害消费者合法权益的结果，仍希望或放任该结果发生。因而，过失不构成本罪。

（3）犯罪客体是侵犯了消费者的合法权益，扰乱了种业市场秩序。生产、销售的是伪劣产品，本罪的“伪”主要是指“以假充真”，“劣”是指“掺杂、掺假、以次充好、不合格”。“产品”是指经过加工、制作用于销售的产品，应作广义上的理解，既包括工业产品又包括农业产品，不论是生活用品还是生产资料，都包括在本罪的伪劣产品中。

（4）客观方面的行为表现主要是在产品中掺杂、掺假，以假充真，以次充好，以不合格产品冒充合格产品四种情况。根据 2001 年 4 月 9 日发布的《最高人民法院、最高人民检察院关于办理生产、销售伪劣商品刑事案件具体应用法律若干问题的解释》第一条的规定，“在产品中掺杂、掺假”是指在产品中掺入杂质或者异物，致使产品质量不符合国家法律、法规或者产品明示质量标准规定的质量要求，降低、失去应有使用性能的行为，如，在种子中掺砂子、在肥料中掺土等。“以假充真”是指以不具有某种使用性能的产品冒充具有该种使用性能的产品的行为，如以商品粮冒充种子、以草籽冒充种子等。“以次充好”是指以低等级、低档次产品冒充高等级、高档次产品，或者以残次、废旧零配件组合、拼装后冒充正品或者新产品的行为，如以加工清选下来的种子下脚料、以碎籽充当好种子。“不合格产品”是指不符合《产品质量法》第二十六条第二款规定的质量要求的产品。例如，种子质量不符合国家规定标准。上述四种客观行为可能存在重合，只要实施了其中之一，便构成本罪，同时实施了多种行为也以本罪论处。

构成本罪的销售数额在 5 万元以上。根据前述司法解释规定，“销售金额”是指生产者、销售者出售伪劣产品后所得和应得的全部违法收入。多次实施生产、销售伪劣产品行为，未经处理的，伪劣产品的销售金额或者货值金额累计计算。同时，前述司法解释指出，伪劣产品尚未销售，货值金额达到《刑法》第一百四十条规定的销售金额3倍（15万元）以上的，以生产、销售伪劣产品罪（未遂）定罪处罚。

案例34

酒泉某豫农业科技有限公司、王某某生产、销售伪劣产品案①

案情聚焦

被告人王某某系酒泉某豫农业科技有限公司的法定代表人。2017年，该公司将自己繁育的种子及从他人处收购的辣椒籽进行加工、包装后，以“豫某王”品种向甘肃省酒泉市肃州区种子管理站申请生产经营备案，后因质量问题未能申请成功。2018年12月，该公司将3500罐“豫某王”辣椒种子销售给甘肃某慈生态农业发展有限公司，销售金额共计245万元。甘肃某慈生态农业发展有限公司将其中1626罐委托酒泉市肃州区农户种植。2019年7月，农户种植该辣椒种子后出现大量杂株，辣椒产量和质量均受到严重影响。经鉴定，该辣椒种子的纯度为63.4%，纯度远低于国家标准95%和罐体标识96%，认定为劣种子。经测产，该辣椒平均亩产1783.2公斤，其中形成商品价值的辣椒1382.2公斤，远低于罐体标识的亩产3000公斤至4000公斤。案发后，王某某主动向公安机关投案。

裁判结果：甘肃省酒泉市肃州区人民法院经审理认为，被告单位酒泉某豫农业科技有限公司、被告人王某某以不合格产品冒充合格产品，销售金额245万元，其行为已构成生产、销售伪劣产品罪。王某某具有自首情节，依法可减轻处罚。王某某归案后认罪态度好，有悔罪表现，依法可酌情从轻处罚。据此，以生产、销售伪劣产品罪判处被告单位酒泉某豫农业科技有限公司罚金245万元；判处被告人王某某有期徒刑11年，并处罚金123万元。

---

① 参见甘肃省酒泉市肃州区人民法院（2020）甘0902刑初160号刑事判决书。

案例解析

本案入选最高人民法院发布的人民法院种业知识产权司法保护典型案例（第一批）。

辣椒、花生等经济作物虽然不是主要农作物，但是与人民群众的生活密切相关，不仅关系到农民增收的“钱袋子”，也关系到人民群众的“菜篮子”，事关食品安全，可谓非常重要。近年来，涉及经济作物种子的犯罪案件也在日益增加，本案就是其中的典型代表。

（一）从犯罪构成要件看，本案以生产、销售伪劣产品罪定罪处罚，定性准确

首先，本案犯罪主体适格。生产、销售伪劣产品罪的主体包括自然人和单位，本案属于单位犯罪，依法应由涉案公司酒泉某豫农业科技有限公司及其直接负责的主管人员即法定代表人王某某承担相应的刑事责任。

其次，本案犯罪主观上是故意犯罪。生产、销售伪劣产品罪是主观故意犯罪，而不是过失犯罪，本案涉案公司及王某某符合主观故意犯罪条件。被告单位和被告人明知涉案辣椒种子质量不合格，在申请生产经营备案时未能成功，仍然将不合格种子对外销售，属于典型的有意为之，希望和放任结果的发生。

再次，客观方面被告单位和被告人王某某实施了违法罪犯行为。对涉案不合格种子加工、罐装标注虚假亩产、纯度等重要指标，进而冒充合格种子实施销售。

最后，本案给相关企业和农户造成了经济损失，涉案种子销售金额特别巨大。被告单位将3500罐涉案种子销售给甘肃某慈生态农业发展有限公司，销售金额共计245万元，该公司又将涉案部分种子委托农户种植，造成重大减产损失。

（二）本案适用生产、销售伪劣产品罪定罪处罚于法有据

众所周知，农作物大田种植，易受种植时间、土壤肥力、栽培管理、天气状况等复杂因素影响，生产、销售伪劣种子罪又是以结果判定犯罪，该类案件囿于条件，往往难以对使生产遭受的损失情况作出准确认定，也就难以以生产、销售伪劣种子罪追究被告人的刑事责任。本案中，经相关农业部门测产，

造成辣椒减产除了涉案种子原因之外，还存在农户移栽时间晚、种植密度大，以及天气影响等因素，因此司法机关未能对农户生产遭受损失情况作出认定。依据《种子法》第四十八条第三款规定，质量低于国家规定标准或者标签标注指标的，认定为劣种子。

本案中，经鉴定，涉案辣椒种子的纯度为63.4%，远低于国家标准95%和罐体标识96%，认定为劣种子于法有据。根据《刑法》第一百四十条的规定，生产者、销售者以不合格产品冒充合格产品，销售金额5万元以上的，构成生产、销售伪劣产品罪。其中，销售金额在200万元以上的，应以生产、销售伪劣产品罪定罪，处15年有期徒刑或者无期徒刑，并处销售金额50%以上2倍以下罚金或者没收财产。根据《刑法》第一百五十条规定，单位犯本节第一百四十条至第一百四十八条规定之罪的，对单位判处罚金，并对其直接负责的主管人员和其他直接责任人员，依照各该条的规定处罚。据此，本案以生产、销售伪劣产品罪定罪处罚，对被告单位判处罚金，对被告人王某某判处判处有期徒刑11年，并处罚金，适用法律正确。

第二节　生产、销售伪劣种子罪

【罪名释义】生产、销售伪劣种子罪①属于破坏社会主义市场经济秩序罪中的生产、销售伪劣商品罪，是指生产、销售明知是假的或者失去使用效能的种子，或者生产者、销售者以不合格的种子冒充合格的种子，使生产遭受较大损

① 《刑法》第一百四十七条规定："生产假农药、假兽药、假化肥，销售明知是假的或者失去使用效能的农药、兽药、化肥、种子，或者生产者、销售者以不合格的农药、兽药、化肥、种子冒充合格的农药、兽药、化肥、种子，使生产遭受较大损失的，处三年以下有期徒刑或者拘役，并处或者单处销售金额百分之五十以上二倍以下罚金；使生产遭受重大损失的，处三年以上七年以下有期徒刑，并处销售金额百分之五十以上二倍以下罚金；使生产遭受特别重大损失的，处七年以上有期徒刑或者无期徒刑，并处销售金额百分之五十以上二倍以下罚金或者没收财产。"

失的行为。

本罪构成要件：

（1）犯罪主体是一般主体，包括个人和单位。

（2）犯罪主观方面是故意，行为人明知生产、销售的种子是假的或失去使用效能或不合格的，仍有意而为之。

（3）犯罪客体是侵犯了消费者的合法权益及种子市场秩序。

（4）犯罪客观方面主要表现为：一是生产、销售的是假种子，或者是失去使用效能的种子，或者以不合格的种子冒充合格的种子。二是使生产遭受较大损失的行为。本罪是结果犯，《最高人民法院关于进一步加强涉种子刑事审判工作的指导意见》明确指出，对生产、销售伪劣种子，使生产遭受较大损失的，以生产、销售伪劣种子罪定罪处罚。对生产、销售伪劣种子，因无法认定使生产遭受较大损失等原因，不构成生产、销售伪劣种子罪，但是销售金额在5万元以上的，以生产、销售伪劣产品罪定罪处罚。

案例 35

王某生产、销售伪劣种子案①

案情聚焦

被告人王某原为四川隆某高某种业有限公司（以下简称隆某高科公司）江西省宜春地区区域经理。

2017年3月，江西省南昌县种子经销商郭某珍询问隆某高科公司的经销商之一江西省丰城市民某种业经营部的闵某如、闵某蓉父子（以下简称闵氏父子）是否有“T某705”水稻种子出售，在得到闵某蓉的肯定答复并报价后，先后汇款共30万元给闵某如用于购买种子。

闵氏父子找到王某订购种子，王某向隆某高科公司申报了“陵某优711”

① 参见最高人民检察院第十六批指导性案例（检例第61号）。

稻种计划，后闵某如汇款 20 万元给隆某高科公司作为订购种子款（单价为 13 元/公斤）。王某找到金某环保包装有限公司的曹某宝，向其提供制版样式，印制了标有“四川隆某高民某种业有限公司”“T 某 705”字样的小包装袋 29850 个。在收到隆某高科公司寄来的“陵某优 711”散装种子后，王某请闵氏父子帮忙雇工人将运来的散装种子分装到此前印好的标有“T 某 705”的小包装袋（每袋 1 公斤）内，并将分装好的 24036 斤种子运送给郭某珍。郭某珍将这批种子销售给南昌县等地的农户。农户播种后，禾苗未能按期抽穗、结实，导致 200 余户农户 4000 余亩农田绝收，造成直接经济损失 460 余万元。

经查，隆某高科公司不生产“T 某 705”种子，其生产的“陵某优 711”种子也未通过江西地区的审定，不能在江西地区进行终端销售。

2018 年 5 月 8 日，江西省南昌县公安局以王某涉嫌销售伪劣种子罪，将案件移送南昌县人民检察院审查起诉。

审查起诉阶段，王某辩称自己的行为不构成犯罪，不知道销售的种子为伪劣种子。王某还辩解：第一，印制小包装袋经过隆某高科公司的许可；第二，自己没有请工人进行分装，也没有进行技术指导；第三，没有造成大的损失。

检察机关审查认为，现有证据足以认定犯罪嫌疑人王某将“陵某优 711”冒充“T 某 705”销售给农户，但其是否明知为伪劣种子、“陵某优 711”是如何变换成“T 某 705”的、隆某高科公司是否授权王某印刷小包装袋、造成的损失如何认定、哪些人员涉嫌犯罪等问题，有待进一步查证。针对上述问题，南昌县人民检察院两次退回公安机关补充侦查，要求公安机关补充收集订购种子的货运单、合同、签收单、交易记录等书证；核实印制小包装袋有无得到隆某高科公司的授权，是否有合格证等细节；种子从四川发出，中途有无调换等，“陵某优 711”是怎么变换成“T 某 705”的物流情况；对于损失认定，充分听取辩护人及受害农户的意见，收集受害农户订购种子数量的原始凭证等。

经补充侦查，南昌县公安局进一步收集了物流司机等人的证言、农户购买谷种小票、农作物不同生长期照片、货运单、王某任职证明等证据。物流司机的证言证明货物没有被调换，但货运单上只写了种子，并没有写明具体的种子品名；隆某高科公司方面一致声称王某订购的是“陵某优711”，出库单上也注明是“陵某优711”（散子），并且该公司从不生产“T某705”；而闵氏父子辩称自己是应农户要求订购“T某705”，到货也是应王某要求提供场地，王某代表公司进行分装。因双方没有签订种子订购合同且各执一词，无法查实闵氏父子订购的是哪种种子。但可以明确的是2010年5月17日广西农作物品种审定委员会对“陵某优711”审定通过，可在桂南稻作区或者桂中稻作区南部适宜种植感光型品种的地区作为晚稻种植，在江西省未审定通过。王某作为隆某高科公司的区域经理，对公司不生产“T某705”种子应该明知，对“陵某优711”在江西省未被审定通过也应明知。另查实，隆某高科公司从未授权王某进行设计、印制“T某705”小包装袋。

针对损失认定，公安机关补充收集了购种票据、证人证言等，认定南昌县及其他地区受害农户合计205户，绝收面积合计4000余亩。为评估损失，公安机关开展现场勘查，邀请某农科院土肥、农业、气象方面专家进行评估。评估认定：第一，南昌县部分稻田种植的“陵某优711”尚处始穗期，已无法正常结实，导致绝收。第二，2017年10月下旬评估时，部分稻田种植的“陵某优711”处于齐穗期，但南昌地区晚稻的安全齐穗期是9月20日左右，根据南昌往年气象资料，10月下旬齐穗的水稻将会受到11月低温影响，无法正常结实，严重时会绝收。第三，根据种子包装袋上注明的平均亩产444.22公斤的数据，结合南昌县往年晚稻平均亩产量，考虑到晚稻因品种和种植方式不同存在差异，产量评估可以以种子包装袋上注明的平均亩产444.22公斤为依据，结合当年晚稻平均单价2.6元/公斤计算损失。205户农户因种植假种子造成的经济损失为444.22公斤/亩×2.6元/公斤×4000亩=4619888元。综合上述证据情况，检察机关采信评估意见，认定损失为461万余元。

2018年7月16日，南昌县人民检察院以被告人王某犯生产、销售伪劣种子罪向南昌县人民法院提起公诉。9月10日，南昌县人民法院公开开庭审理了本案。10 月 25 日，南昌县人民法院作出一审判决，以生产、销售伪劣种子罪判处被告人王某有期徒刑 8 年，并处罚金人民币 15 万元。王某不服一审判决，提出上诉。其间，王某及其家属向南昌县农业局支付 460 万元用于赔偿受害农民损失。2018 年 12 月 26 日，南昌市中级人民法院作出终审判决，维持一审法院对上诉人王某的定性，鉴于上诉期间王某已积极赔偿损失，改判其有期徒刑 7 年，并处罚金人民币 15 万元。

案例解析

司法实践中，关于种子套牌，性质严重，且造成较大损失的违法行为，是否可以生产、销售伪劣种子罪定罪处罚，存有较大的争议。在此之前，大多数司法机关对“假种子”的理解较为传统和机械，片面地认为“套牌”种子也是种子，不属于刑法意义上的假种子，只要未发生财产损失，无法以生产、销售伪劣种子罪论处。

本案的司法观点是以同一科属的此品种种子冒充彼品种种子，属于刑法上的“假种子”。行为人对假种子进行小包装分装销售，使农业生产遭受较大损失的，应当以生产、销售伪劣种子罪追究刑事责任。解决了之前司法实践中对“假种子”的片面理解，具有很好的指导意义。

（一）严厉打击涉种犯罪是积极贯彻落实党中央的决策部署

种子是农业的“芯片”，生产、销售伪劣种子的行为严重危害国家农业生产安全和粮食安全，损害了农民合法利益。党中央对种业高度重视，作出打一场种业翻身仗的决策部署，并把种源安全提升到关系国家安全的战略高度。中共中央办公厅、国务院办公厅联合下发《种业振兴行动方案》，部署实施种业市场净化行动，提出要“重拳出击、整治到底、震慑到位，依法严厉打击假冒伪劣、套牌侵权等违法犯罪行为，让侵权者付出沉重代价”。

严厉打击涉种犯罪，特别是假劣、套牌侵权违法犯罪行为，净化种业市场，就是深入贯彻落实中央有关决策部署的重要举措，也是为加快种业振兴提供全方位司法保障的重要环节。

（二）本案解决了历年来困扰涉种领域犯罪的重大问题，为类似案件提供了指导，为打击制售假劣犯罪增加了信心，为种业振兴提供了更好的司法保障

第一，以此种子冒充彼种子应认定为假种子，行为定性准确。

根据《刑法》第一百四十七条规定，生产、销售假种子，使生产遭受较大损失的，应认定为生产、销售伪劣种子罪。依据《种子法》第四十八条[①]规定，假种子有四种情形，分为种类、名称、产地与标注不符型假种子和冒充型假种子。在现实生活中，完全以非种子冒充种子的情形较为少见。近年来，基于种子专业性强、农户识别能力低的弱点，“种子套牌”行为开始泛滥，为牟取利益，不法分子往往在外包装上印上较为畅销的品种名，在包装内灌入低成本、劣种子。套牌种子就是以此种子冒充彼种子或者以不合格种子冒充合格种子进行销售，已成为涉种领域违法犯罪的打击重点和难点。该种情形，属于法律规制意义上的假冒，给农户造成较大损失，应认定为生产、销售伪劣种子罪。本案中，被告人王某将未通过江西地区审定的“陵某优 711”种子冒充“T 某 705”种子，使农业生产遭受特别重大损失，其行为构成生产、销售伪劣种子罪，最终法院采纳了公诉机关的意见，作出上述处罚。

第二，对伪劣种子造成的损失给予综合认定，依据客观充分。

伪劣种子造成的损失是涉假种子类案件办理时的疑难问题。实践中，可由专业人员根据现场勘查情况，对农业生产产量及其损失进行综合计算。具体可考察以下几个方面：一是根据现场实地勘察，邀请农业、气象、土壤等方面专家，分析鉴定农作物生育期异常的原因，能否正常结实，是减产还是绝收等，分析减产或者绝收面积、产量。二是通过审定的农作物区试平均产量与根据现场调查的往年产量，结合当年可能影响产量的气候、土肥等因素，综合评估平均产量。三是根据农作物市场行情及平均单价等，确定直接经济损失。

第三，本案关于损失的综合认定方法，为最新司法指导意见所采纳或吸收。

---

① 《种子法》第四十八条第二款规定：“下列种子为假种子：（一）以非种子冒充种子或者以此种品种种子冒充其他品种种子的；（二）种子种类、品种与标签标注的内容不符或者没有标签的。”

根据《最高人民法院关于进一步加强涉种子刑事审判工作的指导意见》（法〔2022〕66号），对是否属于假的、失去使用效能的或者不合格的种子，或者使生产遭受的损失难以确定的，可以依据具有法定资质的种子质量检验机构出具的鉴定意见、检验报告，农业农村、林业和草原主管部门出具的书面意见，农业农村主管部门所属的种子管理机构组织出具的田间现场鉴定书等，结合其他证据作出认定。

（三）本案对被告人以生产、销售伪劣种子罪定罪处罚符合该罪的构成要件

第一，从犯罪主体看，被告人王某大学毕业，在种业公司从事种子销售工作，是具备刑事责任能力的自然人，符合生产、销售伪劣种子罪一般主体要求。

第二，从犯罪主观方面看，王某具有犯罪故意。作为从事种子销售的专业人员，明知隆某高科公司公司不生产“T某705”种子，却将其订购的“陵某优711”分装成“T某705”予以销售，牟取利益，具有销售伪劣种子的主观故意。

第三，从犯罪客体看，王某的犯罪行为侵犯了农民的合法利益，扰乱了种业市场秩序，破坏了国家农业生产安全和粮食安全秩序。

第四，从犯罪客观方面看，王某作为隆某高科公司的区域经理，利用职责之便，实施了申报销售计划、种子订购、包装袋印制、种子分装、销售行为，将“陵某优711”装进“T某705”包装袋内，以此种品种冒充其他品种，使生产遭受特别重大损失，符合犯罪客观要件。

第五，关于本罪的追诉标准。根据相关司法解释，“使生产遭受较大损失”一般以2万元为起点，处3年以下有期徒刑或者拘役，并处或者单处销售金额50%以上2倍以下罚金；“使生产遭受重大损失”，一般以10万元为起点，处3年以上7年以下有期徒刑，并处销售金额50%以上2倍以下罚金；“使生产遭受特别重大损失”，一般以50万元为起点，处7年以上有期徒刑或者无期徒刑，并处销售金额50%以上2倍以下罚金或者没收财产。本案违法犯罪行为造

成了特别重大损失，起刑点为七年以上，因此，尽管二审考虑到王某积极赔偿的情节，也只能改判7年有期徒刑。另外，2021年3月17日最高人民法院发布的三件“农资打假”典型案例[①]之一“李某伟、项某忠销售伪劣种子案”，造成经济损失共计约1448万元，犯罪嫌疑人被判处10年以上有期徒刑。

值得注意的是，倘若涉案伪劣种子未使农业生产遭受较大损失，或因无法认定使生产遭受较大损失等原因，虽然不构成生产、销售伪劣种子罪，但是根据《刑法》第一百四十九条[②]及司法解释规定，销售金额在5万元以上的，以生产、销售伪劣产品罪定罪处罚。同时构成假冒注册商标罪等其他犯罪的，依照处罚较重的规定定罪处罚。

上述两起案例，彰显了我国司法机关积极履行对农资制假、售假犯罪的高压态势和打击力度，最大限度地保护了农民利益，为推进乡村振兴，加快农业农村现代化提供了有力的司法保障。

第三节　假冒注册商标罪

【罪名释义】 假冒注册商标罪[③]属于破坏社会主义市场经济秩序罪中的侵犯知识产权罪，是指未经注册商标所有人许可，在同一种商品、服务上使用与其注册商标相同的商标，情节严重的行为。

本罪构成要件：

（1）犯罪主体是一般主体，即任何企业事业单位或者个人只要假冒他人注

---

① 参见最高人民法院：https：//www. court. gov. cn/zixun-xiangqing-291091. html。

② 《刑法》第一百四十九条第一款规定：“生产、销售本节第一百四十一条至第一百四十八条所列产品，不构成各该条规定的犯罪，但是销售金额在五万元以上的，依照本节第一百四十条的规定定罪处罚。”

③ 《刑法》第二百一十三条规定：“未经注册商标所有人许可，在同一种商品、服务上使用与其注册商标相同的商标，情节严重的，处三年以下有期徒刑，并处或者单处罚金；情节特别严重的，处三年以上十年以下有期徒刑，并处罚金。”

册商标，情节严重达到犯罪标准即构成本罪。

（2）犯罪主观方面是故意，即行为人明知自己使用的商标与他人已注册商标相同，未经注册商标所有人许可，仍有意在同一种商品上使用，过失不构成本罪，至于犯罪动机不影响本罪的成立。

（3）犯罪客体是侵犯为他人合法的注册商标专用权，以及国家商标管理秩序。

（4）犯罪客观方面主要表现为，行为人未经商标所有人许可，在同一种商品上使用与他人注册商标相同的商标、情节严重。

案例 36

赛某某假冒注册商标案①

案情聚焦

2017 年 11 月至 2019 年 2 月，被告人赛某某雇佣齐某某（另案处理）在河南省郑州市惠济区非法从事种子生产、销售。赛某某从甘肃等地购买玉米种子，并在未经注册商标所有人许可的情况下，安排齐某某等人用赛某某所购不同品牌的玉米种子包装袋分装后，分别销往河南、山东、安徽、湖北等地。2019 年 2 月 25 日，公安机关查处赛某某位于河南省郑州市惠济区八堡村的制假窝点时，当场查获假冒北京联某种业有限公司注册的“粒某金”牌“裕某 303”、山西中某赛博种业有限公司注册的“太某”牌“太某 339”、安徽隆某高某种业有限公司注册的“隆某高科”牌“隆某 206”、山东登某种业股份有限公司注册的“登某”牌登某 605、北京华某农科玉育种开发有限责任公司注册的“农某玉”牌“农某玉 368”等注册商标的玉米种子共计 42 袋，总价值共计 85890 元。

裁判结果：河南省郑州市中级人民法院经审理认为，被告人赛某某未经注

① 参见河南省郑州市中级人民法院（2019）豫 01 刑初 102 号刑事判决书。

册商标所有人许可，在同一商品上使用与其注册商标相同的商标，情节严重，其行为构成假冒注册商标罪。赛某某归案后能够认罪认罚。据此，以假冒注册商标罪判处被告人赛某某有期徒刑 1 年，并处罚金 8000 元。

案例解析

本案入选最高人民法院发布的人民法院种业知识产权司法保护典型案例（第一批）。

保护种子的注册商标等知识产权是维护种业健康发展、促进农业科技创新的重要保障。

（一）关于假冒注册商标罪

首先，假冒他人种子类注册商标的犯罪，是种业领域典型的侵犯知识产权犯罪，应依法予以严惩。《刑法》第二百一十三条规定："未经注册商标所有人许可，在同一种商品、服务上使用与其注册商标相同的商标，情节严重的，处三年以下有期徒刑，并处或者单处罚金；情节特别严重的，处三年以上十年以下有期徒刑，并处罚金。"

其次，本罪构成要件。客观构成要件为未经商标所有人的许可，在同一种商品上使用与其注册商标相同的商标。第一，必须在同一种商品上使用与他人注册商标相同的商标。这里强调四点：一是必须是在同一种商品上使用，如果在类似商品上就不构成本罪；二是使用的商标相同，如果是近似商标也不构成本罪；三是使用包括用于商品、商品包装或者容器以及产品说明书、商品交易文书，或者广告宣传、展览及其他商业活动等行为；四是行为人假冒的商标必须是他人的注册商标，如果不是注册商标则不构成本罪，这里的"他人"包括企事业单位及个体工商业者。第二，使用与他人注册商标相同的商标，未经注册商标所有人许可。如果签有许可协议，或者只是未在商品上标明被许可人的名称和商品产地，不构成本罪。

主观构成要件为故意。行为人明知自己使用的商标与他人已经注册的商标相同，且认识到未经注册商标所有人的许可，仍有意去使用，希望或放任损害结果发生。至于动机如何不影响犯罪的成立。

构成本罪除了必须符合主客观要件以外，还要求行为达到“情节严重”。如，根据《最高人民法院、最高人民检察院关于办理侵犯知识产权刑事案件具体应用法律若干问题的解释》之规定，情节严重的应以假冒注册商标罪判处3年以下有期徒刑或者拘役，并处或者单处罚金。具体情形包括：非法经营数额在5万元以上不满25万元或者违法所得数额在3万元以上不满15万元的，以及假冒两种以上注册商标，非法经营数额在3万元以上不满15万元或者违法所得数额在2万元以上不满10万元的。

最后，对涉案使用商标与注册商标是否为“相同商标”的认定，并不是以完全相同为准，只要两者基本无差别或不影响注册商标显著特征。依照2020年9月14日起施行的《最高人民法院、最高人民检察院关于办理侵犯知识产权刑事案件具体应用法律若干问题的解释（三）》第一条规定：“具有下列情形之一的，可以认定为刑法第二百一十三条规定的‘与其注册商标相同的商标’：（一）改变注册商标的字体、字母大小写或者文字横竖排列，与注册商标之间基本无差别的；（二）改变注册商标的文字、字母、数字等之间的间距，与注册商标之间基本无差别的；（三）改变注册商标颜色，不影响体现注册商标显著特征的；（四）在注册商标上仅增加商品通用名称、型号等缺乏显著特征要素，不影响体现注册商标显著特征的；（五）与立体注册商标的三维标志及平面要素基本无差别的；（六）其他与注册商标基本无差别、足以对公众产生误导的商标。”

（二）本案以假冒注册商标罪定罪处罚，依据充分、适用法律正确

本案中，被告人赛某某从甘肃等地购买玉米种子，在未经注册商标所有人许可的情况下，安排齐某某等人用赛某某所购不同品牌的玉米种子包装袋分装种子销售的行为，符合假冒注册商标罪的构成要件。未经各已注册商标所有人的许可，在同一商品上假冒了“粒某金”等五个注册商标，非法经营数额85890元，达到了情节严重情形，已触犯了《刑法》第二百一十三条规定，构成假冒注册商标罪。

本案中，被告人既实施了假冒他人注册商标犯罪行为，又实施了销售该假冒注册商标的商品，同时构成销售假冒注册商标的商品罪，属于犯罪竞合。根据《最高人民法院、最高人民检察院关于办理侵犯知识产权刑事案件具体应用法律若干问题的解释》第十三条第一款的规定，实施刑法第二百一十三条规定的假冒注册商标犯罪，又销售该假冒注册商标的商品，构成犯罪的，应当依照刑法第二百一十三条的规定，以假冒注册商标罪定罪处罚。

另外，本案中被告人销售的假冒注册商标种子系伪劣种子，既触犯假冒注册商标罪，又触犯生产、销售伪劣产品罪的，构成两罪竞合，按照处罚较重的犯罪定罪处罚。

本案中，即便涉案种子经鉴定属于不合格产品，若以销售伪劣产品罪定罪，销售金额在5万元以上不满20万元的，应在2年以下有期徒刑或者拘役，并处或者单处销售金额50%以上2倍以下罚金的幅度内量刑。据此，根据"择一重罪处罚"原则，本案也应以假冒注册商标罪定罪处罚。

第四节　侵犯商业秘密罪

【罪名释义】侵犯商业秘密罪[①]属于破坏社会主义市场经济秩序罪中的侵犯知识产权罪，是指以盗窃、利诱、胁迫、披露、擅自使用等不正当手段，侵犯商业秘密，给商业秘密的权利人造成重大损失的行为。

本罪构成要件：

① 《刑法》第二百一十九条规定："有下列侵犯商业秘密行为之一，情节严重的，处三年以下有期徒刑，并处或者单处罚金；情节特别严重的，处三年以上十年以下有期徒刑，并处罚金：(一) 以盗窃、贿赂、欺诈、胁迫、电子侵入或者其他不正当手段获取权利人的商业秘密的；(二) 披露、使用或者允许他人使用以前项手段获取的权利人的商业秘密的；(三) 违反保密义务或者违反权利人有关保守商业秘密的要求，披露、使用或者允许他人使用其所掌握的商业秘密的。明知前款所列行为，获取、披露、使用或者允许他人使用该商业秘密的，以侵犯商业秘密论。本条所称权利人，是指商业秘密的所有人和经商业秘密所有人许可的商业秘密使用人。"

(1)犯罪主体为一般主体。凡是达到刑事责任年龄且具备责任能力的自然人均可构成本罪，依据《刑法》第二百二十条规定，单位犯《刑法》第二百一十九条规定之罪的，对单位判处罚金，对其直接负责任的主管人员和其他直接责任人员，依《刑法》第二百一十九条规定追究刑事责任。据此，单位亦能构成本罪。

(2)犯罪主观方面是故意。本罪只能是故意犯罪，即行为人明知自己的行为侵犯了他人的商业秘密，会给权利人造成重大损失，并且希望或放任该结果的发生。过失不构成本罪，行为人的犯罪动机不影响本罪的成立。

(3)犯罪客体是侵犯了商业秘密权利人对商业秘密所拥有的合法权益以及受国家保护的正常有序的市场经济秩序。

(4)犯罪客观方面主要表现为，实施了侵犯商业秘密的行为，并且给权利人造成了重大损失。

第一，行为对象是商业秘密。商业秘密是指不为公众所知悉，能为权利人带来经济利益，具有实用性并经权利人采取保密措施的技术信息和经营信息。具体要求：其一，商业秘密是一种技术信息与经营信息。技术信息与经营信息既能以文字、图象为载体，也能以实物为载体，还能存在于人的大脑或操作方式中。其二，商业秘密是不为公众所知悉、仅限于一定范围内的人知悉的事项。其三，商业秘密能为权利人带来经济利益。权利人，是指商业秘密的所有人和经商业秘密所有人许可的商业秘密使用人。经济利益，是指能使权利人增加财产或者财产上的利益。其四，商业秘密具有实用性，即具有直接的、现实的使用价值，权利人能够将商业秘密直接运用于生产、经营活动。其五，商业秘密经权利人采取了保密措施，如采取物理隔离、签订保密协议、加有保密标志、建立保密制度等。

第二，行为表现包括：其一，以盗窃、利诱、胁迫或者其他不正当手段获取权利人的商业秘密。其二，披露、使用或者允许他人使用以上述第一种手段获取的权利人的商业秘密。其三，违反约定或者违反权利人有关保守商业秘密的要求，披露、使用或者允许他人使用其所掌握的商业秘密。其四，明知或应知前述第一种至第三种违法行为，而获取、使用或者披露他人商业秘密。

第三，结果内容为给权利人造成了重大损失①。根据《最高人民法院、最高人民检察院关于办理侵犯知识产权刑事案件具体应用法律若干问题的解释（三）》和《最高人民检察院、公安部关于修改侵犯商业秘密刑事案件立案追诉标准的决定》之规定，侵犯商业秘密刑事案件立案追诉标准的经济损失数额为30万元以上。

案例37
种子公司员工跳槽引发的侵犯商业秘密案②

案情聚焦

被告人：覃某林

公诉机关：宜昌市人民检察院

受害单位：湖北康某种业股份有限公司（以下简称康某公司）

公诉机关指控：康某公司于2007年注册成立，是从事玉米新品种生产、加工、销售的现代种业企业，其玉米亲本及杂交技术为康某公司的核心商业秘密，康某公司对此采取了保密措施，建立了仓储管理和员工保密制度。2012年、2013年，该公司玉米品种“康某20”和“高某909”分别获得品种审定证书。2013年，农业部植物新品种办公室受理了康某公司对玉米亲本“FL218”的植物新品种权保护申请，并于2018年1月授予“FL218”植物新品种权。被告人覃某林担任康某公司生产部经理期间，参与玉米种子繁育并逐步掌握康某公司的玉米制种技术。2015年10月，覃某林利用工作便利窃取了

---

① 《最高人民法院、最高人民检察院关于办理侵犯知识产权刑事案件具体应用法律若干问题的解释（三）》第四条规定：“实施刑法第二百一十九条规定的行为，具有下列情形之一的，应当认定为‘给商业秘密的权利人造成重大损失’：（一）给商业秘密的权利人造成损失数额或者因侵犯商业秘密违法所得数额在三十万元以上的；（二）直接导致商业秘密的权利人因重大经营困难而破产、倒闭的；（三）造成商业秘密的权利人其他重大损失的。给商业秘密的权利人造成损失数额或者因侵犯商业秘密违法所得数额在二百五十万元以上的，应当认定为刑法第二百一十九条规定的‘造成特别严重后果’。”

② 参见宜昌市中级人民法院（2019）鄂05知刑初2号刑事判决书。

康某公司数十个玉米亲本，并于2016年2月从康某公司辞职。2016年9月，覃某林与四川田某农业科技发展有限公司（以下简称田某公司）副总经理赵某相识，并达成合作制种协议，由覃某林提供玉米亲本和技术指导，田某公司负责联系制种基地和回收玉米种子。同时，覃某林将窃取的玉米亲本交给赵某繁育。2017年，田某公司在内蒙古自治区某地组织当地农户种植由覃某林提供亲本繁育出的玉米杂交种，其中村民张某等40户农户种植了两个玉米品种约400亩，产量为78500公斤。其间，覃某林受田某公司指派多次到上述地区进行技术指导。上述两个玉米品种收获后，全部由田某公司回收并出售。2017年10月18日，内蒙古自治区杭锦后旗公证处从张某家中提取了两个品种的玉米杂交种样品。经北京玉米种子检测中心鉴定，两个样品分别与康某公司玉米品种“康某20”和“高某909”极近似或相同，其中一个样品与康某公司FL218玉米亲本具有亲子关系。经湖北诚信会计师事务有限公司鉴定，已生产出的78500公斤玉米杂交种子预期收益619467元。

法院审理查明：康某公司于2007年9月29日注册成立，是国家级农作物新品种“育、繁、推”一体化，种子“生产、加工、销售”一条龙的现代种业企业，专门从事玉米新品种生产、加工、销售的现代种业企业，其玉米亲本及杂交技术为康某公司的核心商业秘密，相关技术秘密主要包括公司植物新品种原始材料、中间材料、自交系与亲本以及涉及公司上述技术秘密的文字记录、摄影录像资料，康某公司对此采取了保密措施，建立了仓储管理和员工保密制度。2011年4月30日，康某公司选育的“康某玉901”（母本FL218×父本FL8210）通过湖北省农作物品种审定委员会审定，获得品种审定证书。2012年8月27日，康某公司选育的“康某20”（亲本及组合：FL598×FL706。FL598系康某公司玉米品种“康某20”的父本，由FL218和FL018组配而成）通过云南省农作物品种审定委员会审定，获得品种审定证书。2013年8月7日，康某公司选育的“高某909”（FL218/华自011）通过湖北省农作物品种审定委员会审定，同日通过四川省农作物品种审定委员会审定，均获得品种审定证书。2013年6月24日，康某公司以FL218（02亲本）向农业部植物新品种保护办公室申请植物新品种权，当月 27 日被受理，并于 2018 年 1 月 3 日被授予 FL218 植物新品种权。2016 年 6 月 27 日，康某公司选育的“康某 20”通过贵州省农作物品种审定委员会审定，获得品种审定证书。2018 年 5 月 27 日，康某公司以 FL018 向农业部植物新品种保护办公室申请植物新品种权，受理日期为 2018 年 6 月 12 日。

2012 年 9 月至 2016 年 2 月，被告人覃某林担任康某公司生产部经理，参与玉米种子繁育并逐步掌握康某公司的玉米制种技术。

2015 年 10 月，被告人覃某林在康某公司甘肃武威生产基地工作时，与贵州遵义百某源种业有限公司（以下简称百某源公司）总经理彭某相识，欲前往其公司发展。为牟取利益，覃某林遂利用职务之便，在生产基地窃取康某公司 01、02、04、06、07、08、09、10、11、12、14 号玉米亲本，同时将康某 04、08、10 亲本交给彭某繁育，为百某源公司 2016 年生产玉米杂交种做准备。2016 年 2 月，覃某林从康某公司离职，前往百某源公司，并帮彭某在甘肃武威繁育“康某 901”杂交种 322 亩，产量 43000 多公斤；繁育康某 04 亲本 20 亩，产量 6700 公斤。因产量低致彭某亏损，二人产生矛盾，覃某林决定另谋出路。

2016 年 9 月，覃某林在百某源公司的一次产品展示会上与田某公司副总经理赵某相识，赵某对覃某林介绍的玉米品种非常感兴趣，便主动与覃某林联系，邀请覃某林到田某公司制种。同年 10 月，覃某林私下前往田某公司给赵某详细介绍玉米品种，称自己掌握着康某公司的玉米亲本和杂交技术，二人很快达成合作意向，随后覃某林将秘密窃取的康某公司的康某 02、08、10 玉米亲本交给赵某繁育，其中繁育的有康某 02 号亲本，为田某公司 2017 年生产做准备。2016 年 12 月，覃某林秘密和赵某赴内蒙古自治区找合作商李某和崔某，请李某和崔某帮忙制种。李某和田某公司达成制种协议后，将制种任务交给徐某，徐某转包给张某夫妇生产 1 号至 4 号玉米种（覃某林自编号）。

2017 年 10 月 18 日，内蒙古杭锦后旗公证处公证员在张某家中提取玉米棒样本 16 个。经北京玉米种子检测中心对玉米杂交种的真实性进行检测，01 号（覃某林自编号）玉米杂交种与“康某 20”玉米杂交种（02 亲本配 08 亲本）

极近似或相同，“三某玉5号”（覃某林称“红某”）玉米杂交种与“高某909”玉米杂交种（04亲本配10亲本）极近似或相同。在张某家中提取的两个品种的玉米杂交种样品，经鉴定，其中一个品种的玉米样本与农业部征集审定品种标准样品“康某20”极近似或相同，经亲子鉴定其亲本系FL218；另一个玉米样本与“高某909”极近似或相同。

2017年12月17日15时许，覃某林被抓获归案。

法院认为，根据《刑法》第二百一十九条规定，商业秘密的特征包括：是一种技术信息和经营信息，不为公众所知悉，能为权利人带来经济利益，具有实用性，经权利人采取了保密措施。本案中，公诉机关指控被告人覃某林盗取康某公司的玉米亲本并使用，没有指控覃某林侵犯了康某公司的经营信息，康某公司的玉米亲本及杂交技术是否属于“技术信息”“不为公众所知悉”和“采取保密措施”是本案的焦点。

根据查明的事实，康某公司的技术秘密主要是指公司植物新品种原始材料、中间材料、自交系与亲本以及涉及公司上述技术秘密的文字记录、摄影录像资料，康某公司设有专门的亲本仓库和专门的亲本管理人员，亲本进出仓库都有严格的登记，亲本杂交技术、配方是康某公司的核心技术秘密并经康某公司采取了严格保密措施。

前已述及，商业秘密的“不为公众所知悉”限制层级较低，只要不是行业内众所周知的普通信息，较普通信息具有最低秘密性或新颖性限度的信息，都可认定为商业秘密，无法从公开渠道直接获得。公开渠道包括出版物的公开及其他公开销售、使用、反向工程解密、知情者口头泄密等公开的方式（以上仅有公开可能但并不必然导致公开后知悉），知悉应理解为对相关技术原理及使用方法的完全知晓及掌握。本案中，康某公司的亲本和杂交技术只有公司科研人员和生产人员能够掌握，且为此采取了保密措施，外人难以知晓每一种亲本的遗传基因特性，即使拿到了亲本，如果不懂康某公司杂交配方和技术，也生产不出杂交种。

覃某林在康某公司工作期间，盗取康某公司玉米亲本，利用在康某公司工作期间掌握的康某公司玉米亲本杂交技术，繁育了分别与康某公司玉米品种“康某 20”和“高某 909”极近似或相同的两个品种的玉米杂交种，其中一个样品与康某公司 FL218 玉米亲本具有亲子关系，覃某林的行为构成侵犯康某公司的商业秘密。

法院判决：依照《刑法》第二百一十九条第一款第一项、第二项、第三款，第七十二条第一款和第三款，第七十三条第二款和第三款，第五十二条和《最高人民法院、最高人民检察院关于办理侵犯知识产权刑事案件具体应用法律若干问题的解释》第七条第一款，以及《最高人民法院、最高人民检察院关于办理侵犯知识产权的刑事案件具体应用法律若干问题的解释（二）》第四条的规定，判决被告人覃某林犯侵犯商业秘密罪，判处有期徒刑一年，缓刑二年，并处罚金 10 万元。

案例解析

近年来，随着科学技术的不断进步，科技领域侵犯商业秘密案时有发生，以往在种业领域侵犯商业秘密的刑事案件还不多见，然而，本案的发生的确给种子企业敲响了警钟，加强商业秘密的保护时不我待，特别是对涉密的科研和生产技术人员，更要做好涉密管理的宣传教育和风险控制。

（一）关于商业秘密

首先，商业秘密的定义。《反不正当竞争法》第九条第四款规定：“本法所称的商业秘密，是指不为公众所知悉、具有商业价值并经权利人采取相应保密措施的技术信息、经营信息等商业信息。”

其次，商业秘密的特征。一是不为公众所知悉，仅限于一定范围内的人知悉，如果是公知公用的信息或材料，不属于商业秘密；二是具有商业价值，即具有实用性，能够直接运用于生产经营活动，带来经济利益；三是权利人已经采取了保密措施，如建立了保密制度，设立密码保护等；四是属于技术信息和经营信息，如种子繁育技术、制种方法、客户名单、销售价格等；五是商业秘密还具有使用权可以转让、无固定保护期限、保护内容广泛等特点。

最后，侵犯商业秘密的责任。一是民事赔偿责任，依据《反不正当竞争法》第十七条规定，侵犯商业秘密的，权利人因被侵权所受到的实际损失、侵权人因侵权所获得的利益难以确定的，由人民法院根据侵权行为的情节判决给予权利人500万元以下的赔偿。二是行政处罚责任，依据《反不正当竞争法》第二十一条的规定，经营者以及其他自然人、法人和非法人组织违反本法规定侵犯商业秘密的，由监督检查部门责令停止违法行为，没收违法所得，处十万元以上一百万元以下的罚款；情节严重的，处五十万元以上五百万元以下的罚款。三是刑事责任，依据《刑法》第二百一十九条的规定，以侵犯商业秘密罪定罪处罚。

（二）关于植物新品种繁殖材料、中间材料、自交系及亲本杂交繁育技术、生产方法等是否属于商业秘密保护范畴的界定

首先，植物新品种繁殖材料符合技术秘密的特征。植物新品种繁殖材料、中间材料、自交系亲本等属于种质资源，是经人工培育的智力成果，其杂交选育技术、生产方法是不公开的，且每个品种不同，其选育的条件和技术工艺不同，品种组配成果符合入市条件即可以为农业生产带来经济价值和社会效益。因此，符合技术秘密的特征，应认定为商业秘密。

其次，植物新品种繁殖材料属于商业秘密保护的客体。根据《最高人民法院关于审理侵犯商业秘密民事案件适用法律若干问题的规定》，商业秘密的技术信息主要包括与技术有关的结构、原料、组分、配方、材料、样品、样式、植物新品种繁殖材料、工艺、方法或其步骤、算法、数据、计算机程序及其有关文档等信息。据此，植物新品种繁殖材料属于商业秘密保护的客体。

综上所述，植物新品种繁殖材料中间材料、自交系及亲本杂交繁育技术、生产方法等属于商业秘密的技术秘密，在权利人采取了相应保密措施情况下，未经许可，任何人不得以盗窃、利诱、胁迫、披露等不正当手段侵犯权利人的商业秘密。

（三）本案被告人的犯罪行为符合侵犯商业秘密罪的构成要件

首先，从犯罪主体来看，被告人覃某林作为具备刑事责任能力的自然人符

合本罪的主体要件。

其次，从犯罪主观方面来看，被告人覃某林作为康某公司的生产经理，熟知公司亲本、杂交种的繁育技术、生产方法及存放管理流程，未经公司许可，利用职务之便，擅自将公司亲本对外提供给他人，造成公司亲本流失，属于明知而有意为之，具有犯罪的主观故意。

再次，从犯罪客体来看，被告人覃某林的行为侵犯了康某公司的商业秘密，侵害了公司的知识产权，也破坏了种业市场秩序，给康某公司带来巨大经济损失。

又次，从客观方面来看，对于植物新品种原始材料、繁殖材料、中间材料、自交系亲本以及涉及公司上述技术秘密的文字记录、摄影录像资料，康某公司设有专门的亲本仓库和专门的亲本管理人员，亲本进出仓库都有严格的登记，亲本杂交技术、配方是康某公司的核心技术秘密并经康某公司采取了严格保密措施。被告人覃某林为了牟取非法利益，利用工作之便，秘密窃取康某公司玉米种子繁育的核心玉米亲本产品和核心杂交技术，提供给他人，并亲自指导他人秘密生产康某公司受保护的玉米新品种。被告人的行为是以盗窃的方式将公司的玉米亲本多次提供给他人，符合侵权商业秘密罪的客观要件。

最后，侵犯商业秘密罪在犯罪形态上属于结果犯，造成重大损失是本罪成立的必要条件。第一，本案法院对损失认定持综合认定法。裁判观点是植物新品种蕴含的商业秘密，就其形成过程而言，必然具备高投入性、高风险性，故对侵犯相关商业秘密的犯罪行为所造成的损失范围应作出有利于权利人的理解，既包括直接损失，也包括间接损失；既包括有形损失，也包括无形损失。植物新品种的培育需耗费巨大的财力、智力，因此判断行为人的行为是否给权利人造成重大损失，应充分考虑权利人的综合投入、保密成本、商业秘密的市场占有度和美誉度、竞争优势丧失的可能性、维权成本及侵权的性质、手段、影响、扩散后果，从整体上进行综合分析判断。本案中涉案的玉米亲本及杂交种通过了品种审定和品种保护，具有重大商业价值，能给权利人创造财富，是权利人的主要无形资产。第二，根据《最高人民法院、最高人民检察院关于办理侵犯知识产权刑事案件具体应用法律若干问题的解释（三）》，本罪“重大损失”的认定标准是给商业秘密的权利人造成损失数额或者因侵犯商业秘密违法所得数额在30万元以上。第三，根据公安机关委托的会计师事务鉴定，涉案品种预期收益为619467元。因此，符合侵犯商业秘密罪重大损失的定罪标准。

（四）本案的启示

一是种子企业的繁殖材料、育种材料、中间材料、制种技术方案、制种亲本、栽培措施等均属于技术秘密，应做好充分保护措施，预防种质资源流失。同时，做好法律教育和合规培训，倡导合规思维，经营合规。

二是种子企业的员工，特别是高管及涉密性较强的科研、技术和管理人员，应树立知识产权意识，自觉保守企业秘密，做到不宣传、不外泄、不侵权，诚信守法人人有责。

第五节　非法经营罪

【罪名释义】非法经营罪①属于破坏社会主义市场经济秩序罪中的扰乱市场秩序罪，是指自然人或单位，违反国家规定，未经许可经营专营、专卖物品或其他限制买卖的物品，买卖进出口许可证、进出口原产地证明以及其他法律、行政法规规定的经营许可证或者批准文件，以及从事其他非法经营活动，扰乱市场秩序，情节严重的行为。

本罪构成要件：

---

① 《刑法》第二百二十五条规定：“违反国家规定，有下列非法经营行为之一，扰乱市场秩序，情节严重的，处五年以下有期徒刑或者拘役，并处或者单处违法所得一倍以上五倍以下罚金；情节特别严重的，处五年以上有期徒刑，并处违法所得一倍以上五倍以下罚金或者没收财产：（一）未经许可经营法律、行政法规规定的专营、专卖物品或者其他限制买卖的物品的；（二）买卖进出口许可证、进出口原产地证明以及其他法律、行政法规规定的经营许可证或者批准文件的；（三）未经国家有关主管部门批准非法经营证券、期货、保险业务的，或者非法从事资金支付结算业务的；（四）其他严重扰乱市场秩序的非法经营行为。”

（1）犯罪主体是一般主体，可以是达到刑事责任年龄，具有刑事责任能力的自然人，也可以是依法成立、具有责任能力的单位。

（2）犯罪主观方面是故意，一般是具有非法营利的目的。

（3）犯罪客体主要是国家限制买卖物品和经营许可证的市场管理秩序。

（4）犯罪客观方面主要表现为，违反国家规定，从事非法经营活动，扰乱市场秩序，情节严重的行为。主要行为方式包括：第一，未经许可经营法律、行政法规规定的专营、专卖物品或者其他限制买卖的物品；第二，买卖进出口许可证、进出口原产地证明及其他法律、行政法规规定的经营许可证或者批准的文件；第三，未经国家有关主管部门批准，非法经营证券、期货、保险业务的，或者非法从事资金支付结算业务的；第四，其他严重扰乱市场秩序的非法经营行为。

案例 38

金某某非法经营水稻种子案①

案情聚焦

2017 年年初至 2018 年 5 月，被告人金某某在不具备农作物种子生产经营许可证和未经佳木斯龙某种业有限公司授权许可的情况下。先是通过水稻合作社从农户收购水稻，加上自己私繁部分种子，开始雇佣工人用自购脱芒机脱芒，然后筛选加工收购的商品粮；再用其定制的“黑龙江省汤原县宏某水稻专业合作社”字样的塑料包装袋进行包装封口后，在金某某经营的黑龙江农垦莲江口宏某种子销售处进行销售贩卖“龙某”等品牌种子，销售区域遍布黑龙江省内多个区域。经查，本案涉案种子共 749.62 吨，其中已销售 530.03 吨，已销售种子价值人民币 2888713 元。另查明，金某某同时经营佳木斯市郊区莲江口农场宏某种子经销处、汤原县宏某水稻科研所、汤原县鹤立镇宏某水稻专业

① 参见黑龙江省佳木斯市郊区人民法院（2019）黑 0811 刑初 36 号刑事判决书。

合作社，三个经营主体均没有农作物种子生产经营许可证。本案中金某某曾在权利人佳木斯龙某种业有限公司购买少量原包原审的“龙某31”等水稻原种。2018年5月15日，金某某因涉嫌犯非法经营罪被公安机关刑事拘留。

裁判结果：黑龙江省佳木斯市郊区人民法院经审理认为，被告人金某某违反国家规定，在不具备农作物种子生产经营许可证，超越种子经营范围及未经权利人授权许可下，生产经营种子扰乱市场秩序，情节严重，其行为构成非法经营罪，公诉机关对其指控罪名成立。其辩护人提出，被告人金某某系初犯，且认罪认罚，并取得被害单位谅解，请求对其从轻处罚的辩护意见，符合法律规定，本院予以采纳。被告人金某某归案后主动交纳罚金，具有悔罪表现，且没有再犯罪的危险，对其宣告缓刑对所居住社区没有重大不良影响，可对其宣告缓刑。依照《刑法》第二百二十五条第一款，第六十七条第三款，第七十二条第一款、第三款，第七十三条第二款、第三款，第五十二条，第五十三条的规定，判决如下：被告人金某某犯非法经营罪，判处有期徒刑3年，缓刑3年，并处罚金人民币45万元。

案例解析

关于无证生产经营种子，扰乱市场秩序，情节严重的行为是否能构成非法经营罪，并追究其非法经营的刑事责任是个值得注意和研究的问题，也是近年来种业领域的热门话题。实践中持有不同的观点，持否定观点的认为种子并非“专营专卖”产品，不属于非法经营罪规制范畴。持肯定观点的认为我国实行种子生产经营许可制度，未经许可禁止生产经营主要农作物种子，本身就是在对种子经营活动、市场秩序的专属规范和管制，从法理角度将种子视同“专营专卖”产品，应属非法经营罪规制范畴。那么，到底无证生产经营种子能否构成非法经营罪？笔者观点倾向于肯定说，关键还要看是否符合非法经营罪的特征及其构成要件。下面以本案为例进行分析。

（一）实行种子生产经营许可是我国种业监管的重要管理制度

（1）早在种子法实施之际，即实行种子企业注册登记生产、经营许可前置政策，并且长期以来坚持实行种子生产经营许可制度。种子属于特殊商品，是不可替代的农业生产资料，是农业发展的基础。早在2001年，《种子法》施行后，原农业部、原国家工商行政管理总局联合发布《关于加强农作物种子生产经营审批及登记管理工作的通知》，要求注册企业凡经营范围包含生产、加工（含包装）、分装、经营种子的，应当先取得许可证，凭许可证向工商行政管理机关申请办理登记注册，即“先证后照”政策。

（2）2015年修订《种子法》时，将种子生产许可和经营许可合并为种子生产经营许可，统一许可管理制度，提升种业监管水平。随着市场经济发展，推进放管服、降低和减少行政许可前置改革要求，取消了“先证后照”的许可证前置政策。但是继续实行许可管理制度，并制定了配套规章，提升监管水平。如依据《种子法》《农作物种子生产经营许可管理办法》和《林木种子生产经营许可证管理办法》有关规定，除了只从事非主要农作物种子和非主要林木种子生产，或专门经营不再分装的包装种子，或者受具有种子生产经营许可证的种子生产经营者以书面委托生产、代销其种子，不需要办理种子生产经营许可证以外，凡是从事种子进出口业务、主要农作物杂交种子及其亲本种子、主要农作物常规种子、林木良种繁殖材料生产经营活动的，必须依法取得种子生产经营许可证。因此，我国的种子生产经营活动，仍实行生产经营许可制度，这也是种子管理活动的重要法律制度，是从事主要农作物种子、林木良种繁殖材料、种子进出口业务的必要和先决条件。

（二）无证生产经营种子符合非法经营行为的特征

实行种子生产经营许可制度，是保障种子市场健康有序发展的基本要求。未取得种子生产经营许可证生产经营种子是种子法所禁止的行为，无证生产经营不仅违反了国家法律规定，还扰乱了种业市场秩序，给农业生产和粮食安全带来危害和潜在风险。对涉种子犯罪《种子法》设有衔接条款，《种子法》第八十九条规定：“违反本法规定，构成犯罪的，依法追究刑事责任。”

根据刑法规定，非法经营行为是指：（1）未经许可，经营法律、行政法规规定的专营、专卖物品或者其他限制买卖的物品；（2）买卖进出口许可证、进出口原产地证明以及法律、行政法规规定的其他经营许可证或者批准文件；（3）未经国家有关主管部门批准，非法经营证券、期货或者保险业务；（4）其他严重扰乱市场秩序的非法经营行为。

构成非法经营罪的前提是违反国家规定，即违反全国人民代表人大会及其常委会制定的法律和决定，国务院制定的行政法规、规定的行政措施、发布的决定和命令。《种子法》是全国人大及其常委会制定通过的专门法，具体规定了种质资源保护、品种选育、保护、生产经营、监督管理、法律责任等内容。

据此，无证从事种子生产经营违反了《种子法》规定，情节严重的，属于《刑法》规定的“其他严重扰乱市场秩序的非法经营行为”，构成犯罪的，参照司法解释以非法经营罪定罪处罚，符合刑事政策和非法经营罪的特征要求。

（三）本案金某某的犯罪行为符合非法经营罪的构成要件

首先，主观上具有犯罪故意。被告人金某某明知水稻合作社不具备种子生产经营许可证，仍以其名义实施种子收购、加工、分装、销售等行为。

其次，客观上被告人金某某的行为违反国家规定，实施了种子生产经营行为，扰乱了种业市场秩序。本案中，被告人在未依照《种子法》规定，取得农作物种子生产经营许可证情况下，实施了从农户收购水稻种子，机器脱芒、加工筛选，并用定制“黑龙江省汤原县宏某水稻专业合作社”字样的塑料包装袋进行分装以及通过种子商店售卖涉案种子的生产经营行为，属于故意从事非法经营活动。另外，依据农民专业合作社法规定，代销农作物种子必须是不再分装的产品，且在合作社成员范围、地域内销售。本案中，被告人金某某的行为已超越了合作社经营范围。

最后，被告人销售的涉案“龙某”品种未经权利人授权许可，非法经营数额达2888713元，属于情节严重，符合非法经营罪追诉定罪标准。

（四）本案的意义

以非法经营罪定罪处罚法律适用得当，为种业领域打击违法犯罪树立正确方向，特别是在小麦、大豆、水稻等常规作物种子市场，对打击无证生产、制假售假等涉种子违法犯罪增强了震慑力，具有良好的示范和指导意义。

·附　录·

相关法规

中华人民共和国种子法

（2000 年 7 月 8 日第九届全国人民代表大会常务委员会第十六次会议通过 根据 2004 年 8 月 28 日第十届全国人民代表大会常务委员会第十一次会议《关于修改〈中华人民共和国种子法〉的决定》第一次修正 根据 2013 年 6 月 29 日第十二届全国人民代表大会常务委员会第三次会议《关于修改〈中华人民共和国文物保护法〉等十二部法律的决定》第二次修正 2015 年 11 月 4 日第十二届全国人民代表大会常务委员会第十七次会议修订 根据 2021 年 12 月 24 日第十三届全国人民代表大会常务委员会第三十二次会议《关于修改〈中华人民共和国种子法〉的决定》第三次修正）

目　　录

第一章　总　　则

第一条　为了保护和合理利用种质资源，规范品种选育、种子生产经营和管理行为，加强种业科学技术研究，鼓励育种创新，保护植物新品种权，维护种子生产经营者、使用者的合法权益，提高种子质量，发展现代种业，保障国家粮食安全，促进农业和林业的发展，制定本法。

第二条 在中华人民共和国境内从事品种选育、种子生产经营和管理等活动，适用本法。

本法所称种子，是指农作物和林木的种植材料或者繁殖材料，包括籽粒、果实、根、茎、苗、芽、叶、花等。

第三条 国务院农业农村、林业草原主管部门分别主管全国农作物种子和林木种子工作；县级以上地方人民政府农业农村、林业草原主管部门分别主管本行政区域内农作物种子和林木种子工作。

各级人民政府及其有关部门应当采取措施，加强种子执法和监督，依法惩处侵害农民权益的种子违法行为。

第四条 国家扶持种质资源保护工作和选育、生产、更新、推广使用良种，鼓励品种选育和种子生产经营相结合，奖励在种质资源保护工作和良种选育、推广等工作中成绩显著的单位和个人。

第五条 省级以上人民政府应当根据科教兴农方针和农业、林业发展的需要制定种业发展规划并组织实施。

第六条 省级以上人民政府建立种子储备制度，主要用于发生灾害时的生产需要及余缺调剂，保障农业和林业生产安全。对储备的种子应当定期检验和更新。种子储备的具体办法由国务院规定。

第七条 转基因植物品种的选育、试验、审定和推广应当进行安全性评价，并采取严格的安全控制措施。国务院农业农村、林业草原主管部门应当加强跟踪监管并及时公告有关转基因植物品种审定和推广的信息。具体办法由国务院规定。

第二章　种质资源保护

第八条 国家依法保护种质资源，任何单位和个人不得侵占和破坏种质资源。

禁止采集或者采伐国家重点保护的天然种质资源。因科研等特殊情况需要采集或者采伐的，应当经国务院或者省、自治区、直辖市人民政府的农业农村、林业草原主管部门批准。

第九条　国家有计划地普查、收集、整理、鉴定、登记、保存、交流和利用种质资源，重点收集珍稀、濒危、特有资源和特色地方品种，定期公布可供利用的种质资源目录。具体办法由国务院农业农村、林业草原主管部门规定。

第十条　国务院农业农村、林业草原主管部门应当建立种质资源库、种质资源保护区或者种质资源保护地。省、自治区、直辖市人民政府农业农村、林业草原主管部门可以根据需要建立种质资源库、种质资源保护区、种质资源保护地。种质资源库、种质资源保护区、种质资源保护地的种质资源属公共资源，依法开放利用。

占用种质资源库、种质资源保护区或者种质资源保护地的，需经原设立机关同意。

第十一条　国家对种质资源享有主权。任何单位和个人向境外提供种质资源，或者与境外机构、个人开展合作研究利用种质资源的，应当报国务院农业农村、林业草原主管部门批准，并同时提交国家共享惠益的方案。国务院农业农村、林业草原主管部门可以委托省、自治区、直辖市人民政府农业农村、林业草原主管部门接收申请材料。国务院农业农村、林业草原主管部门应当将批准情况通报国务院生态环境主管部门。

从境外引进种质资源的，依照国务院农业农村、林业草原主管部门的有关规定办理。

第三章　品种选育、审定与登记

第十二条　国家支持科研院所及高等院校重点开展育种的基础性、前沿性和应用技术研究以及生物育种技术研究，支持常规作物、主要造林树种育种和无性繁殖材料选育等公益性研究。

国家鼓励种子企业充分利用公益性研究成果，培育具有自主知识产权的优良品种；鼓励种子企业与科研院所及高等院校构建技术研发平台，开展主要粮食作物、重要经济作物育种攻关，建立以市场为导向、利益共享、风险共担的产学研相结合的种业技术创新体系。

国家加强种业科技创新能力建设，促进种业科技成果转化，维护种业科技人员的合法权益。

第十三条 由财政资金支持形成的育种发明专利权和植物新品种权，除涉及国家安全、国家利益和重大社会公共利益的外，授权项目承担者依法取得。

由财政资金支持为主形成的育种成果的转让、许可等应当依法公开进行，禁止私自交易。

第十四条 单位和个人因林业草原主管部门为选育林木良种建立测定林、试验林、优树收集区、基因库等而减少经济收入的，批准建立的林业草原主管部门应当按照国家有关规定给予经济补偿。

第十五条 国家对主要农作物和主要林木实行品种审定制度。主要农作物品种和主要林木品种在推广前应当通过国家级或者省级审定。由省、自治区、直辖市人民政府林业草原主管部门确定的主要林木品种实行省级审定。

申请审定的品种应当符合特异性、一致性、稳定性要求。

主要农作物品种和主要林木品种的审定办法由国务院农业农村、林业草原主管部门规定。审定办法应当体现公正、公开、科学、效率的原则，有利于产量、品质、抗性等的提高与协调，有利于适应市场和生活消费需要的品种的推广。在制定、修改审定办法时，应当充分听取育种者、种子使用者、生产经营者和相关行业代表意见。

第十六条 国务院和省、自治区、直辖市人民政府的农业农村、林业草原主管部门分别设立由专业人员组成的农作物品种和林木品种审定委员会。品种审定委员会承担主要农作物品种和主要林木品种的审定工作，建立包括申请文件、品种审定试验数据、种子样品、审定意见和审定结论等内容的审定档案，保证可追溯。在审定通过的品种依法公布的相关信息中应当包括审定意见情况，接受监督。

品种审定实行回避制度。品种审定委员会委员、工作人员及相关测试、试验人员应当忠于职守，公正廉洁。对单位和个人举报或者监督检查发现的上述人员的违法行为，省级以上人民政府农业农村、林业草原主管部门和有关机关应当及时依法处理。

第十七条 实行选育生产经营相结合，符合国务院农业农村、林业草原主管部门规定条件的种子企业，对其自主研发的主要农作物品种、主要林木品种可以按照审定办法自行完成试验，达到审定标准的，品种审定委员会应当颁发审定证书。种子企业对试验数据的真实性负责，保证可追溯，接受省级以上人民政府农业农村、林业草原主管部门和社会的监督。

第十八条 审定未通过的农作物品种和林木品种，申请人有异议的，可以向原审定委员会或者国家级审定委员会申请复审。

第十九条 通过国家级审定的农作物品种和林木良种由国务院农业农村、林业草原主管部门公告，可以在全国适宜的生态区域推广。通过省级审定的农作物品种和林木良种由省、自治区、直辖市人民政府农业农村、林业草原主管部门公告，可以在本行政区域内适宜的生态区域推广；其他省、自治区、直辖市属于同一适宜生态区的地域引种农作物品种、林木良种的，引种者应当将引种的品种和区域报所在省、自治区、直辖市人民政府农业农村、林业草原主管部门备案。

引种本地区没有自然分布的林木品种，应当按照国家引种标准通过试验。

第二十条 省、自治区、直辖市人民政府农业农村、林业草原主管部门应当完善品种选育、审定工作的区域协作机制，促进优良品种的选育和推广。

第二十一条 审定通过的农作物品种和林木良种出现不可克服的严重缺陷等情形不宜继续推广、销售的，经原审定委员会审核确认后，撤销审定，由原公告部门发布公告，停止推广、销售。

第二十二条 国家对部分非主要农作物实行品种登记制度。列入非主要农作物登记目录的品种在推广前应当登记。

实行品种登记的农作物范围应当严格控制，并根据保护生物多样性、保证消费安全和用种安全的原则确定。登记目录由国务院农业农村主管部门制定和调整。

申请者申请品种登记应当向省、自治区、直辖市人民政府农业农村主管部门提交申请文件和种子样品，并对其真实性负责，保证可追溯，接受监督检查。申请文件包括品种的种类、名称、来源、特性、育种过程以及特异性、一致性、稳定性测试报告等。

省、自治区、直辖市人民政府农业农村主管部门自受理品种登记申请之日起二十个工作日内，对申请者提交的申请文件进行书面审查，符合要求的，报国务院农业农村主管部门予以登记公告。

对已登记品种存在申请文件、种子样品不实的，由国务院农业农村主管部门撤销该品种登记，并将该申请者的违法信息记入社会诚信档案，向社会公布；给种子使用者和其他种子生产经营者造成损失的，依法承担赔偿责任。

对已登记品种出现不可克服的严重缺陷等情形的，由国务院农业农村主管部门撤销登记，并发布公告，停止推广。

非主要农作物品种登记办法由国务院农业农村主管部门规定。

第二十三条 应当审定的农作物品种未经审定的，不得发布广告、推广、销售。

应当审定的林木品种未经审定通过的，不得作为良种推广、销售，但生产确需使用的，应当经林木品种审定委员会认定。

应当登记的农作物品种未经登记的，不得发布广告、推广，不得以登记品种的名义销售。

第二十四条 在中国境内没有经常居所或者营业场所的境外机构、个人在境内申请品种审定或者登记的，应当委托具有法人资格的境内种子企业代理。

第四章 新品种保护

第二十五条 国家实行植物新品种保护制度。对国家植物品种保护名录内经过人工选育或者发现的野生植物加以改良，具备新颖性、特异性、一致性、稳定性和适当命名的植物品种，由国务院农业农村、林业草原主管部门授予植物新品种权，保护植物新品种权所有人的合法权益。植物新品种权的内容和归属、授予条件、申请和受理、审查与批准，以及期限、终止和无效等依照本法、有关法律和行政法规规定执行。

国家鼓励和支持种业科技创新、植物新品种培育及成果转化。取得植物新品种权的品种得到推广应用的，育种者依法获得相应的经济利益。

第二十六条 一个植物新品种只能授予一项植物新品种权。两个以上的申请人分别就同一个品种申请植物新品种权的，植物新品种权授予最先申请的人；同时申请的，植物新品种权授予最先完成该品种育种的人。

对违反法律，危害社会公共利益、生态环境的植物新品种，不授予植物新品种权。

第二十七条 授予植物新品种权的植物新品种名称，应当与相同或者相近的植物属或者种中已知品种的名称相区别。该名称经授权后即为该植物新品种的通用名称。

下列名称不得用于授权品种的命名：

（一）仅以数字表示的；

（二）违反社会公德的；

（三）对植物新品种的特征、特性或者育种者身份等容易引起误解的。

同一植物品种在申请新品种保护、品种审定、品种登记、推广、销售时只能使用同一个名称。生产推广、销售的种子应当与申请植物新品种保护、品种审定、品种登记时提供的样品相符。

第二十八条　植物新品种权所有人对其授权品种享有排他的独占权。植物新品种权所有人可以将植物新品种权许可他人实施，并按照合同约定收取许可使用费；许可使用费可以采取固定价款、从推广收益中提成等方式收取。

任何单位或者个人未经植物新品种权所有人许可，不得生产、繁殖和为繁殖而进行处理、许诺销售、销售、进口、出口以及为实施上述行为储存该授权品种的繁殖材料，不得为商业目的将该授权品种的繁殖材料重复使用于生产另一品种的繁殖材料。本法、有关法律、行政法规另有规定的除外。

实施前款规定的行为，涉及由未经许可使用授权品种的繁殖材料而获得的收获材料的，应当得到植物新品种权所有人的许可；但是，植物新品种权所有人对繁殖材料已有合理机会行使其权利的除外。

对实质性派生品种实施第二款、第三款规定行为的，应当征得原始品种的植物新品种权所有人的同意。

实质性派生品种制度的实施步骤和办法由国务院规定。

第二十九条　在下列情况下使用授权品种的，可以不经植物新品种权所有人许可，不向其支付使用费，但不得侵犯植物新品种权所有人依照本法、有关法律、行政法规享有的其他权利：

（一）利用授权品种进行育种及其他科研活动；

（二）农民自繁自用授权品种的繁殖材料。

第三十条　为了国家利益或者社会公共利益，国务院农业农村、林业草原主管部门可以作出实施植物新品种权强制许可的决定，并予以登记和公告。

取得实施强制许可的单位或者个人不享有独占的实施权，并且无权允许他人实施。

第五章 种子生产经营

第三十一条 从事种子进出口业务的种子生产经营许可证，由国务院农业农村、林业草原主管部门核发。国务院农业农村、林业草原主管部门可以委托省、自治区、直辖市人民政府农业农村、林业草原主管部门接收申请材料。

从事主要农作物杂交种子及其亲本种子、林木良种繁殖材料生产经营的，以及符合国务院农业农村主管部门规定条件的实行选育生产经营相结合的农作物种子企业的种子生产经营许可证，由省、自治区、直辖市人民政府农业农村、林业草原主管部门核发。

前两款规定以外的其他种子的生产经营许可证，由生产经营者所在地县级以上地方人民政府农业农村、林业草原主管部门核发。

只从事非主要农作物种子和非主要林木种子生产的，不需要办理种子生产经营许可证。

第三十二条 申请取得种子生产经营许可证的，应当具有与种子生产经营相适应的生产经营设施、设备及专业技术人员，以及法规和国务院农业农村、林业草原主管部门规定的其他条件。

从事种子生产的，还应当同时具有繁殖种子的隔离和培育条件，具有无检疫性有害生物的种子生产地点或者县级以上人民政府林业草原主管部门确定的采种林。

申请领取具有植物新品种权的种子生产经营许可证的，应当征得植物新品种权所有人的书面同意。

第三十三条 种子生产经营许可证应当载明生产经营者名称、地址、法定代表人、生产种子的品种、地点和种子经营的范围、有效期限、有效区域等事项。

前款事项发生变更的，应当自变更之日起三十日内，向原核发许可证机关申请变更登记。

除本法另有规定外，禁止任何单位和个人无种子生产经营许可证或者违反种子生产经营许可证的规定生产、经营种子。禁止伪造、变造、买卖、租借种子生产经营许可证。

第三十四条　种子生产应当执行种子生产技术规程和种子检验、检疫规程，保证种子符合净度、纯度、发芽率等质量要求和检疫要求。

县级以上人民政府农业农村、林业草原主管部门应当指导、支持种子生产经营者采用先进的种子生产技术，改进生产工艺，提高种子质量。

第三十五条　在林木种子生产基地内采集种子的，由种子生产基地的经营者组织进行，采集种子应当按照国家有关标准进行。

禁止抢采掠青、损坏母树，禁止在劣质林内、劣质母树上采集种子。

第三十六条　种子生产经营者应当建立和保存包括种子来源、产地、数量、质量、销售去向、销售日期和有关责任人员等内容的生产经营档案，保证可追溯。种子生产经营档案的具体载明事项，种子生产经营档案及种子样品的保存期限由国务院农业农村、林业草原主管部门规定。

第三十七条　农民个人自繁自用的常规种子有剩余的，可以在当地集贸市场上出售、串换，不需要办理种子生产经营许可证。

第三十八条　种子生产经营许可证的有效区域由发证机关在其管辖范围内确定。种子生产经营者在种子生产经营许可证载明的有效区域设立分支机构的，专门经营不再分装的包装种子的，或者受具有种子生产经营许可证的种子生产经营者以书面委托生产、代销其种子的，不需要办理种子生产经营许可证，但应当向当地农业农村、林业草原主管部门备案。

实行选育生产经营相结合，符合国务院农业农村、林业草原主管部门规定条件的种子企业的生产经营许可证的有效区域为全国。

第三十九条　销售的种子应当加工、分级、包装。但是不能加工、包装的除外。

大包装或者进口种子可以分装；实行分装的，应当标注分装单位，并对种子质量负责。

第四十条　销售的种子应当符合国家或者行业标准，附有标签和使用说明。标签和使用说明标注的内容应当与销售的种子相符。种子生产经营者对标注内容的真实性和种子质量负责。

标签应当标注种子类别、品种名称、品种审定或者登记编号、品种适宜种植区域及季节、生产经营者及注册地、质量指标、检疫证明编号、种子生产经营许可证编号和信息代码，以及国务院农业农村、林业草原主管部门规定的其他事项。

销售授权品种种子的，应当标注品种权号。

销售进口种子的，应当附有进口审批文号和中文标签。

销售转基因植物品种种子的，必须用明显的文字标注，并应当提示使用时的安全控制措施。

种子生产经营者应当遵守有关法律、法规的规定，诚实守信，向种子使用者提供种子生产者信息、种子的主要性状、主要栽培措施、适应性等使用条件的说明、风险提示与有关咨询服务，不得作虚假或者引人误解的宣传。

任何单位和个人不得非法干预种子生产经营者的生产经营自主权。

第四十一条 种子广告的内容应当符合本法和有关广告的法律、法规的规定，主要性状描述等应当与审定、登记公告一致。

第四十二条 运输或者邮寄种子应当依照有关法律、行政法规的规定进行检疫。

第四十三条 种子使用者有权按照自己的意愿购买种子，任何单位和个人不得非法干预。

第四十四条 国家对推广使用林木良种造林给予扶持。国家投资或者国家投资为主的造林项目和国有林业单位造林，应当根据林业草原主管部门制定的计划使用林木良种。

第四十五条 种子使用者因种子质量问题或者因种子的标签和使用说明标注的内容不真实，遭受损失的，种子使用者可以向出售种子的经营者要求赔偿，也可以向种子生产者或者其他经营者要求赔偿。赔偿额包括购种价款、可得利益损失和其他损失。属于种子生产者或者其他经营者责任的，出售种子的经营者赔偿后，有权向种子生产者或者其他经营者追偿；属于出售种子的经营者责任的，种子生产者或者其他经营者赔偿后，有权向出售种子的经营者追偿。

第六章　种子监督管理

第四十六条 农业农村、林业草原主管部门应当加强对种子质量的监督检查。

种子质量管理办法、行业标准和检验方法，由国务院农业农村、林业草原主管部门制定。

农业农村、林业草原主管部门可以采用国家规定的快速检测方法对生产经营的种子品种进行检测，检测结果可以作为行政处罚依据。被检查人对检测结果有异议的，可以申请复检，复检不得采用同一检测方法。因检测结果错误给当事人造成损失的，依法承担赔偿责任。

第四十七条　农业农村、林业草原主管部门可以委托种子质量检验机构对种子质量进行检验。

承担种子质量检验的机构应当具备相应的检测条件、能力，并经省级以上人民政府有关主管部门考核合格。

种子质量检验机构应当配备种子检验员。种子检验员应当具有中专以上有关专业学历，具备相应的种子检验技术能力和水平。

第四十八条　禁止生产经营假、劣种子。农业农村、林业草原主管部门和有关部门依法打击生产经营假、劣种子的违法行为，保护农民合法权益，维护公平竞争的市场秩序。

下列种子为假种子：

（一）以非种子冒充种子或者以此种品种种子冒充其他品种种子的；

（二）种子种类、品种与标签标注的内容不符或者没有标签的。

下列种子为劣种子：

（一）质量低于国家规定标准的；

（二）质量低于标签标注指标的；

（三）带有国家规定的检疫性有害生物的。

第四十九条　农业农村、林业草原主管部门是种子行政执法机关。种子执法人员依法执行公务时应当出示行政执法证件。农业农村、林业草原主管部门依法履行种子监督检查职责时，有权采取下列措施：

（一）进入生产经营场所进行现场检查；

（二）对种子进行取样测试、试验或者检验；

（三）查阅、复制有关合同、票据、账簿、生产经营档案及其他有关资料；

（四）查封、扣押有证据证明违法生产经营的种子，以及用于违法生产经营的工具、设备及运输工具等；

（五）查封违法从事种子生产经营活动的场所。

农业农村、林业草原主管部门依照本法规定行使职权，当事人应当协助、配合，不得拒绝、阻挠。

农业农村、林业草原主管部门所属的综合执法机构或者受其委托的种子管理机构，可以开展种子执法相关工作。

第五十条 种子生产经营者依法自愿成立种子行业协会，加强行业自律管理，维护成员合法权益，为成员和行业发展提供信息交流、技术培训、信用建设、市场营销和咨询等服务。

第五十一条 种子生产经营者可自愿向具有资质的认证机构申请种子质量认证。经认证合格的，可以在包装上使用认证标识。

第五十二条 由于不可抗力原因，为生产需要必须使用低于国家或者地方规定标准的农作物种子的，应当经用种地县级以上地方人民政府批准。

第五十三条 从事品种选育和种子生产经营以及管理的单位和个人应当遵守有关植物检疫法律、行政法规的规定，防止植物危险性病、虫、杂草及其他有害生物的传播和蔓延。

禁止任何单位和个人在种子生产基地从事检疫性有害生物接种试验。

第五十四条 省级以上人民政府农业农村、林业草原主管部门应当在统一的政府信息发布平台上发布品种审定、品种登记、新品种保护、种子生产经营许可、监督管理等信息。

国务院农业农村、林业草原主管部门建立植物品种标准样品库，为种子监督管理提供依据。

第五十五条 农业农村、林业草原主管部门及其工作人员，不得参与和从事种子生产经营活动。

第七章　种子进出口和对外合作

第五十六条 进口种子和出口种子必须实施检疫，防止植物危险性病、虫、杂草及其他有害生物传入境内和传出境外，具体检疫工作按照有关植物进出境检疫法律、行政法规的规定执行。

第五十七条　从事种子进出口业务的，应当具备种子生产经营许可证；其中，从事农作物种子进出口业务的，还应当按照国家有关规定取得种子进出口许可。

从境外引进农作物、林木种子的审定权限，农作物种子的进口审批办法，引进转基因植物品种的管理办法，由国务院规定。

第五十八条　进口种子的质量，应当达到国家标准或者行业标准。没有国家标准或者行业标准的，可以按照合同约定的标准执行。

第五十九条　为境外制种进口种子的，可以不受本法第五十七条第一款的限制，但应当具有对外制种合同，进口的种子只能用于制种，其产品不得在境内销售。

从境外引进农作物或者林木试验用种，应当隔离栽培，收获物也不得作为种子销售。

第六十条　禁止进出口假、劣种子以及属于国家规定不得进出口的种子。

第六十一条　国家建立种业国家安全审查机制。境外机构、个人投资、并购境内种子企业，或者与境内科研院所、种子企业开展技术合作，从事品种研发、种子生产经营的审批管理依照有关法律、行政法规的规定执行。

第八章　扶 持 措 施

第六十二条　国家加大对种业发展的支持。对品种选育、生产、示范推广、种质资源保护、种子储备以及制种大县给予扶持。

国家鼓励推广使用高效、安全制种采种技术和先进适用的制种采种机械，将先进适用的制种采种机械纳入农机具购置补贴范围。

国家积极引导社会资金投资种业。

第六十三条　国家加强种业公益性基础设施建设，保障育种科研设施用地合理需求。

对优势种子繁育基地内的耕地，划入永久基本农田。优势种子繁育基地由国务院农业农村主管部门商所在省、自治区、直辖市人民政府确定。

第六十四条　对从事农作物和林木品种选育、生产的种子企业，按照国家有关规定给予扶持。

第六十五条 国家鼓励和引导金融机构为种子生产经营和收储提供信贷支持。

第六十六条 国家支持保险机构开展种子生产保险。省级以上人民政府可以采取保险费补贴等措施，支持发展种业生产保险。

第六十七条 国家鼓励科研院所及高等院校与种子企业开展育种科技人员交流，支持本单位的科技人员到种子企业从事育种成果转化活动；鼓励育种科研人才创新创业。

第六十八条 国务院农业农村、林业草原主管部门和异地繁育种子所在地的省、自治区、直辖市人民政府应当加强对异地繁育种子工作的管理和协调，交通运输部门应当优先保证种子的运输。

第九章 法律责任

第六十九条 农业农村、林业草原主管部门不依法作出行政许可决定，发现违法行为或者接到对违法行为的举报不予查处，或者有其他未依照本法规定履行职责的行为的，由本级人民政府或者上级人民政府有关部门责令改正，对负有责任的主管人员和其他直接责任人员依法给予处分。

违反本法第五十五条规定，农业农村、林业草原主管部门工作人员从事种子生产经营活动的，依法给予处分。

第七十条 违反本法第十六条规定，品种审定委员会委员和工作人员不依法履行职责，弄虚作假、徇私舞弊的，依法给予处分；自处分决定作出之日起五年内不得从事品种审定工作。

第七十一条 品种测试、试验和种子质量检验机构伪造测试、试验、检验数据或者出具虚假证明的，由县级以上人民政府农业农村、林业草原主管部门责令改正，对单位处五万元以上十万元以下罚款，对直接负责的主管人员和其他直接责任人员处一万元以上五万元以下罚款；有违法所得的，并处没收违法所得；给种子使用者和其他种子生产经营者造成损失的，与种子生产经营者承担连带责任；情节严重的，由省级以上人民政府有关主管部门取消种子质量检验资格。

第七十二条 违反本法第二十八条规定，有侵犯植物新品种权行为的，由当事人协商解决，不愿协商或者协商不成的，植物新品种权所有人或者利害关系人可以请求县级以上人民政府农业农村、林业草原主管部门进行处理，也可以直接向人民法院提起诉讼。

县级以上人民政府农业农村、林业草原主管部门，根据当事人自愿的原则，对侵犯植物新品种权所造成的损害赔偿可以进行调解。调解达成协议的，当事人应当履行；当事人不履行协议或者调解未达成协议的，植物新品种权所有人或者利害关系人可以依法向人民法院提起诉讼。

侵犯植物新品种权的赔偿数额按照权利人因被侵权所受到的实际损失确定；实际损失难以确定的，可以按照侵权人因侵权所获得的利益确定。权利人的损失或者侵权人获得的利益难以确定的，可以参照该植物新品种权许可使用费的倍数合理确定。故意侵犯植物新品种权，情节严重的，可以在按照上述方法确定数额的一倍以上五倍以下确定赔偿数额。

权利人的损失、侵权人获得的利益和植物新品种权许可使用费均难以确定的，人民法院可以根据植物新品种权的类型、侵权行为的性质和情节等因素，确定给予五百万元以下的赔偿。

赔偿数额应当包括权利人为制止侵权行为所支付的合理开支。

县级以上人民政府农业农村、林业草原主管部门处理侵犯植物新品种权案件时，为了维护社会公共利益，责令侵权人停止侵权行为，没收违法所得和种子；货值金额不足五万元的，并处一万元以上二十五万元以下罚款；货值金额五万元以上的，并处货值金额五倍以上十倍以下罚款。

假冒授权品种的，由县级以上人民政府农业农村、林业草原主管部门责令停止假冒行为，没收违法所得和种子；货值金额不足五万元的，并处一万元以上二十五万元以下罚款；货值金额五万元以上的，并处货值金额五倍以上十倍以下罚款。

第七十三条　当事人就植物新品种的申请权和植物新品种权的权属发生争议的，可以向人民法院提起诉讼。

第七十四条　违反本法第四十八条规定，生产经营假种子的，由县级以上人民政府农业农村、林业草原主管部门责令停止生产经营，没收违法所得和种子，吊销种子生产经营许可证；违法生产经营的货值金额不足二万元的，并处二万元以上二十万元以下罚款；货值金额二万元以上的，并处货值金额十倍以上二十倍以下罚款。

因生产经营假种子犯罪被判处有期徒刑以上刑罚的，种子企业或者其他单位的法定代表人、直接负责的主管人员自刑罚执行完毕之日起五年内不得担任种子企业的法定代表人、高级管理人员。

第七十五条 违反本法第四十八条规定，生产经营劣种子的，由县级以上人民政府农业农村、林业草原主管部门责令停止生产经营，没收违法所得和种子；违法生产经营的货值金额不足二万元的，并处一万元以上十万元以下罚款；货值金额二万元以上的，并处货值金额五倍以上十倍以下罚款；情节严重的，吊销种子生产经营许可证。

因生产经营劣种子犯罪被判处有期徒刑以上刑罚的，种子企业或者其他单位的法定代表人、直接负责的主管人员自刑罚执行完毕之日起五年内不得担任种子企业的法定代表人、高级管理人员。

第七十六条 违反本法第三十二条、第三十三条、第三十四条规定，有下列行为之一的，由县级以上人民政府农业农村、林业草原主管部门责令改正，没收违法所得和种子；违法生产经营的货值金额不足一万元的，并处三千元以上三万元以下罚款；货值金额一万元以上的，并处货值金额三倍以上五倍以下罚款；可以吊销种子生产经营许可证：

（一）未取得种子生产经营许可证生产经营种子的；

（二）以欺骗、贿赂等不正当手段取得种子生产经营许可证的；

（三）未按照种子生产经营许可证的规定生产经营种子的；

（四）伪造、变造、买卖、租借种子生产经营许可证的；

（五）不再具有繁殖种子的隔离和培育条件，或者不再具有无检疫性有害生物的种子生产地点或者县级以上人民政府林业草原主管部门确定的采种林，继续从事种子生产的；

（六）未执行种子检验、检疫规程生产种子的。

被吊销种子生产经营许可证的单位，其法定代表人、直接负责的主管人员自处罚决定作出之日起五年内不得担任种子企业的法定代表人、高级管理人员。

第七十七条 违反本法第二十一条、第二十二条、第二十三条规定，有下列行为之一的，由县级以上人民政府农业农村、林业草原主管部门责令停止违法行为，没收违法所得和种子，并处二万元以上二十万元以下罚款：

（一）对应当审定未经审定的农作物品种进行推广、销售的；

（二）作为良种推广、销售应当审定未经审定的林木品种的；

（三）推广、销售应当停止推广、销售的农作物品种或者林木良种的；

（四）对应当登记未经登记的农作物品种进行推广，或者以登记品种的名义进行销售的；

（五）对已撤销登记的农作物品种进行推广，或者以登记品种的名义进行销售的。

违反本法第二十三条、第四十一条规定，对应当审定未经审定或者应当登记未经登记的农作物品种发布广告，或者广告中有关品种的主要性状描述的内容与审定、登记公告不一致的，依照《中华人民共和国广告法》的有关规定追究法律责任。

第七十八条　违反本法第五十七条、第五十九条、第六十条规定，有下列行为之一的，由县级以上人民政府农业农村、林业草原主管部门责令改正，没收违法所得和种子；违法生产经营的货值金额不足一万元的，并处三千元以上三万元以下罚款；货值金额一万元以上的，并处货值金额三倍以上五倍以下罚款；情节严重的，吊销种子生产经营许可证：

（一）未经许可进出口种子的；

（二）为境外制种的种子在境内销售的；

（三）从境外引进农作物或者林木种子进行引种试验的收获物作为种子在境内销售的；

（四）进出口假、劣种子或者属于国家规定不得进出口的种子的。

第七十九条　违反本法第三十六条、第三十八条、第三十九条、第四十条规定，有下列行为之一的，由县级以上人民政府农业农村、林业草原主管部门责令改正，处二千元以上二万元以下罚款：

（一）销售的种子应当包装而没有包装的；

（二）销售的种子没有使用说明或者标签内容不符合规定的；

（三）涂改标签的；

（四）未按规定建立、保存种子生产经营档案的；

（五）种子生产经营者在异地设立分支机构、专门经营不再分装的包装种子或者受委托生产、代销种子，未按规定备案的。

第八十条 违反本法第八条规定，侵占、破坏种质资源，私自采集或者采伐国家重点保护的天然种质资源的，由县级以上人民政府农业农村、林业草原主管部门责令停止违法行为，没收种质资源和违法所得，并处五千元以上五万元以下罚款；造成损失的，依法承担赔偿责任。

第八十一条 违反本法第十一条规定，向境外提供或者从境外引进种质资源，或者与境外机构、个人开展合作研究利用种质资源的，由国务院或者省、自治区、直辖市人民政府的农业农村、林业草原主管部门没收种质资源和违法所得，并处二万元以上二十万元以下罚款。

未取得农业农村、林业草原主管部门的批准文件携带、运输种质资源出境的，海关应当将该种质资源扣留，并移送省、自治区、直辖市人民政府农业农村、林业草原主管部门处理。

第八十二条 违反本法第三十五条规定，抢采掠青、损坏母树或者在劣质林内、劣质母树上采种的，由县级以上人民政府林业草原主管部门责令停止采种行为，没收所采种子，并处所采种子货值金额二倍以上五倍以下罚款。

第八十三条 违反本法第十七条规定，种子企业有造假行为的，由省级以上人民政府农业农村、林业草原主管部门处一百万元以上五百万元以下罚款；不得再依照本法第十七条的规定申请品种审定；给种子使用者和其他种子生产经营者造成损失的，依法承担赔偿责任。

第八十四条 违反本法第四十四条规定，未根据林业草原主管部门制定的计划使用林木良种的，由同级人民政府林业草原主管部门责令限期改正；逾期未改正的，处三千元以上三万元以下罚款。

第八十五条 违反本法第五十三条规定，在种子生产基地进行检疫性有害生物接种试验的，由县级以上人民政府农业农村、林业草原主管部门责令停止试验，处五千元以上五万元以下罚款。

第八十六条 违反本法第四十九条规定，拒绝、阻挠农业农村、林业草原主管部门依法实施监督检查的，处二千元以上五万元以下罚款，可以责令停产停业整顿；构成违反治安管理行为的，由公安机关依法给予治安管理处罚。

第八十七条 违反本法第十三条规定，私自交易育种成果，给本单位造成经济损失的，依法承担赔偿责任。

第八十八条　违反本法第四十三条规定，强迫种子使用者违背自己的意愿购买、使用种子，给使用者造成损失的，应当承担赔偿责任。

第八十九条　违反本法规定，构成犯罪的，依法追究刑事责任。

第十章　附　　则

第九十条　本法下列用语的含义是：

（一）种质资源是指选育植物新品种的基础材料，包括各种植物的栽培种、野生种的繁殖材料以及利用上述繁殖材料人工创造的各种植物的遗传材料。

（二）品种是指经过人工选育或者发现并经过改良，形态特征和生物学特性一致，遗传性状相对稳定的植物群体。

（三）主要农作物是指稻、小麦、玉米、棉花、大豆。

（四）主要林木由国务院林业草原主管部门确定并公布；省、自治区、直辖市人民政府林业草原主管部门可以在国务院林业草原主管部门确定的主要林木之外确定其他八种以下的主要林木。

（五）林木良种是指通过审定的主要林木品种，在一定的区域内，其产量、适应性、抗性等方面明显优于当前主栽材料的繁殖材料和种植材料。

（六）新颖性是指申请植物新品种权的品种在申请日前，经申请权人自行或者同意销售、推广其种子，在中国境内未超过一年；在境外，木本或者藤本植物未超过六年，其他植物未超过四年。

本法施行后新列入国家植物品种保护名录的植物的属或者种，从名录公布之日起一年内提出植物新品种权申请的，在境内销售、推广该品种种子未超过四年的，具备新颖性。

除销售、推广行为丧失新颖性外，下列情形视为已丧失新颖性：

1. 品种经省、自治区、直辖市人民政府农业农村、林业草原主管部门依据播种面积确认已经形成事实扩散的；

2. 农作物品种已审定或者登记两年以上未申请植物新品种权的。

（七）特异性是指一个植物品种有一个以上性状明显区别于已知品种。

（八）一致性是指一个植物品种的特性除可预期的自然变异外，群体内个体间相关的特征或者特性表现一致。

（九）稳定性是指一个植物品种经过反复繁殖后或者在特定繁殖周期结束时，其主要性状保持不变。

（十）实质性派生品种是指由原始品种实质性派生，或者由该原始品种的实质性派生品种派生出来的品种，与原始品种有明显区别，并且除派生引起的性状差异外，在表达由原始品种基因型或者基因型组合产生的基本性状方面与原始品种相同。

（十一）已知品种是指已受理申请或者已通过品种审定、品种登记、新品种保护，或者已经销售、推广的植物品种。

（十二）标签是指印制、粘贴、固定或者附着在种子、种子包装物表面的特定图案及文字说明。

第九十一条 国家加强中药材种质资源保护，支持开展中药材育种科学技术研究。

草种、烟草种、中药材种、食用菌菌种的种质资源管理和选育、生产经营、管理等活动，参照本法执行。

第九十二条 本法自2016年1月1日起施行。

中华人民共和国植物新品种保护条例

（1997年3月20日中华人民共和国国务院令第213号公布　根据2013年1月31日《国务院关于修改〈中华人民共和国植物新品种保护条例〉的决定》第一次修订　根据2014年7月29日《国务院关于修改部分行政法规的决定》第二次修订）

第一章　总　　则

第一条 为了保护植物新品种权，鼓励培育和使用植物新品种，促进农业、林业的发展，制定本条例。

第二条 本条例所称植物新品种，是指经过人工培育的或者对发现的野生植物加以开发，具备新颖性、特异性、一致性和稳定性并有适当命名的植物品种。

第三条　国务院农业、林业行政部门（以下统称审批机关）按照职责分工共同负责植物新品种权申请的受理和审查并对符合本条例规定的植物新品种授予植物新品种权（以下称品种权）。

第四条　完成关系国家利益或者公共利益并有重大应用价值的植物新品种育种的单位或者个人，由县级以上人民政府或者有关部门给予奖励。

第五条　生产、销售和推广被授予品种权的植物新品种（以下称授权品种），应当按照国家有关种子的法律、法规的规定审定。

第二章　品种权的内容和归属

第六条　完成育种的单位或者个人对其授权品种，享有排他的独占权。任何单位或者个人未经品种权所有人（以下称品种权人）许可，不得为商业目的生产或者销售该授权品种的繁殖材料，不得为商业目的将该授权品种的繁殖材料重复使用于生产另一品种的繁殖材料；但是，本条例另有规定的除外。

第七条　执行本单位的任务或者主要是利用本单位的物质条件所完成的职务育种，植物新品种的申请权属于该单位；非职务育种，植物新品种的申请权属于完成育种的个人。申请被批准后，品种权属于申请人。

委托育种或者合作育种，品种权的归属由当事人在合同中约定；没有合同约定的，品种权属于受委托完成或者共同完成育种的单位或者个人。

第八条　一个植物新品种只能授予一项品种权。两个以上的申请人分别就同一个植物新品种申请品种权的，品种权授予最先申请的人；同时申请的，品种权授予最先完成该植物新品种育种的人。

第九条　植物新品种的申请权和品种权可以依法转让。

中国的单位或者个人就其在国内培育的植物新品种向外国人转让申请权或者品种权的，应当经审批机关批准。

国有单位在国内转让申请权或者品种权的，应当按照国家有关规定报经有关行政主管部门批准。

转让申请权或者品种权的，当事人应当订立书面合同，并向审批机关登记，由审批机关予以公告。

第十条 在下列情况下使用授权品种的，可以不经品种权人许可，不向其支付使用费，但是不得侵犯品种权人依照本条例享有的其他权利：

（一）利用授权品种进行育种及其他科研活动；

（二）农民自繁自用授权品种的繁殖材料。

第十一条 为了国家利益或者公共利益，审批机关可以作出实施植物新品种强制许可的决定，并予以登记和公告。

取得实施强制许可的单位或者个人应当付给品种权人合理的使用费，其数额由双方商定；双方不能达成协议的，由审批机关裁决。

品种权人对强制许可决定或者强制许可使用费的裁决不服的，可以自收到通知之日起3个月内向人民法院提起诉讼。

第十二条 不论授权品种的保护期是否届满，销售该授权品种应当使用其注册登记的名称。

第三章　授予品种权的条件

第十三条 申请品种权的植物新品种应当属于国家植物品种保护名录中列举的植物的属或者种。植物品种保护名录由审批机关确定和公布。

第十四条 授予品种权的植物新品种应当具备新颖性。新颖性，是指申请品种权的植物新品种在申请日前该品种繁殖材料未被销售，或者经育种者许可，在中国境内销售该品种繁殖材料未超过1年；在中国境外销售藤本植物、林木、果树和观赏树木品种繁殖材料未超过6年，销售其他植物品种繁殖材料未超过4年。

第十五条 授予品种权的植物新品种应当具备特异性。特异性，是指申请品种权的植物新品种应当明显区别于在递交申请以前已知的植物品种。

第十六条 授予品种权的植物新品种应当具备一致性。一致性，是指申请品种权的植物新品种经过繁殖，除可以预见的变异外，其相关的特征或者特性一致。

第十七条 授予品种权的植物新品种应当具备稳定性。稳定性，是指申请品种权的植物新品种经过反复繁殖后或者在特定繁殖周期结束时，其相关的特征或者特性保持不变。

第十八条 授予品种权的植物新品种应当具备适当的名称，并与相同或者相近的植物属或者种中已知品种的名称相区别。该名称经注册登记后即为该植物新品种的通用名称。

下列名称不得用于品种命名：

（一）仅以数字组成的；

（二）违反社会公德的；

（三）对植物新品种的特征、特性或者育种者的身份等容易引起误解的。

第四章　品种权的申请和受理

第十九条　中国的单位和个人申请品种权的，可以直接或者委托代理机构向审批机关提出申请。

中国的单位和个人申请品种权的植物新品种涉及国家安全或者重大利益需要保密的，应当按照国家有关规定办理。

第二十条　外国人、外国企业或者外国其他组织在中国申请品种权的，应当按其所属国和中华人民共和国签订的协议或者共同参加的国际条约办理，或者根据互惠原则，依照本条例办理。

第二十一条　申请品种权的，应当向审批机关提交符合规定格式要求的请求书、说明书和该品种的照片。

申请文件应当使用中文书写。

第二十二条　审批机关收到品种权申请文件之日为申请日；申请文件是邮寄的，以寄出的邮戳日为申请日。

第二十三条　申请人自在外国第一次提出品种权申请之日起12个月内，又在中国就该植物新品种提出品种权申请的，依照该外国同中华人民共和国签订的协议或者共同参加的国际条约，或者根据相互承认优先权的原则，可以享有优先权。

申请人要求优先权的，应当在申请时提出书面说明，并在3个月内提交经原受理机关确认的第一次提出的品种权申请文件的副本；未依照本条例规定提出书面说明或者提交申请文件副本的，视为未要求优先权。

第二十四条　对符合本条例第二十一条规定的品种权申请，审批机关应当予以受理，明确申请日、给予申请号，并自收到申请之日起1个月内通知申请人缴纳申请费。

对不符合或者经修改仍不符合本条例第二十一条规定的品种权申请，审批机关不予受理，并通知申请人。

第二十五条 申请人可以在品种权授予前修改或者撤回品种权申请。

第二十六条 中国的单位或者个人将国内培育的植物新品种向国外申请品种权的，应当按照职责分工向省级人民政府农业、林业行政部门登记。

第五章 品种权的审查与批准

第二十七条 申请人缴纳申请费后，审批机关对品种权申请的下列内容进行初步审查：

（一）是否属于植物品种保护名录列举的植物属或者种的范围；

（二）是否符合本条例第二十条的规定；

（三）是否符合新颖性的规定；

（四）植物新品种的命名是否适当。

第二十八条 审批机关应当自受理品种权申请之日起6个月内完成初步审查。对经初步审查合格的品种权申请，审批机关予以公告，并通知申请人在3个月内缴纳审查费。

对经初步审查不合格的品种权申请，审批机关应当通知申请人在3个月内陈述意见或者予以修正；逾期未答复或者修正后仍然不合格的，驳回申请。

第二十九条 申请人按照规定缴纳审查费后，审批机关对品种权申请的特异性、一致性和稳定性进行实质审查。

申请人未按照规定缴纳审查费的，品种权申请视为撤回。

第三十条 审批机关主要依据申请文件和其他有关书面材料进行实质审查。审批机关认为必要时，可以委托指定的测试机构进行测试或者考察业已完成的种植或者其他试验的结果。

因审查需要，申请人应当根据审批机关的要求提供必要的资料和该植物新品种的繁殖材料。

第三十一条 对经实质审查符合本条例规定的品种权申请，审批机关应当作出授予品种权的决定，颁发品种权证书，并予以登记和公告。

对经实质审查不符合本条例规定的品种权申请，审批机关予以驳回，并通知申请人。

第三十二条　审批机关设立植物新品种复审委员会。

对审批机关驳回品种权申请的决定不服的，申请人可以自收到通知之日起3个月内，向植物新品种复审委员会请求复审。植物新品种复审委员会应当自收到复审请求书之日起6个月内作出决定，并通知申请人。

申请人对植物新品种复审委员会的决定不服的，可以自接到通知之日起15日内向人民法院提起诉讼。

第三十三条　品种权被授予后，在自初步审查合格公告之日起至被授予品种权之日止的期间，对未经申请人许可，为商业目的生产或者销售该授权品种的繁殖材料的单位和个人，品种权人享有追偿的权利。

第六章　期限、终止和无效

第三十四条　品种权的保护期限，自授权之日起，藤本植物、林木、果树和观赏树木为20年，其他植物为15年。

第三十五条　品种权人应当自被授予品种权的当年开始缴纳年费，并且按照审批机关的要求提供用于检测的该授权品种的繁殖材料。

第三十六条　有下列情形之一的，品种权在其保护期限届满前终止：

（一）品种权人以书面声明放弃品种权的；

（二）品种权人未按照规定缴纳年费的；

（三）品种权人未按照审批机关的要求提供检测所需的该授权品种的繁殖材料的；

（四）经检测该授权品种不再符合被授予品种权时的特征和特性的。

品种权的终止，由审批机关登记和公告。

第三十七条　自审批机关公告授予品种权之日起，植物新品种复审委员会可以依据职权或者依据任何单位或者个人的书面请求，对不符合本条例第十四条、第十五条、第十六条和第十七条规定的，宣告品种权无效；对不符合本条例第十八条规定的，予以更名。宣告品种权无效或者更名的决定，由审批机关登记和公告，并通知当事人。

对植物新品种复审委员会的决定不服的，可以自收到通知之日起3个月内向人民法院提起诉讼。

第三十八条 被宣告无效的品种权视为自始不存在。

宣告品种权无效的决定，对在宣告前人民法院作出并已执行的植物新品种侵权的判决、裁定，省级以上人民政府农业、林业行政部门作出并已执行的植物新品种侵权处理决定，以及已经履行的植物新品种实施许可合同和植物新品种权转让合同，不具有追溯力；但是，因品种权人的恶意给他人造成损失的，应当给予合理赔偿。

依照前款规定，品种权人或者品种权转让人不向被许可实施人或者受让人返还使用费或者转让费，明显违反公平原则的，品种权人或者品种权转让人应当向被许可实施人或者受让人返还全部或者部分使用费或者转让费。

第七章 罚　　则

第三十九条 未经品种权人许可，以商业目的生产或者销售授权品种的繁殖材料的，品种权人或者利害关系人可以请求省级以上人民政府农业、林业行政部门依据各自的职权进行处理，也可以直接向人民法院提起诉讼。

省级以上人民政府农业、林业行政部门依据各自的职权，根据当事人自愿的原则，对侵权所造成的损害赔偿可以进行调解。调解达成协议的，当事人应当履行；调解未达成协议的，品种权人或者利害关系人可以依照民事诉讼程序向人民法院提起诉讼。

省级以上人民政府农业、林业行政部门依据各自的职权处理品种权侵权案件时，为维护社会公共利益，可以责令侵权人停止侵权行为，没收违法所得和植物品种繁殖材料；货值金额5万元以上的，可处货值金额1倍以上5倍以下的罚款；没有货值金额或者货值金额5万元以下的，根据情节轻重，可处25万元以下的罚款。

第四十条 假冒授权品种的，由县级以上人民政府农业、林业行政部门依据各自的职权责令停止假冒行为，没收违法所得和植物品种繁殖材料；货值金额5万元以上的，处货值金额1倍以上5倍以下的罚款；没有货值金额或者货值金额5万元以下的，根据情节轻重，处25万元以下的罚款；情节严重，构成犯罪的，依法追究刑事责任。

第四十一条 省级以上人民政府农业、林业行政部门依据各自的职权在查处品种权侵权案件和县级以上人民政府农业、林业行政部门依据各自的职权在查处假冒授权品种案件时，根据需要，可以封存或者扣押与案件有关的植物品种的繁殖材料，查阅、复制或者封存与案件有关的合同、账册及有关文件。

第四十二条 销售授权品种未使用其注册登记的名称的，由县级以上人民政府农业、林业行政部门依据各自的职权责令限期改正，可以处1000元以下的罚款。

第四十三条 当事人就植物新品种的申请权和品种权的权属发生争议的，可以向人民法院提起诉讼。

第四十四条 县级以上人民政府农业、林业行政部门的及有关部门的工作人员滥用职权、玩忽职守、徇私舞弊、索贿受贿，构成犯罪的，依法追究刑事责任；尚不构成犯罪的，依法给予行政处分。

第八章 附 则

第四十五条 审批机关可以对本条例施行前首批列入植物品种保护名录的和本条例施行后新列入植物品种保护名录的植物属或者种的新颖性要求作出变通性规定。

第四十六条 本条例自1997年10月1日起施行。

海南自由贸易港植物新品种保护管理办法（试行）

（2021年12月31日 琼农字〔2021〕488号）

第一章 总 则

第一条 为保护植物新品种权（以下简称品种权），激励育种原始创新，加强植物新品种创造、保护、运用，促进农业与林业发展，营造良好营商环境，根据

《中华人民共和国种子法》《海南自由贸易港法》《中华人民共和国植物新品种保护条例》《海南自由贸易港知识产权保护条例》等相关法律、法规，制定本办法。

第二条 在海南自由贸易港申请品种权的，适用本办法。本办法适用于国家植物品种保护名录内的植物属或者种。

第三条 省农业农村厅、省林业局依据职责分工设立农业和林业植物新品种保护审查协作办公室（以下简称审查协作办），承担海南自由贸易港植物新品种权宣传培训、新品种展示和维权等任务，协助国务院农业农村、林业草原主管部门（以下简称审批机关）开展品种权申请的受理和审查等工作。

农业植物新品种包括粮食、棉花、油料、麻类、糖料、蔬菜（含西甜瓜）、烟草、桑树、茶树、果树（干果除外）、观赏植物（木本除外）、草类、绿肥、草本药材、食用菌、藻类和橡胶树等植物品种。

林业植物新品种包括林木、竹、木质藤本、木本观赏植物（包括木本花卉）、果树（干果部分）及木本油料、饮料、调料、木本药材等植物品种。

第四条 完成关系国家利益或者公共利益并有重大应用价值的植物新品种育种的单位或者个人，由县级以上人民政府或者有关部门按规定给予奖励。

第五条 申请品种权的品种涉及国家安全或者重大利益需要保密的，应当按照国家有关规定办理。

对违反法律，危害公共利益、生态环境和生物安全的品种不授予品种权。

第六条 生产、销售和推广被授予品种权的植物品种（以下简称授权品种），还应当符合国家以及本省有关法律、法规的规定。

第二章 机构职责

第七条 审查协作办承担以下任务：

（一）协助开展境外和海南自由贸易港范围内育种人或品种选育单位申请植物新品种保护的受理、初步审查以及实质审查。

（二）协助受理植物新品种权申请相关的测试、标准品种繁殖和繁殖材料保藏与提取。

（三）开展植物新品种保护与测试相关的宣传、培训、技术研究等。

（四）参与国家植物新品种保护信息平台等信息化建设以及运维。

（五）承担建立包括相关鉴定数据、样品、判定意见与判定结论等内容的技术档案。

（六）承担海南自由贸易港内品种权纠纷的法律咨询和维权指导。

（七）承担特色、优异植物新品种展示示范。

（八）承担农业农村部、国家林业和草原局以及上级部门交办的其他任务。

第八条 依托国家植物新品种保藏中心或者委托国家（省级）种质资源库（圃）（以下简称保藏单位）保藏品种的繁殖材料。

第九条 负责繁殖材料的保藏单位主要承担以下任务：

（一）负责接收、检测并长期保藏与品种权相关的繁殖材料；

（二）在规定时限内及时向申请者或代理人及相关部门反馈繁殖材料的接收及检测结果；

（三）及时分发繁殖材料至指定测试机构；

（四）按规定做好保藏信息的维护更新，并定期向审查协作办反馈入库与出库信息；

（五）协助审查协作办做好已知品种的征集与保藏；

（六）开展相关植物属种低耗、高质等先进保藏技术的研发。

第十条 鼓励第三方专业机构依法开展品种权申请代理、维权咨询、技术鉴定和转化利用等品种权服务。

第十一条 在初步审查和实质审查过程中的审查人员，有下列情形之一的，应当自行回避，当事人或者其他利害关系人也可申请其回避：

（一）与当事人或者其他利害关系人有近亲属关系的；

（二）与品种权申请或者品种权有直接利害关系的；

（三）与当事人或者其他利害关系人有其他关系，可能影响公正审查的。

审查协作办主要负责人的回避，由省农业农村厅、省林业局分管领导决定；审查协作办其他人员的回避，由其直接负责人决定。

第三章 授予品种权的条件

第十二条 授权品种应当为国家植物品种保护名录内经过人工选育或者发现的

野生植物加以改良，同时具备新颖性、特异性、一致性、稳定性和适当命名的植物新品种。

第十三条 新颖性，是指申请品种权的植物新品种在申请日前该品种繁殖材料、收获材料未被销售，或者经育种者许可，在中国境内销售该品种繁殖材料、收获材料未超过1年；在中国境外销售藤本植物、林业、果树和观赏树木品种繁殖材料、收获材料未超过6年，销售其他植物品种繁殖材料、收获材料未超过4年。

具有下列情形之一的，视为已丧失新颖性：

（一）品种经省、自治区、直辖市人民政府农业农村、林业草原主管部门依据播种面积确认已经形成事实扩散的；

（二）植物品种已审定、登记、认定或备案2年以上的；

（三）作为亲本的申请品种，组配的杂交种或者配套的不育系等销售、推广4年以上的。

新增列入植物新品种保护名录的植物属或者种，从名录公布之日起1年内提出的品种权申请，申请日前境内销售该品种的繁殖材料或收获材料未超过4年的，视为具备新颖性。

第十四条 育种者或者经育种者许可，具有下列情形之一的，属于本办法规定的销售行为：

（一）以买卖方式将申请品种的繁殖材料或者收获材料转移他人；

（二）以易货方式将申请品种的繁殖材料或者收获材料转移他人；

（三）以入股方式将申请品种的繁殖材料或者收获材料转移他人；

（四）以申请品种的繁殖材料或者收获材料签订生产协议；

（五）以其他方式销售申请品种繁殖材料或者收获材料。

具有下列情形之一的，视为本办法规定的育种者许可销售：

（一）育种者自己销售；

（二）育种者内部机构销售；

（三）育种者的全资或者参股企业销售；

（四）审批机关规定的其他情形。

第十五条 授予品种权的植物新品种应当具备适当的名称，并与相同或者相近的植物属或者种中已知品种的名称相区别。该名称经注册登记后即为该植物新品种的通用名称。

无论保护期是否届满，生产、销售和使用授权品种的繁殖材料时应当与申请时提供的繁殖材料标准样品一致，并使用其授权品种名称。

第四章　品种权的申请、受理和初步审查

第十六条　在海南自由贸易港内的单位或个人申请品种权的，可以直接或者委托代理机构向审查协作办提出申请。

在海南自由贸易港内无固定办公场所或者居所的外国人、外国企业或者外国其他组织申请品种权的，应当委托代理机构向审查协作办提出申请。

第十七条　执行本单位的任务或者主要是利用本单位的物质条件所完成的职务育种，植物新品种的申请权属于该单位；非职务育种，植物新品种的申请权属于完成育种的个人。申请被批准后，品种权属于申请人。

第十八条　审查协作办依托国家植物新品种保护信息平台，协助审批机关受理品种权申请。申请人应当提交以下材料：

（一）申请文件，包括请求书、说明书和申请品种的照片等；

（二）已完成品种特异性、一致性和稳定性测试（以下简称 DUS 测试）的，应提交测试结果；

（三）相关性状有明确关联基因的，可提交该基因的检测结果；

（四）采用生物育种育成品种需提交国家规定的相关文件。

申请人委托代理机构办理品种权申请等事务的，还应提交委托书。

申请文件、测试结果等材料应当使用中文书写。

说明书应当详细说明申请品种的主要特征特性，育种过程和亲本来源，选择的近似品种及理由，新颖性、特异性、一致性、稳定性情况，适宜种植区域等。

因审查需要，申请人应当根据审查协作办的要求提供其他必要的资料。

第十九条　申请人自在境外第一次提出品种权申请之日起 12 个月内，又向审查协作办就该品种提出品种权申请的，依照该国同中华人民共和国签订的协议或者共同参加的国际条约，或者根据相互承认优先权的原则，可以享有优先权。

申请人要求优先权的，应当在申请时提出书面说明，并在 3 个月内提交经原受

理机关确认的第1次提出品种权申请文件的副本；未依照本办法规定提出书面说明或者提交申请文件副本的，视为未要求优先权。

第二十条 审查协作办收到申请文件之日起10个工作日内对品种权申请材料进行审核，对于符合规定格式要求的申请材料予以受理，在《品种权申请受理通知书》中明确申请号和申请日。申请人提交合格的品种权申请文件之日为申请日。

第二十一条 审查协作办收到申请文件之日起2个月内完成品种权申请的初步审查。初步审查主要包括以下内容：

（一）是否符合本办法第十八条、第十九条的规定；

（二）是否符合新颖性的规定；

（三）命名是否适当。

第二十二条 初步审查合格的品种权申请，审查协作办发出《品种权申请初步审查合格通知书》，并上报审批机关予以公告。

自品种权申请之日起至授予品种权之日前，任何人均可以对不符合本办法规定的品种权申请，向审查协作办提出异议，并提供充分证据和理由。异议人未提供充分证据的，审查协作办不予受理。

第二十三条 对经初步审查不合格的品种权申请，审查协作办应当通知申请人在3个月内陈述意见或者予以修正；逾期未答复或者修正后仍然不合格的，不予受理。

第二十四条 审查协作办受理品种权申请后，应当及时在国家植物新品种保护信息平台上予以公告，公告包括以下内容：

（一）申请号和申请日；

（二）申请人及地址；

（三）申请品种所属的植物属或者种；

（四）申请品种名称；

（五）申请公告日期；

（六）品种的主要特征特性；

（七）其他必要的事项。

申请公告应方便公众查询。

第二十五条 申请人可以在品种权授予前修改或者撤回品种权申请。

第二十六条　品种权被授予后，自初步审查合格之日起至被授予品种权之日止的期间，任何单位或者个人违反本办法第四十三条第二款、第三款规定的，品种权人享有追偿的权利。

第二十七条　品种权申请初步审查合格的，申请人应当在受理通知书规定时间内提交足量且符合相关质量要求的繁殖材料。有性繁殖的种子材料提交至保藏单位，集中测试的无性繁殖材料提交至指定测试机构。申请人未按规定提交繁殖材料的，视为撤回申请。

第二十八条　申请人递交的申请品种繁殖材料应当与品种权申请文件中所描述的繁殖材料相一致，按照有关规定实施植物检疫，并符合下列要求：

（一）未遭受意外损害；

（二）未经过药物处理；

（三）无检疫性有害生物；

（四）送交的繁殖材料为籽粒或果实的，籽粒或果实应当是最近收获的。

第二十九条　申请人或代理人提交的各种文件和办理的其他手续，应当由申请人、品种权人、其他利害关系人或者其代表人签字或者盖章；委托代理机构的，由代理机构盖章。请求变更育种者姓名、品种权申请人和品种权人的姓名（名称）、国籍、地址、代理机构的名称和代理人姓名的，应当向审查协作办办理著录事项变更手续，并附具变更理由的证明材料，审查协作办经审核后报审批机关进行变更及公告。

第三十条　海南自由贸易港的单位或个人将海南自由贸易港内培育的植物新品种向国外申请品种权的，应当向审查协作办登记。

第五章　实质审查

第三十一条　审查协作办可依据申请文件、审批机关授权的测试机构出具的测试报告或者现场考察结果和其他有关书面材料对申请品种的特异性、一致性、稳定性（以下简称 DUS）进行实质审查。

申请时已提交品种 DUS 测试结果的，审查员应当在 12 个月内作出实质审查结论。

第三十二条 申请时未提交品种DUS测试结果的，由审查协作办委托品种测试机构开展测试。测试机构没有开展相关植物属或者种的测试经验且测试机构不具备条件测试的，审查协作办可要求具备条件的申请人自行测试，并组织现场考察。申请人自行测试的，应当在自行开展测试前30日内向审查协作办备案，自初步审查合格之日起3年内提交品种测试结果，无正当理由逾期未提交的，视为撤回品种权申请。

申请人自行DUS测试的，审查协作办应当报审批机关备案。品种测试应当按照国家有关测试管理规定和技术规范进行。生物育种育成品种进行田间测试还应符合国家有关规定。

第三十三条 审查协作办认为有必要的，可以对自主开展测试的单位或者个人采取检查、抽查等方式进行监督，也可以委托相关测试机构对测试结果进行复核。

第三十四条 品种测试机构应获得审批机关认可并具备以下条件：

（一）能够承担法律责任；

（二）具备测试的技术条件；

（三）具备测试的基础设施；

（四）具有相应能力的测试员；

（五）具备测试的其他条件。

第六章 品种权的授予

第三十五条 一个植物新品种只能授予一项品种权。

两个以上的申请人分别就同一个植物新品种申请品种权的，品种权授予最先申请的申请人。

同时申请的，由申请人在指定期限内提供证据，证明自己是最先完成该新品种育种的人，品种权授予最先完成该品种育种的申请人。不能确定最先完成育种的，由所有申请人协商确定，协商不成或无法协商的，所有申请人均不能获得该品种的品种权，品种权申请视为撤回。

第三十六条 品种权的保护期限，自授权之日起，藤本植物、林木、果树和观赏林木为20年，其他植物为15年。

第三十七条 对经审查符合本办法规定授权条件的，审查协作办向审批机关上报拟授权品种清单，由审批机关作出授予品种权的决定，颁发品种权证书，并予以登记公告；经审查不符合本办法规定授权条件的品种权申请，审查协作办上报审批机关予以驳回，并通知申请人。

第三十八条 有下列情形之一的，品种权在其保护期限届满前终止：

（一）品种权人以书面声明放弃品种权的；

（二）品种权人未按照审查协作办的要求提供测试所需的该授权品种的繁殖材料的；

（三）经测试该授权品种不再符合被授予品种权时的特征和特性的；

（四）授予品种权之后，品种名称被取消，而品种权人未在规定期限内提出另一个符合规定名称的；

（五）其他导致品种权终止的情形。

终止品种权的，由审查协作办上报审批机关予以登记和公开。

第七章 复　审

第三十九条 对驳回品种权申请的决定不服的，申请人可以自收到通知之日起3个月内，向国家植物新品种复审委员会（以下简称复审委员会）请求复审。

申请人对植物新品种复审委员会的决定不服的，可以自接到通知之日起15日内向人民法院提起诉讼。

第四十条 自授予品种权之日起，复审委员会可以依据职权或者依据任何单位或者个人的书面请求，对不符合本办法新颖性、特异性、一致性、稳定性规定的，宣告品种权无效。

被宣告无效的品种权视为自始不存在。

宣告品种权无效的决定，对在宣告前人民法院作出并已执行的品种权侵权的判决、裁定，县级以上农业农村、林业主管部门作出并已执行的品种权侵权处理决定，以及已经履行的品种权实施许可合同和品种权转让合同，不具有追溯力；但是，因品种权人的恶意给他人造成损失的，应当给予合理赔偿。

依照前款规定，品种权人或者品种权转让人不向被许可实施人或者受让人返还使用费或者转让费，明显违反公平原则的，品种权人或者品种权转让人应当向被许可实施人或者受让人返还全部或者部分使用费或者转让费。

第四十一条 对不符合本办法第十五条命名规定的，予以更名。

第四十二条 宣告品种权无效或者更名的决定，由审查协作办协助审批机关进行登记和公告，并通知当事人。

对复审委员会宣告品种权无效或者更名的决定不服的，可以自收到通知之日起6个月内向人民法院提起诉讼。

第八章 权利和义务

第四十三条 品种权所有人对其授权品种享有排他的独占权。品种权所有人可以将品种权许可他人实施，并按照合同约定收取许可使用费；许可使用费可以采取固定价款、从推广收益中提成等方式收取。

任何单位或者个人未经品种权所有人许可，不得生产、繁殖和为繁殖而进行处理、许诺销售、销售、进口、出口以及为实施上述行为储存该授权品种的繁殖材料，不得为商业目的将该授权品种的繁殖材料重复使用于生产另一品种的繁殖材料；本办法、有关法律、行政法规另有规定的除外。

实施前款规定的行为，涉及由未经许可使用授权品种的繁殖材料而获得的收获材料的，应当得到品种权所有人的许可；但是品种权所有人对繁殖材料已有合理机会行使其权利的除外。

对实质性派生品种实施本条第二款、第三款规定行为的，应当征得原始品种的品种权所有人的同意。

实质性派生品种制度的实施步骤和办法遵照国家有关规定执行。

第四十四条 品种的生产需要重复使用其他授权品种的，其他授权品种的品种权人与该品种的品种权人共同享有该品种第四十三条第二款、第三款所述权利。

第四十五条 品种权共有人对权利的行使有约定的，从其约定。没有约定的，共有人可以单独实施或者以普通许可方式许可他人实施该品种权。许可他人实施该品种权的，实施收益应当在共有人之间分配。

除前款规定的情形外，共有人以许可、转让、出质等方式行使共有的品种权应当取得全体共有人的同意，但另有约定的除外。

第四十六条 植物新品种权的申请权和品种权可以依法许可给中国境内任何单位或者个人，被许可人在许可的范围内，对该授权品种享有使用权。

第四十七条 在下列情况下使用授权品种的，可以不经品种权人或权利人许可，不向其支付使用费，但是不得侵犯品种权人依照本办法享有的其他权利：

（一）利用授权品种进行育种及其他科研活动；

（二）农民在农村土地承包合同范围内自繁自用授权品种的繁殖材料，数量未超过合理自用量。

第四十八条 由已授权的原始品种实质性派生的品种，只要该原始品种本身不属于实质性派生品种，同时符合下列情形的品种，可以视作该授权品种的实质性派生品种：

（一）主要由原始品种实质性派生，或者由该原始品种的实质性派生品种派生出来的品种，且保留了受原始品种基因型或基因型组合控制的基本性状表达；

（二）与原始品种有明显区别；

（三）除派生过程产生的差异外，在表达由原始品种的基因型或基因型组合控制的基本性状方面与原始品种相同。

第四十九条 品种权人须按审查协作办的规定及时提供有关资料和繁殖材料。

第五十条 为商业目的销售或许诺销售授权品种的繁殖材料时，应当使用该授权品种的名称。

为商业目的销售或许诺销售非授权品种的繁殖材料时，禁止使用任何与该非授权品种的植物属或种相同或相近的授权品种的名称。

第五十一条 转让品种申请权或者品种权的，当事人应当订立书面合同，并向审查协作办变更备案，由审查协作办报审批机关作变更登记并予以公开。书面合同参照使用国家发布的规范性文本。

第五十二条 为了国家利益或者公共利益，审查协作办可以报请审批机关作出实施品种权强制许可的决定，并予以登记和公告。

取得实施强制许可的单位或者个人应当付给品种权人或权利人合理的使用费，其数额由双方商定；双方不能达成协议的，由审批机关裁决。

品种权人或者权利人对强制许可决定或者强制许可使用费的裁决不服的，可以自收到通知之日起6个月内向人民法院提起诉讼。

取得实施强制许可的单位或者个人不享有独占的实施权，并在强制许可的时间和范围内使用。

第五十三条 以品种权出质的，应由出质人和质权人共同向审查协作办办理备案。

品种权、使用权已设定质权的，质权人不得处置该授权品种，但双方另有约定的除外。

出质期间，维持品种权本身的一切费用应由出质人承担，但质权人为保障质权的实现，自己承担的费用有权要求出质人补偿。

第五十四条 继承人可依据相关法律法规继承品种权。继承品种权的，向审查协作办提出变更登记申请，审查协作办报审批机关变更登记并公告。

第五十五条 向境外机构或个人许可、转让与质押申请权或者品种权的，应当向审查协作办申报，由审查协作办报审批机关批准。

第五十六条 委托育种或者合作育种，当事人应当在合同中约定品种权的归属；合同未约定或约定不明的，品种权归属于受委托完成或者共同完成育种的单位或者个人。对于非职务育种，品种的申请权和品种权归共同育种者所有。

第九章 侵权处理

第五十七条 未经品种权人或权利人的许可，对其授权品种进行第四十三条第二款、第三款规定的活动视为侵权行为。

第五十八条 下列情形属于假冒授权品种的行为：

（一）印制或者使用伪造的品种权证书、品种权申请号、品种权号或者其他证明品种权申请或者授权状态的标记；

（二）印制或者使用已经被驳回、视为撤回或者撤回的品种权申请的申请号或者其他品种权申请标记；

（三）印制或者使用已经被终止或者被宣告无效的品种权的品种权证书、品种权号或者其他品种权标记；

（四）生产或者销售本款第（一）至（三）项所标记的品种；

（五）生产或者销售冒充品种权申请或者授权品种名称的品种；

（六）在产品说明书等材料中将未被授予品种权的品种称为授权品种；

（七）伪造或者变造品种权证书、品种权文件或者品种权申请文件；

（八）其他足以使他人将非品种权申请或者非授权品种误认为品种权申请或者授权品种的行为。

第五十九条 县级以上农业农村、林业行政主管部门可以采用国家规定的快速检测方法对涉嫌侵权或者假冒授权品种进行检测或认定。被检查人对快速检测结果有异议的，可以申请复检，复检不得采用同一检测方法。

第六十条 侵权损失合理额度的认定：

（一）评估植物品种的繁殖材料或者收获材料的市场价值；

（二）参照该品种权许可使用费进行合理评估；

（三）查阅、复制或者封存侵权人与该案件有关的合同、账册及相关文件，查看该授权品种的销售收入；

（四）因侵权人销售该授权品种，扰乱了品种权人或权利人的市场推广销售，对比参考品种权人或权利人对该授权品种的销售额。

在侵权纠纷的行政处理程序中，经一方当事人提出书面请求，县级以上农业农村、林业行政主管部门可以组建总人数不少于 3 人的单数专家组对以上 4 项所述的认定结果提出专业审查意见和建议。

第六十一条 存在第四十三条侵权行为的，由当事人协商解决，不愿协商或者协商不成的，品种权所有人或者利害关系人可以请求县级以上人民政府农业农村、林业主管部门进行处理，也可以直接向海南自由贸易港知识产权法院提起诉讼。

县级以上人民政府农业农村、林业主管部门依据各自的职权，根据当事人自愿的原则，对侵权所造成的损害赔偿可以进行调解。调解达成协议的，当事人应当履行；调解未达成协议的，品种权人或者利害关系人可以依法向海南自由贸易港知识产权法院提起诉讼。

第六十二条 县级以上农业农村、林业行政主管部门依据其职权在查处品种权侵权案件和假冒授权品种案件时，根据需要，可以封存或者扣押与案件有关的植物品种的繁殖材料及收获材料，封存或者扣押用于违法生产经营的工具、设备等物品，查阅、复制或者封存与案件有关的合同、账册及有关文件。

存在侵权行为的，侵犯品种权的赔偿数额依据第六十条侵权损失合理额度的认定进行确定。赔偿数额应当包括权利人为制止侵权行为所支付的合理开支。权利人的损失或者侵权人获得的利益难以确定的，可以参照该品种权许可使用费的倍数合理确定。故意侵犯品种权，情节严重的，可以在按照上述方法确定数额的一倍以上五倍以下确定赔偿数额。

权利人的损失、侵权人获得的利益和品种权许可使用费均难以确定的，海南自由贸易港知识产权法院可以根据品种权的类型、侵权行为的性质和情节等因素，确定给予五百万元以下的赔偿。

侵权行为属实的，权利人可以要求侵权人立即纠正和公开道歉。

第六十三条 当事人就植物新品种的申请权和品种权的权属发生争议的，可以向海南自由贸易港知识产权法院提起诉讼。

第十章 罚　　则

第六十四条 存在恶意侵权行为的，由行业主管部门依法将相关主体及主要负责人的失信信息归集至海南自由贸易港信用信息共享平台和公示系统，依法实施惩戒措施。

第六十五条 侵权人对同一品种权人恶意侵权行为达 2 次以上的，被侵权人可以请求对侵权人进行品种权筛查，由审查协作办协助办理。在品种权筛查过程中发现造假、欺诈、侵权等行为的依法处理。

第十一章 附　　则

第六十六条 本办法下列用语的含义是：

（一）特异性，是指一个植物品种至少有一个特征或者特性明显区别于在递交申请以前的已知品种。

（二）一致性，是指一个植物品种的特征或者特性除因繁殖方式导致的可预期的变异外，群体内个体间相关的特征或者特性表现一致。

（三）稳定性，是指一个植物品种经过反复繁殖后或者在特定繁殖周期结束时，其相关的特征或者特性保持不变。

（四）品种是已知最低一级的植物分类单位内的单一植物类群，无论是否满足授予品种权的条件，该植物类群能够通过由某一特定基因型或基因型组合决定的性状表达进行定义；能够通过至少一个上述性状的表达，与任何其他植物类群相区别；具备繁殖后整体特征特性保持不变的特点。

（五）已知品种是指公知或者公用的品种，包括已受理申请或者已通过品种审定、登记、保护，或者已经销售、推广、广泛利用的植物品种。

（六）授权品种是指符合品种保护授权条件，作为品种权标的的品种。

（七）繁殖材料是指用于繁殖的种植材料或者植物体的其他部分，包括籽粒、果实、根、茎、苗、芽、叶、花等。

（八）收获材料是指从品种的繁殖材料，经过种植后获得的植物整体或者部分。

（九）育种者是指对新品种培育做出实质性或者创造性贡献的人。仅负责组织管理工作、为物质条件的利用提供方便或者从事其他辅助工作的人不能被视为育种者。

（十）申请人是指向相关部门提出植物新品种保护申请的单位或个人。

（十一）品种权是指依法授予符合品种保护资格的单位或个人的权利。

（十二）品种权人是指拥有品种权所有权的单位或个人。

（十三）审查员是指从事品种权审查、测试等工作的专业人员。

（十四）农民是指以家庭联产承包责任制的形式签订农村土地承包合同，且在其家庭农村土地承包合同约定的土地范围内自繁自用授权品种的农民。

（十五）品种权筛查是指利用相关技术手段筛查侵权人的品种的遗传背景，清查侵权人已获得品种权的相关档案，对侵权人在申请品种权时是否存在造假、欺诈等行为进行核查，并对造假、欺诈、侵权等行为进行相应处罚。

（十六）生物育种育成品种主要是指通过转基因、基因编辑技术育成的品种。

第六十七条　本办法的具体应用问题由省农业农村厅、省林业局解释。

第六十八条　本办法自发布之日起施行，试行一年。

中华人民共和国生物安全法

（2020年10月17日第十三届全国人民代表大会常务委员会第二十二次会议通过　2020年10月17日中华人民共和国主席令第56号公布　自2021年4月15日起施行）

目　　录

第一章　总　　则

第一条　为了维护国家安全，防范和应对生物安全风险，保障人民生命健康，保护生物资源和生态环境，促进生物技术健康发展，推动构建人类命运共同体，实现人与自然和谐共生，制定本法。

第二条　本法所称生物安全，是指国家有效防范和应对危险生物因子及相关因素威胁，生物技术能够稳定健康发展，人民生命健康和生态系统相对处于没有危险和不受威胁的状态，生物领域具备维护国家安全和持续发展的能力。

从事下列活动，适用本法：

（一）防控重大新发突发传染病、动植物疫情；

（二）生物技术研究、开发与应用；

（三）病原微生物实验室生物安全管理；

（四）人类遗传资源与生物资源安全管理；

（五）防范外来物种入侵与保护生物多样性；

（六）应对微生物耐药；

（七）防范生物恐怖袭击与防御生物武器威胁；

（八）其他与生物安全相关的活动。

第三条　生物安全是国家安全的重要组成部分。维护生物安全应当贯彻总体国家安全观，统筹发展和安全，坚持以人为本、风险预防、分类管理、协同配合的原则。

第四条　坚持中国共产党对国家生物安全工作的领导，建立健全国家生物安全领导体制，加强国家生物安全风险防控和治理体系建设，提高国家生物安全治理能力。

第五条　国家鼓励生物科技创新，加强生物安全基础设施和生物科技人才队伍建设，支持生物产业发展，以创新驱动提升生物科技水平，增强生物安全保障能力。

第六条　国家加强生物安全领域的国际合作，履行中华人民共和国缔结或者参加的国际条约规定的义务，支持参与生物科技交流合作与生物安全事件国际救援，积极参与生物安全国际规则的研究与制定，推动完善全球生物安全治理。

第七条　各级人民政府及其有关部门应当加强生物安全法律法规和生物安全知识宣传普及工作，引导基层群众性自治组织、社会组织开展生物安全法律法规和生物安全知识宣传，促进全社会生物安全意识的提升。

相关科研院校、医疗机构以及其他企业事业单位应当将生物安全法律法规和生物安全知识纳入教育培训内容，加强学生、从业人员生物安全意识和伦理意识的培养。

新闻媒体应当开展生物安全法律法规和生物安全知识公益宣传，对生物安全违法行为进行舆论监督，增强公众维护生物安全的社会责任意识。

第八条 任何单位和个人不得危害生物安全。

任何单位和个人有权举报危害生物安全的行为；接到举报的部门应当及时依法处理。

第九条 对在生物安全工作中做出突出贡献的单位和个人，县级以上人民政府及其有关部门按照国家规定予以表彰和奖励。

第二章 生物安全风险防控体制

第十条 中央国家安全领导机构负责国家生物安全工作的决策和议事协调，研究制定、指导实施国家生物安全战略和有关重大方针政策，统筹协调国家生物安全的重大事项和重要工作，建立国家生物安全工作协调机制。

省、自治区、直辖市建立生物安全工作协调机制，组织协调、督促推进本行政区域内生物安全相关工作。

第十一条 国家生物安全工作协调机制由国务院卫生健康、农业农村、科学技术、外交等主管部门和有关军事机关组成，分析研判国家生物安全形势，组织协调、督促推进国家生物安全相关工作。国家生物安全工作协调机制设立办公室，负责协调机制的日常工作。

国家生物安全工作协调机制成员单位和国务院其他有关部门根据职责分工，负责生物安全相关工作。

第十二条 国家生物安全工作协调机制设立专家委员会，为国家生物安全战略研究、政策制定及实施提供决策咨询。

国务院有关部门组织建立相关领域、行业的生物安全技术咨询专家委员会，为生物安全工作提供咨询、评估、论证等技术支撑。

第十三条 地方各级人民政府对本行政区域内生物安全工作负责。

县级以上地方人民政府有关部门根据职责分工，负责生物安全相关工作。

基层群众性自治组织应当协助地方人民政府以及有关部门做好生物安全风险防控、应急处置和宣传教育等工作。

有关单位和个人应当配合做好生物安全风险防控和应急处置等工作。

第十四条 国家建立生物安全风险监测预警制度。国家生物安全工作协调机制组织建立国家生物安全风险监测预警体系，提高生物安全风险识别和分析能力。

第十五条 国家建立生物安全风险调查评估制度。国家生物安全工作协调机制应当根据风险监测的数据、资料等信息，定期组织开展生物安全风险调查评估。

有下列情形之一的，有关部门应当及时开展生物安全风险调查评估，依法采取必要的风险防控措施：

（一）通过风险监测或者接到举报发现可能存在生物安全风险；

（二）为确定监督管理的重点领域、重点项目，制定、调整生物安全相关名录或者清单；

（三）发生重大新发突发传染病、动植物疫情等危害生物安全的事件；

（四）需要调查评估的其他情形。

第十六条 国家建立生物安全信息共享制度。国家生物安全工作协调机制组织建立统一的国家生物安全信息平台，有关部门应当将生物安全数据、资料等信息汇交国家生物安全信息平台，实现信息共享。

第十七条 国家建立生物安全信息发布制度。国家生物安全总体情况、重大生物安全风险警示信息、重大生物安全事件及其调查处理信息等重大生物安全信息，由国家生物安全工作协调机制成员单位根据职责分工发布；其他生物安全信息由国务院有关部门和县级以上地方人民政府及其有关部门根据职责权限发布。

任何单位和个人不得编造、散布虚假的生物安全信息。

第十八条 国家建立生物安全名录和清单制度。国务院及其有关部门根据生物安全工作需要，对涉及生物安全的材料、设备、技术、活动、重要生物资源数据、传染病、动植物疫病、外来入侵物种等制定、公布名录或者清单，并动态调整。

第十九条 国家建立生物安全标准制度。国务院标准化主管部门和国务院其他有关部门根据职责分工，制定和完善生物安全领域相关标准。

国家生物安全工作协调机制组织有关部门加强不同领域生物安全标准的协调和衔接，建立和完善生物安全标准体系。

第二十条 国家建立生物安全审查制度。对影响或者可能影响国家安全的生物领域重大事项和活动，由国务院有关部门进行生物安全审查，有效防范和化解生物安全风险。

第二十一条 国家建立统一领导、协同联动、有序高效的生物安全应急制度。

国务院有关部门应当组织制定相关领域、行业生物安全事件应急预案，根据应急预案和统一部署开展应急演练、应急处置、应急救援和事后恢复等工作。

县级以上地方人民政府及其有关部门应当制定并组织、指导和督促相关企业事业单位制定生物安全事件应急预案，加强应急准备、人员培训和应急演练，开展生物安全事件应急处置、应急救援和事后恢复等工作。

中国人民解放军、中国人民武装警察部队按照中央军事委员会的命令，依法参加生物安全事件应急处置和应急救援工作。

第二十二条 国家建立生物安全事件调查溯源制度。发生重大新发突发传染病、动植物疫情和不明原因的生物安全事件，国家生物安全工作协调机制应当组织开展调查溯源，确定事件性质，全面评估事件影响，提出意见建议。

第二十三条 国家建立首次进境或者暂停后恢复进境的动植物、动植物产品、高风险生物因子国家准入制度。

进出境的人员、运输工具、集装箱、货物、物品、包装物和国际航行船舶压舱水排放等应当符合我国生物安全管理要求。

海关对发现的进出境和过境生物安全风险，应当依法处置。经评估为生物安全高风险的人员、运输工具、货物、物品等，应当从指定的国境口岸进境，并采取严格的风险防控措施。

第二十四条 国家建立境外重大生物安全事件应对制度。境外发生重大生物安全事件的，海关依法采取生物安全紧急防控措施，加强证件核验，提高查验比例，暂停相关人员、运输工具、货物、物品等进境。必要时经国务院同意，可以采取暂时关闭有关口岸、封锁有关国境等措施。

第二十五条 县级以上人民政府有关部门应当依法开展生物安全监督检查工作，被检查单位和个人应当配合，如实说明情况，提供资料，不得拒绝、阻挠。

涉及专业技术要求较高、执法业务难度较大的监督检查工作，应当有生物安全专业技术人员参加。

第二十六条 县级以上人民政府有关部门实施生物安全监督检查，可以依法采取下列措施：

（一）进入被检查单位、地点或者涉嫌实施生物安全违法行为的场所进行现场监测、勘查、检查或者核查；

（二）向有关单位和个人了解情况；

（三）查阅、复制有关文件、资料、档案、记录、凭证等；

（四）查封涉嫌实施生物安全违法行为的场所、设施；

（五）扣押涉嫌实施生物安全违法行为的工具、设备以及相关物品；

（六）法律法规规定的其他措施。

有关单位和个人的生物安全违法信息应当依法纳入全国信用信息共享平台。

第三章　防控重大新发突发传染病、动植物疫情

第二十七条　国务院卫生健康、农业农村、林业草原、海关、生态环境主管部门应当建立新发突发传染病、动植物疫情、进出境检疫、生物技术环境安全监测网络，组织监测站点布局、建设，完善监测信息报告系统，开展主动监测和病原检测，并纳入国家生物安全风险监测预警体系。

第二十八条　疾病预防控制机构、动物疫病预防控制机构、植物病虫害预防控制机构（以下统称专业机构）应当对传染病、动植物疫病和列入监测范围的不明原因疾病开展主动监测，收集、分析、报告监测信息，预测新发突发传染病、动植物疫病的发生、流行趋势。

国务院有关部门、县级以上地方人民政府及其有关部门应当根据预测和职责权限及时发布预警，并采取相应的防控措施。

第二十九条　任何单位和个人发现传染病、动植物疫病的，应当及时向医疗机构、有关专业机构或者部门报告。

医疗机构、专业机构及其工作人员发现传染病、动植物疫病或者不明原因的聚集性疾病的，应当及时报告，并采取保护性措施。

依法应当报告的，任何单位和个人不得瞒报、谎报、缓报、漏报，不得授意他人瞒报、谎报、缓报，不得阻碍他人报告。

第三十条　国家建立重大新发突发传染病、动植物疫情联防联控机制。

发生重大新发突发传染病、动植物疫情，应当依照有关法律法规和应急预案的规定及时采取控制措施；国务院卫生健康、农业农村、林业草原主管部门应当立即组织疫情会商研判，将会商研判结论向中央国家安全领导机构和国务院报告，并通

报国家生物安全工作协调机制其他成员单位和国务院其他有关部门。

发生重大新发突发传染病、动植物疫情，地方各级人民政府统一履行本行政区域内疫情防控职责，加强组织领导，开展群防群控、医疗救治，动员和鼓励社会力量依法有序参与疫情防控工作。

第三十一条 国家加强国境、口岸传染病和动植物疫情联合防控能力建设，建立传染病、动植物疫情防控国际合作网络，尽早发现、控制重大新发突发传染病、动植物疫情。

第三十二条 国家保护野生动物，加强动物防疫，防止动物源性传染病传播。

第三十三条 国家加强对抗生素药物等抗微生物药物使用和残留的管理，支持应对微生物耐药的基础研究和科技攻关。

县级以上人民政府卫生健康主管部门应当加强对医疗机构合理用药的指导和监督，采取措施防止抗微生物药物的不合理使用。县级以上人民政府农业农村、林业草原主管部门应当加强对农业生产中合理用药的指导和监督，采取措施防止抗微生物药物的不合理使用，降低在农业生产环境中的残留。

国务院卫生健康、农业农村、林业草原、生态环境等主管部门和药品监督管理部门应当根据职责分工，评估抗微生物药物残留对人体健康、环境的危害，建立抗微生物药物污染物指标评价体系。

第四章 生物技术研究、开发与应用安全

第三十四条 国家加强对生物技术研究、开发与应用活动的安全管理，禁止从事危及公众健康、损害生物资源、破坏生态系统和生物多样性等危害生物安全的生物技术研究、开发与应用活动。

从事生物技术研究、开发与应用活动，应当符合伦理原则。

第三十五条 从事生物技术研究、开发与应用活动的单位应当对本单位生物技术研究、开发与应用的安全负责，采取生物安全风险防控措施，制定生物安全培训、跟踪检查、定期报告等工作制度，强化过程管理。

第三十六条 国家对生物技术研究、开发活动实行分类管理。根据对公众健康、工业农业、生态环境等造成危害的风险程度，将生物技术研究、开发活动分为

高风险、中风险、低风险三类。

生物技术研究、开发活动风险分类标准及名录由国务院科学技术、卫生健康、农业农村等主管部门根据职责分工，会同国务院其他有关部门制定、调整并公布。

第三十七条 从事生物技术研究、开发活动，应当遵守国家生物技术研究开发安全管理规范。

从事生物技术研究、开发活动，应当进行风险类别判断，密切关注风险变化，及时采取应对措施。

第三十八条 从事高风险、中风险生物技术研究、开发活动，应当由在我国境内依法成立的法人组织进行，并依法取得批准或者进行备案。

从事高风险、中风险生物技术研究、开发活动，应当进行风险评估，制定风险防控计划和生物安全事件应急预案，降低研究、开发活动实施的风险。

第三十九条 国家对涉及生物安全的重要设备和特殊生物因子实行追溯管理。购买或者引进列入管控清单的重要设备和特殊生物因子，应当进行登记，确保可追溯，并报国务院有关部门备案。

个人不得购买或者持有列入管控清单的重要设备和特殊生物因子。

第四十条 从事生物医学新技术临床研究，应当通过伦理审查，并在具备相应条件的医疗机构内进行；进行人体临床研究操作的，应当由符合相应条件的卫生专业技术人员执行。

第四十一条 国务院有关部门依法对生物技术应用活动进行跟踪评估，发现存在生物安全风险的，应当及时采取有效补救和管控措施。

第五章 病原微生物实验室生物安全

第四十二条 国家加强对病原微生物实验室生物安全的管理，制定统一的实验室生物安全标准。病原微生物实验室应当符合生物安全国家标准和要求。

从事病原微生物实验活动，应当严格遵守有关国家标准和实验室技术规范、操作规程，采取安全防范措施。

第四十三条 国家根据病原微生物的传染性、感染后对人和动物的个体或者群体的危害程度，对病原微生物实行分类管理。

从事高致病性或者疑似高致病性病原微生物样本采集、保藏、运输活动，应当具备相应条件，符合生物安全管理规范。具体办法由国务院卫生健康、农业农村主管部门制定。

第四十四条 设立病原微生物实验室，应当依法取得批准或者进行备案。

个人不得设立病原微生物实验室或者从事病原微生物实验活动。

第四十五条 国家根据对病原微生物的生物安全防护水平，对病原微生物实验室实行分等级管理。

从事病原微生物实验活动应当在相应等级的实验室进行。低等级病原微生物实验室不得从事国家病原微生物目录规定应当在高等级病原微生物实验室进行的病原微生物实验活动。

第四十六条 高等级病原微生物实验室从事高致病性或者疑似高致病性病原微生物实验活动，应当经省级以上人民政府卫生健康或者农业农村主管部门批准，并将实验活动情况向批准部门报告。

对我国尚未发现或者已经宣布消灭的病原微生物，未经批准不得从事相关实验活动。

第四十七条 病原微生物实验室应当采取措施，加强对实验动物的管理，防止实验动物逃逸，对使用后的实验动物按照国家规定进行无害化处理，实现实验动物可追溯。禁止将使用后的实验动物流入市场。

病原微生物实验室应当加强对实验活动废弃物的管理，依法对废水、废气以及其他废弃物进行处置，采取措施防止污染。

第四十八条 病原微生物实验室的设立单位负责实验室的生物安全管理，制定科学、严格的管理制度，定期对有关生物安全规定的落实情况进行检查，对实验室设施、设备、材料等进行检查、维护和更新，确保其符合国家标准。

病原微生物实验室设立单位的法定代表人和实验室负责人对实验室的生物安全负责。

第四十九条 病原微生物实验室的设立单位应当建立和完善安全保卫制度，采取安全保卫措施，保障实验室及其病原微生物的安全。

国家加强对高等级病原微生物实验室的安全保卫。高等级病原微生物实验室应当接受公安机关等部门有关实验室安全保卫工作的监督指导，严防高致病性病原微生物泄漏、丢失和被盗、被抢。

国家建立高等级病原微生物实验室人员进入审核制度。进入高等级病原微生物实验室的人员应当经实验室负责人批准。对可能影响实验室生物安全的，不予批准；对批准进入的，应当采取安全保障措施。

第五十条　病原微生物实验室的设立单位应当制定生物安全事件应急预案，定期组织开展人员培训和应急演练。发生高致病性病原微生物泄漏、丢失和被盗、被抢或者其他生物安全风险的，应当按照应急预案的规定及时采取控制措施，并按照国家规定报告。

第五十一条　病原微生物实验室所在地省级人民政府及其卫生健康主管部门应当加强实验室所在地感染性疾病医疗资源配置，提高感染性疾病医疗救治能力。

第五十二条　企业对涉及病原微生物操作的生产车间的生物安全管理，依照有关病原微生物实验室的规定和其他生物安全管理规范进行。

涉及生物毒素、植物有害生物及其他生物因子操作的生物安全实验室的建设和管理，参照有关病原微生物实验室的规定执行。

第六章　人类遗传资源与生物资源安全

第五十三条　国家加强对我国人类遗传资源和生物资源采集、保藏、利用、对外提供等活动的管理和监督，保障人类遗传资源和生物资源安全。

国家对我国人类遗传资源和生物资源享有主权。

第五十四条　国家开展人类遗传资源和生物资源调查。

国务院科学技术主管部门组织开展我国人类遗传资源调查，制定重要遗传家系和特定地区人类遗传资源申报登记办法。

国务院科学技术、自然资源、生态环境、卫生健康、农业农村、林业草原、中医药主管部门根据职责分工，组织开展生物资源调查，制定重要生物资源申报登记办法。

第五十五条　采集、保藏、利用、对外提供我国人类遗传资源，应当符合伦理原则，不得危害公众健康、国家安全和社会公共利益。

第五十六条　从事下列活动，应当经国务院科学技术主管部门批准：

（一）采集我国重要遗传家系、特定地区人类遗传资源或者采集国务院科学技术主管部门规定的种类、数量的人类遗传资源；

（二）保藏我国人类遗传资源；

（三）利用我国人类遗传资源开展国际科学研究合作；

（四）将我国人类遗传资源材料运送、邮寄、携带出境。

前款规定不包括以临床诊疗、采供血服务、查处违法犯罪、兴奋剂检测和殡葬等为目的采集、保藏人类遗传资源及开展的相关活动。

为了取得相关药品和医疗器械在我国上市许可，在临床试验机构利用我国人类遗传资源开展国际合作临床试验、不涉及人类遗传资源出境的，不需要批准；但是，在开展临床试验前应当将拟使用的人类遗传资源种类、数量及用途向国务院科学技术主管部门备案。

境外组织、个人及其设立或者实际控制的机构不得在我国境内采集、保藏我国人类遗传资源，不得向境外提供我国人类遗传资源。

第五十七条 将我国人类遗传资源信息向境外组织、个人及其设立或者实际控制的机构提供或者开放使用的，应当向国务院科学技术主管部门事先报告并提交信息备份。

第五十八条 采集、保藏、利用、运输出境我国珍贵、濒危、特有物种及其可用于再生或者繁殖传代的个体、器官、组织、细胞、基因等遗传资源，应当遵守有关法律法规。

境外组织、个人及其设立或者实际控制的机构获取和利用我国生物资源，应当依法取得批准。

第五十九条 利用我国生物资源开展国际科学研究合作，应当依法取得批准。

利用我国人类遗传资源和生物资源开展国际科学研究合作，应当保证中方单位及其研究人员全过程、实质性地参与研究，依法分享相关权益。

第六十条 国家加强对外来物种入侵的防范和应对，保护生物多样性。国务院农业农村主管部门会同国务院其他有关部门制定外来入侵物种名录和管理办法。

国务院有关部门根据职责分工，加强对外来入侵物种的调查、监测、预警、控制、评估、清除以及生态修复等工作。

任何单位和个人未经批准，不得擅自引进、释放或者丢弃外来物种。

第七章　防范生物恐怖与生物武器威胁

第六十一条　国家采取一切必要措施防范生物恐怖与生物武器威胁。

禁止开发、制造或者以其他方式获取、储存、持有和使用生物武器。

禁止以任何方式唆使、资助、协助他人开发、制造或者以其他方式获取生物武器。

第六十二条　国务院有关部门制定、修改、公布可被用于生物恐怖活动、制造生物武器的生物体、生物毒素、设备或者技术清单，加强监管，防止其被用于制造生物武器或者恐怖目的。

第六十三条　国务院有关部门和有关军事机关根据职责分工，加强对可被用于生物恐怖活动、制造生物武器的生物体、生物毒素、设备或者技术进出境、进出口、获取、制造、转移和投放等活动的监测、调查，采取必要的防范和处置措施。

第六十四条　国务院有关部门、省级人民政府及其有关部门负责组织遭受生物恐怖袭击、生物武器攻击后的人员救治与安置、环境消毒、生态修复、安全监测和社会秩序恢复等工作。

国务院有关部门、省级人民政府及其有关部门应当有效引导社会舆论科学、准确报道生物恐怖袭击和生物武器攻击事件，及时发布疏散、转移和紧急避难等信息，对应急处置与恢复过程中遭受污染的区域和人员进行长期环境监测和健康监测。

第六十五条　国家组织开展对我国境内战争遗留生物武器及其危害结果、潜在影响的调查。

国家组织建设存放和处理战争遗留生物武器设施，保障对战争遗留生物武器的安全处置。

第八章　生物安全能力建设

第六十六条　国家制定生物安全事业发展规划，加强生物安全能力建设，提高应对生物安全事件的能力和水平。

县级以上人民政府应当支持生物安全事业发展，按照事权划分，将支持下列生物安全事业发展的相关支出列入政府预算：

（一）监测网络的构建和运行；

（二）应急处置和防控物资的储备；

（三）关键基础设施的建设和运行；

（四）关键技术和产品的研究、开发；

（五）人类遗传资源和生物资源的调查、保藏；

（六）法律法规规定的其他重要生物安全事业。

第六十七条 国家采取措施支持生物安全科技研究，加强生物安全风险防御与管控技术研究，整合优势力量和资源，建立多学科、多部门协同创新的联合攻关机制，推动生物安全核心关键技术和重大防御产品的成果产出与转化应用，提高生物安全的科技保障能力。

第六十八条 国家统筹布局全国生物安全基础设施建设。国务院有关部门根据职责分工，加快建设生物信息、人类遗传资源保藏、菌（毒）种保藏、动植物遗传资源保藏、高等级病原微生物实验室等方面的生物安全国家战略资源平台，建立共享利用机制，为生物安全科技创新提供战略保障和支撑。

第六十九条 国务院有关部门根据职责分工，加强生物基础科学研究人才和生物领域专业技术人才培养，推动生物基础科学学科建设和科学研究。

国家生物安全基础设施重要岗位的从业人员应当具备符合要求的资格，相关信息应当向国务院有关部门备案，并接受岗位培训。

第七十条 国家加强重大新发突发传染病、动植物疫情等生物安全风险防控的物资储备。

国家加强生物安全应急药品、装备等物资的研究、开发和技术储备。国务院有关部门根据职责分工，落实生物安全应急药品、装备等物资研究、开发和技术储备的相关措施。

国务院有关部门和县级以上地方人民政府及其有关部门应当保障生物安全事件应急处置所需的医疗救护设备、救治药品、医疗器械等物资的生产、供应和调配；交通运输主管部门应当及时组织协调运输经营单位优先运送。

第七十一条 国家对从事高致病性病原微生物实验活动、生物安全事件现场处置等高风险生物安全工作的人员，提供有效的防护措施和医疗保障。

第九章　法律责任

第七十二条　违反本法规定，履行生物安全管理职责的工作人员在生物安全工作中滥用职权、玩忽职守、徇私舞弊或者有其他违法行为的，依法给予处分。

第七十三条　违反本法规定，医疗机构、专业机构或者其工作人员瞒报、谎报、缓报、漏报，授意他人瞒报、谎报、缓报，或者阻碍他人报告传染病、动植物疫病或者不明原因的聚集性疾病的，由县级以上人民政府有关部门责令改正，给予警告；对法定代表人、主要负责人、直接负责的主管人员和其他直接责任人员，依法给予处分，并可以依法暂停一定期限的执业活动直至吊销相关执业证书。

违反本法规定，编造、散布虚假的生物安全信息，构成违反治安管理行为的，由公安机关依法给予治安管理处罚。

第七十四条　违反本法规定，从事国家禁止的生物技术研究、开发与应用活动的，由县级以上人民政府卫生健康、科学技术、农业农村主管部门根据职责分工，责令停止违法行为，没收违法所得、技术资料和用于违法行为的工具、设备、原材料等物品，处一百万元以上一千万元以下的罚款，违法所得在一百万元以上的，处违法所得十倍以上二十倍以下的罚款，并可以依法禁止一定期限内从事相应的生物技术研究、开发与应用活动，吊销相关许可证件；对法定代表人、主要负责人、直接负责的主管人员和其他直接责任人员，依法给予处分，处十万元以上二十万元以下的罚款，十年直至终身禁止从事相应的生物技术研究、开发与应用活动，依法吊销相关执业证书。

第七十五条　违反本法规定，从事生物技术研究、开发活动未遵守国家生物技术研究开发安全管理规范的，由县级以上人民政府有关部门根据职责分工，责令改正，给予警告，可以并处二万元以上二十万元以下的罚款；拒不改正或者造成严重后果的，责令停止研究、开发活动，并处二十万元以上二百万元以下的罚款。

第七十六条　违反本法规定，从事病原微生物实验活动未在相应等级的实验室进行，或者高等级病原微生物实验室未经批准从事高致病性、疑似高致病性病原微生物实验活动的，由县级以上地方人民政府卫生健康、农业农村主管部门根据职责分工，责令停止违法行为，监督其将用于实验活动的病原微生物销毁或者送交保藏机构，给予警告；造成传染病传播、流行或者其他严重后果的，对法定代表人、主要负责人、直接负责的主管人员和其他直接责任人员依法给予撤职、开除处分。

第七十七条 违反本法规定，将使用后的实验动物流入市场的，由县级以上人民政府科学技术主管部门责令改正，没收违法所得，并处二十万元以上一百万元以下的罚款，违法所得在二十万元以上的，并处违法所得五倍以上十倍以下的罚款；情节严重的，由发证部门吊销相关许可证件。

第七十八条 违反本法规定，有下列行为之一的，由县级以上人民政府有关部门根据职责分工，责令改正，没收违法所得，给予警告，可以并处十万元以上一百万元以下的罚款：

（一）购买或者引进列入管控清单的重要设备、特殊生物因子未进行登记，或者未报国务院有关部门备案；

（二）个人购买或者持有列入管控清单的重要设备或者特殊生物因子；

（三）个人设立病原微生物实验室或者从事病原微生物实验活动；

（四）未经实验室负责人批准进入高等级病原微生物实验室。

第七十九条 违反本法规定，未经批准，采集、保藏我国人类遗传资源或者利用我国人类遗传资源开展国际科学研究合作的，由国务院科学技术主管部门责令停止违法行为，没收违法所得和违法采集、保藏的人类遗传资源，并处五十万元以上五百万元以下的罚款，违法所得在一百万元以上的，并处违法所得五倍以上十倍以下的罚款；情节严重的，对法定代表人、主要负责人、直接负责的主管人员和其他直接责任人员，依法给予处分，五年内禁止从事相应活动。

第八十条 违反本法规定，境外组织、个人及其设立或者实际控制的机构在我国境内采集、保藏我国人类遗传资源，或者向境外提供我国人类遗传资源的，由国务院科学技术主管部门责令停止违法行为，没收违法所得和违法采集、保藏的人类遗传资源，并处一百万元以上一千万元以下的罚款；违法所得在一百万元以上的，并处违法所得十倍以上二十倍以下的罚款。

第八十一条 违反本法规定，未经批准，擅自引进外来物种的，由县级以上人民政府有关部门根据职责分工，没收引进的外来物种，并处五万元以上二十五万元以下的罚款。

违反本法规定，未经批准，擅自释放或者丢弃外来物种的，由县级以上人民政府有关部门根据职责分工，责令限期捕回、找回释放或者丢弃的外来物种，处一万元以上五万元以下的罚款。

第八十二条 违反本法规定，构成犯罪的，依法追究刑事责任；造成人身、财产或者其他损害的，依法承担民事责任。

第八十三条 违反本法规定的生物安全违法行为，本法未规定法律责任，其他有关法律、行政法规有规定的，依照其规定。

第八十四条 境外组织或者个人通过运输、邮寄、携带危险生物因子入境或者以其他方式危害我国生物安全的，依法追究法律责任，并可以采取其他必要措施。

第十章 附 则

第八十五条 本法下列术语的含义：

（一）生物因子，是指动物、植物、微生物、生物毒素及其他生物活性物质。

（二）重大新发突发传染病，是指我国境内首次出现或者已经宣布消灭再次发生，或者突然发生，造成或者可能造成公众健康和生命安全严重损害，引起社会恐慌，影响社会稳定的传染病。

（三）重大新发突发动物疫情，是指我国境内首次发生或者已经宣布消灭的动物疫病再次发生，或者发病率、死亡率较高的潜伏动物疫病突然发生并迅速传播，给养殖业生产安全造成严重威胁、危害，以及可能对公众健康和生命安全造成危害的情形。

（四）重大新发突发植物疫情，是指我国境内首次发生或者已经宣布消灭的严重危害植物的真菌、细菌、病毒、昆虫、线虫、杂草、害鼠、软体动物等再次引发病虫害，或者本地有害生物突然大范围发生并迅速传播，对农作物、林木等植物造成严重危害的情形。

（五）生物技术研究、开发与应用，是指通过科学和工程原理认识、改造、合成、利用生物而从事的科学研究、技术开发与应用等活动。

（六）病原微生物，是指可以侵犯人、动物引起感染甚至传染病的微生物，包括病毒、细菌、真菌、立克次体、寄生虫等。

（七）植物有害生物，是指能够对农作物、林木等植物造成危害的真菌、细菌、病毒、昆虫、线虫、杂草、害鼠、软体动物等生物。

（八）人类遗传资源，包括人类遗传资源材料和人类遗传资源信息。人类遗传资源材料是指含有人体基因组、基因等遗传物质的器官、组织、细胞等遗传材料。人类遗传资源信息是指利用人类遗传资源材料产生的数据等信息资料。

（九）微生物耐药，是指微生物对抗微生物药物产生抗性，导致抗微生物药物不能有效控制微生物的感染。

（十）生物武器，是指类型和数量不属于预防、保护或者其他和平用途所正当需要的、任何来源或者任何方法产生的微生物剂、其他生物剂以及生物毒素；也包括为将上述生物剂、生物毒素使用于敌对目的或者武装冲突而设计的武器、设备或者运载工具。

（十一）生物恐怖，是指故意使用致病性微生物、生物毒素等实施袭击，损害人类或者动植物健康，引起社会恐慌，企图达到特定政治目的的行为。

第八十六条 生物安全信息属于国家秘密的，应当依照《中华人民共和国保守国家秘密法》和国家其他有关保密规定实施保密管理。

第八十七条 中国人民解放军、中国人民武装警察部队的生物安全活动，由中央军事委员会依照本法规定的原则另行规定。

第八十八条 本法自2021年4月15日起施行。

农业转基因生物安全管理条例

（2001年5月23日中华人民共和国国务院令第304号公布　根据2011年1月8日《国务院关于废止和修改部分行政法规的决定》第一次修订　根据2017年10月7日《国务院关于修改部分行政法规的决定》第二次修订）

第一章　总　　则

第一条 为了加强农业转基因生物安全管理，保障人体健康和动植物、微生物安全，保护生态环境，促进农业转基因生物技术研究，制定本条例。

第二条　在中华人民共和国境内从事农业转基因生物的研究、试验、生产、加工、经营和进口、出口活动，必须遵守本条例。

第三条　本条例所称农业转基因生物，是指利用基因工程技术改变基因组构成，用于农业生产或者农产品加工的动植物、微生物及其产品，主要包括：

（一）转基因动植物（含种子、种畜禽、水产苗种）和微生物；

（二）转基因动植物、微生物产品；

（三）转基因农产品的直接加工品；

（四）含有转基因动植物、微生物或者其产品成份的种子、种畜禽、水产苗种、农药、兽药、肥料和添加剂等产品。

本条例所称农业转基因生物安全，是指防范农业转基因生物对人类、动植物、微生物和生态环境构成的危险或者潜在风险。

第四条　国务院农业行政主管部门负责全国农业转基因生物安全的监督管理工作。

县级以上地方各级人民政府农业行政主管部门负责本行政区域内的农业转基因生物安全的监督管理工作。

县级以上各级人民政府有关部门依照《中华人民共和国食品安全法》的有关规定，负责转基因食品安全的监督管理工作。

第五条　国务院建立农业转基因生物安全管理部际联席会议制度。

农业转基因生物安全管理部际联席会议由农业、科技、环境保护、卫生、外经贸、检验检疫等有关部门的负责人组成，负责研究、协调农业转基因生物安全管理工作中的重大问题。

第六条　国家对农业转基因生物安全实行分级管理评价制度。

农业转基因生物按照其对人类、动植物、微生物和生态环境的危险程度，分为Ⅰ、Ⅱ、Ⅲ、Ⅳ四个等级。具体划分标准由国务院农业行政主管部门制定。

第七条　国家建立农业转基因生物安全评价制度。

农业转基因生物安全评价的标准和技术规范，由国务院农业行政主管部门制定。

第八条　国家对农业转基因生物实行标识制度。

实施标识管理的农业转基因生物目录，由国务院农业行政主管部门商国务院有关部门制定、调整并公布。

第二章 研究与试验

第九条 国务院农业行政主管部门应当加强农业转基因生物研究与试验的安全评价管理工作，并设立农业转基因生物安全委员会，负责农业转基因生物的安全评价工作。

农业转基因生物安全委员会由从事农业转基因生物研究、生产、加工、检验检疫以及卫生、环境保护等方面的专家组成。

第十条 国务院农业行政主管部门根据农业转基因生物安全评价工作的需要，可以委托具备检测条件和能力的技术检测机构对农业转基因生物进行检测。

第十一条 从事农业转基因生物研究与试验的单位，应当具备与安全等级相适应的安全设施和措施，确保农业转基因生物研究与试验的安全，并成立农业转基因生物安全小组，负责本单位农业转基因生物研究与试验的安全工作。

第十二条 从事Ⅲ、Ⅳ级农业转基因生物研究的，应当在研究开始前向国务院农业行政主管部门报告。

第十三条 农业转基因生物试验，一般应当经过中间试验、环境释放和生产性试验三个阶段。

中间试验，是指在控制系统内或者控制条件下进行的小规模试验。

环境释放，是指在自然条件下采取相应安全措施所进行的中规模的试验。

生产性试验，是指在生产和应用前进行的较大规模的试验。

第十四条 农业转基因生物在实验室研究结束后，需要转入中间试验的，试验单位应当向国务院农业行政主管部门报告。

第十五条 农业转基因生物试验需要从上一试验阶段转入下一试验阶段的，试验单位应当向国务院农业行政主管部门提出申请；经农业转基因生物安全委员会进行安全评价合格的，由国务院农业行政主管部门批准转入下一试验阶段。

试验单位提出前款申请，应当提供下列材料：

（一）农业转基因生物的安全等级和确定安全等级的依据；

（二）农业转基因生物技术检测机构出具的检测报告；

（三）相应的安全管理、防范措施；

（四）上一试验阶段的试验报告。

第十六条　从事农业转基因生物试验的单位在生产性试验结束后，可以向国务院农业行政主管部门申请领取农业转基因生物安全证书。

试验单位提出前款申请，应当提供下列材料：

（一）农业转基因生物的安全等级和确定安全等级的依据；

（二）生产性试验的总结报告；

（三）国务院农业行政主管部门规定的试验材料、检测方法等其他材料。

国务院农业行政主管部门收到申请后，应当委托具备检测条件和能力的技术检测机构进行检测，并组织农业转基因生物安全委员会进行安全评价；安全评价合格的，方可颁发农业转基因生物安全证书。

第十七条　转基因植物种子、种畜禽、水产苗种，利用农业转基因生物生产的或者含有农业转基因生物成份的种子、种畜禽、水产苗种、农药、兽药、肥料和添加剂等，在依照有关法律、行政法规的规定进行审定、登记或者评价、审批前，应当依照本条例第十六条的规定取得农业转基因生物安全证书。

第十八条　中外合作、合资或者外方独资在中华人民共和国境内从事农业转基因生物研究与试验的，应当经国务院农业行政主管部门批准。

第三章　生产与加工

第十九条　生产转基因植物种子、种畜禽、水产苗种，应当取得国务院农业行政主管部门颁发的种子、种畜禽、水产苗种生产许可证。

生产单位和个人申请转基因植物种子、种畜禽、水产苗种生产许可证，除应当符合有关法律、行政法规规定的条件外，还应当符合下列条件：

（一）取得农业转基因生物安全证书并通过品种审定；

（二）在指定的区域种植或者养殖；

（三）有相应的安全管理、防范措施；

（四）国务院农业行政主管部门规定的其他条件。

第二十条　生产转基因植物种子、种畜禽、水产苗种的单位和个人，应当建立生产档案，载明生产地点、基因及其来源、转基因的方法以及种子、种畜禽、水产苗种流向等内容。

第二十一条 单位和个人从事农业转基因生物生产、加工的，应当由国务院农业行政主管部门或者省、自治区、直辖市人民政府农业行政主管部门批准。具体办法由国务院农业行政主管部门制定。

第二十二条 从事农业转基因生物生产、加工的单位和个人，应当按照批准的品种、范围、安全管理要求和相应的技术标准组织生产、加工，并定期向所在地县级人民政府农业行政主管部门提供生产、加工、安全管理情况和产品流向的报告。

第二十三条 农业转基因生物在生产、加工过程中发生基因安全事故时，生产、加工单位和个人应当立即采取安全补救措施，并向所在地县级人民政府农业行政主管部门报告。

第二十四条 从事农业转基因生物运输、贮存的单位和个人，应当采取与农业转基因生物安全等级相适应的安全控制措施，确保农业转基因生物运输、贮存的安全。

第四章 经 营

第二十五条 经营转基因植物种子、种畜禽、水产苗种的单位和个人，应当取得国务院农业行政主管部门颁发的种子、种畜禽、水产苗种经营许可证。

经营单位和个人申请转基因植物种子、种畜禽、水产苗种经营许可证，除应当符合有关法律、行政法规规定的条件外，还应当符合下列条件：

（一）有专门的管理人员和经营档案；

（二）有相应的安全管理、防范措施；

（三）国务院农业行政主管部门规定的其他条件。

第二十六条 经营转基因植物种子、种畜禽、水产苗种的单位和个人，应当建立经营档案，载明种子、种畜禽、水产苗种的来源、贮存、运输和销售去向等内容。

第二十七条 在中华人民共和国境内销售列入农业转基因生物目录的农业转基因生物，应当有明显的标识。

列入农业转基因生物目录的农业转基因生物，由生产、分装单位和个人负责标识；未标识的，不得销售。经营单位和个人在进货时，应当对货物和标识进行核对。经营单位和个人拆开原包装进行销售的，应当重新标识。

第二十八条　农业转基因生物标识应当载明产品中含有转基因成份的主要原料名称；有特殊销售范围要求的，还应当载明销售范围，并在指定范围内销售。

第二十九条　农业转基因生物的广告，应当经国务院农业行政主管部门审查批准后，方可刊登、播放、设置和张贴。

第五章　进口与出口

第三十条　从中华人民共和国境外引进农业转基因生物用于研究、试验的，引进单位应当向国务院农业行政主管部门提出申请；符合下列条件的，国务院农业行政主管部门方可批准：

（一）具有国务院农业行政主管部门规定的申请资格；

（二）引进的农业转基因生物在国（境）外已经进行了相应的研究、试验；

（三）有相应的安全管理、防范措施。

第三十一条　境外公司向中华人民共和国出口转基因植物种子、种畜禽、水产苗种和利用农业转基因生物生产的或者含有农业转基因生物成份的植物种子、种畜禽、水产苗种、农药、兽药、肥料和添加剂的，应当向国务院农业行政主管部门提出申请；符合下列条件的，国务院农业行政主管部门方可批准试验材料入境并依照本条例的规定进行中间试验、环境释放和生产性试验：

（一）输出国家或者地区已经允许作为相应用途并投放市场；

（二）输出国家或者地区经过科学试验证明对人类、动植物、微生物和生态环境无害；

（三）有相应的安全管理、防范措施。

生产性试验结束后，经安全评价合格，并取得农业转基因生物安全证书后，方可依照有关法律、行政法规的规定办理审定、登记或者评价、审批手续。

第三十二条　境外公司向中华人民共和国出口农业转基因生物用作加工原料的，应当向国务院农业行政主管部门提出申请，提交国务院农业行政主管部门要求的试验材料、检测方法等材料；符合下列条件，经国务院农业行政主管部门委托的、具备检测条件和能力的技术检测机构检测确认对人类、动植物、微生物和生态环境不存在危险，并经安全评价合格的，由国务院农业行政主管部门颁发农业转基因生物安全证书：

（一）输出国家或者地区已经允许作为相应用途并投放市场；

（二）输出国家或者地区经过科学试验证明对人类、动植物、微生物和生态环境无害；

（三）有相应的安全管理、防范措施。

第三十三条 从中华人民共和国境外引进农业转基因生物的，或者向中华人民共和国出口农业转基因生物的，引进单位或者境外公司应当凭国务院农业行政主管部门颁发的农业转基因生物安全证书和相关批准文件，向口岸出入境检验检疫机构报检；经检疫合格后，方可向海关申请办理有关手续。

第三十四条 农业转基因生物在中华人民共和国过境转移的，应当遵守中华人民共和国有关法律、行政法规的规定。

第三十五条 国务院农业行政主管部门应当自收到申请人申请之日起270日内作出批准或者不批准的决定，并通知申请人。

第三十六条 向中华人民共和国境外出口农产品，外方要求提供非转基因农产品证明的，由口岸出入境检验检疫机构根据国务院农业行政主管部门发布的转基因农产品信息，进行检测并出具非转基因农产品证明。

第三十七条 进口农业转基因生物，没有国务院农业行政主管部门颁发的农业转基因生物安全证书和相关批准文件的，或者与证书、批准文件不符的，作退货或者销毁处理。进口农业转基因生物不按照规定标识的，重新标识后方可入境。

第六章 监督检查

第三十八条 农业行政主管部门履行监督检查职责时，有权采取下列措施：

（一）询问被检查的研究、试验、生产、加工、经营或者进口、出口的单位和个人、利害关系人、证明人，并要求其提供与农业转基因生物安全有关的证明材料或者其他资料；

（二）查阅或者复制农业转基因生物研究、试验、生产、加工、经营或者进口、出口的有关档案、账册和资料等；

（三）要求有关单位和个人就有关农业转基因生物安全的问题作出说明；

（四）责令违反农业转基因生物安全管理的单位和个人停止违法行为；

（五）在紧急情况下，对非法研究、试验、生产、加工、经营或者进口、出口的农业转基因生物实施封存或者扣押。

第三十九条 农业行政主管部门工作人员在监督检查时，应当出示执法证件。

第四十条 有关单位和个人对农业行政主管部门的监督检查，应当予以支持、配合，不得拒绝、阻碍监督检查人员依法执行职务。

第四十一条 发现农业转基因生物对人类、动植物和生态环境存在危险时，国务院农业行政主管部门有权宣布禁止生产、加工、经营和进口，收回农业转基因生物安全证书，销毁有关存在危险的农业转基因生物。

第七章 罚 则

第四十二条 违反本条例规定，从事Ⅲ、Ⅳ级农业转基因生物研究或者进行中间试验，未向国务院农业行政主管部门报告的，由国务院农业行政主管部门责令暂停研究或者中间试验，限期改正。

第四十三条 违反本条例规定，未经批准擅自从事环境释放、生产性试验的，已获批准但未按照规定采取安全管理、防范措施的，或者超过批准范围进行试验的，由国务院农业行政主管部门或者省、自治区、直辖市人民政府农业行政主管部门依据职权，责令停止试验，并处1万元以上5万元以下的罚款。

第四十四条 违反本条例规定，在生产性试验结束后，未取得农业转基因生物安全证书，擅自将农业转基因生物投入生产和应用的，由国务院农业行政主管部门责令停止生产和应用，并处2万元以上10万元以下的罚款。

第四十五条 违反本条例第十八条规定，未经国务院农业行政主管部门批准，从事农业转基因生物研究与试验的，由国务院农业行政主管部门责令立即停止研究与试验，限期补办审批手续。

第四十六条 违反本条例规定，未经批准生产、加工农业转基因生物或者未按照批准的品种、范围、安全管理要求和技术标准生产、加工的，由国务院农业行政主管部门或者省、自治区、直辖市人民政府农业行政主管部门依据职权，责令停止生产或者加工，没收违法生产或者加工的产品及违法所得；违法所得10万元以上的，并处违法所得1倍以上5倍以下的罚款；没有违法所得或者违法所得不足10万元的，并处10万元以上20万元以下的罚款。

第四十七条 违反本条例规定，转基因植物种子、种畜禽、水产苗种的生产、经营单位和个人，未按照规定制作、保存生产、经营档案的，由县级以上人民政府农业行政主管部门依据职权，责令改正，处1000元以上1万元以下的罚款。

第四十八条 违反本条例规定，未经国务院农业行政主管部门批准，擅自进口农业转基因生物的，由国务院农业行政主管部门责令停止进口，没收已进口的产品和违法所得；违法所得10万元以上的，并处违法所得1倍以上5倍以下的罚款；没有违法所得或者违法所得不足10万元的，并处10万元以上20万元以下的罚款。

第四十九条 违反本条例规定，进口、携带、邮寄农业转基因生物未向口岸出入境检验检疫机构报检的，由口岸出入境检验检疫机构比照进出境动植物检疫法的有关规定处罚。

第五十条 违反本条例关于农业转基因生物标识管理规定的，由县级以上人民政府农业行政主管部门依据职权，责令限期改正，可以没收非法销售的产品和违法所得，并可以处1万元以上5万元以下的罚款。

第五十一条 假冒、伪造、转让或者买卖农业转基因生物有关证明文书的，由县级以上人民政府农业行政主管部门依据职权，收缴相应的证明文书，并处2万元以上10万元以下的罚款；构成犯罪的，依法追究刑事责任。

第五十二条 违反本条例规定，在研究、试验、生产、加工、贮存、运输、销售或者进口、出口农业转基因生物过程中发生基因安全事故，造成损害的，依法承担赔偿责任。

第五十三条 国务院农业行政主管部门或者省、自治区、直辖市人民政府农业行政主管部门违反本条例规定核发许可证、农业转基因生物安全证书以及其他批准文件的，或者核发许可证、农业转基因生物安全证书以及其他批准文件后不履行监督管理职责的，对直接负责的主管人员和其他直接责任人员依法给予行政处分；构成犯罪的，依法追究刑事责任。

第八章 附 则

第五十四条 本条例自公布之日起施行。

后　记

写就本书，可谓“十年磨一剑”，大致经历了萌芽、发展、实践和成熟四个阶段，也折射出我与种子事业结缘、热爱并为之奋斗的心路历程。

首先，萌芽阶段。我与种子结缘要追溯到15年前。那时，我初次入京，入职一家较有名气的种子企业——上市公司万向德农控股子公司北京德农种业有限公司（现为德农种业股份公司），从此踏进农业种子行业，与之结下不解之缘。两年后，我怀揣着“中华人民共和国律师执业证”，带着喜悦步入律师行业。此时，我心中萌生了“编写一本种子案例分析实务书”的想法，但因各种原因未付诸实施，写了一篇《种子企业关于植物新品种权的保护》发表于《中国种业》。这便是我与种子结缘后的萌芽阶段。

其次，发展阶段。时光倒退到9年前，树立服务种业的决心。在德农种业的工作经历，使我对种子的选育、繁殖、生产、销售有了比较深刻的认识。9年前，我开始为上市公司大北农集团作物科技产业板块提供法律服务。6年多的服务经历，进一步提高了我对种子业务的认识和理解，涉及玉米、水稻、小麦、大豆、谷子、高粱、蔬菜等不同作物的科研繁育、生产加工、市场销售等环节，并对识别和建立健全种业法律风险防控体系，开展种业知识产权保护和科技成果转化等进行了多维度、多方面的深入研究。期间，多次发表与种子企业植物新品种保护相关的文章。从此，我树立了服务种业的决心。这便是我写就本书的核心思想发展阶段。

再次，实践阶段。理论与实践相结合，思想认识和社会实践能力得以提升。一是学以致用。自2014年以来，作为中央人民广播电台《小康农家》《乡村讲堂》《三农早报》《每日关注》栏目特邀专家，通过广播宣讲法律，普及

“三农”法律知识，讲解农资识假辨假常识。2019年受邀参加农业农村部、中央广播电视总台组织的农业法律知识推广宣传、“3·15共治共享、放心消费”直播活动。二是用以促学。理论与实践的有效结合，使我对植物新品种权有了更加深厚的认识，也增强了进一步研究的兴趣，我的研究生毕业论文选题为“论种子企业植物新品种权保护的困境与对策”。三是知行合一。受聘中央财经大学知识产权研究中心研究员，入选北京市知识产权专家库，多次参加农业农村部种业管理司、农业农村部科技发展中心组织的种业知识产权保护、种业市场监管重点等研讨会，参与《种子法》《植物新品种保护条例》《北京市种子条例》《海南自贸港植物新品种保护管理办法》等法律法规规章的修改、起草活动，积极献言献策。这便是理论和实践相结合与提升的阶段。

最后，成熟阶段。找准方向，专注于种业知识产权研究和法律服务，进一步坚定了服务种业的信心。高端的种子产业是朝阳的高科技产业，通过提供专业法律服务和社会实践助力种业发展，使命光荣、意义重大，也让我找准并确定了研究方向，专注于种业知识产权研究和法律服务，坚定了服务种业的信心。

上述四个阶段就如同一粒种子从播种、出苗、成长到结果，经历了破土出苗、拔节成长和开花结果的过程。一路走来既有艰辛和挫折，又有感动和收获。回首过去，感谢曾经帮助和支持我的领导、同事和朋友；展望未来，脚踏实地服务于农，知行合一、奋进前行。

本书在写作过程中得到了众多师友的支持和帮助。感谢我的研究生导师杜颖教授为本书作序，她的博学严谨、敬业爱生深深感染着我，谆谆教导激励和鞭策着我奋进向前。感谢赵芮师妹提供了不一样的新知、新意，感谢仁兄李丰才的无私帮助，感谢好兄弟李飞博士对本书出版构思的真知灼见，感谢好友靳晴的关心和鼓励，感谢中国法制出版社编辑赵宏老师和王悦老师的宝贵意见和辛勤付出，感谢出版社负责装帧设计的杨泽江老师。

本书得以付梓，感谢我妻子顾娟的辛苦付出和大力支持。由于我平时忙于工作，又时常写稿到很晚，疏于对家庭的照顾，她不仅不埋怨，而且把家庭照顾得井井有条，给了我莫大的理解和支持。每当写作疲惫时，看见一双儿女幸福的笑脸，听到他们的欢声笑语，让我充满了斗志。在这里也祝宝贝们茁壮成长、健康快乐！

借此机会，向我曾经工作服务过的德农股份公司和大北农集团表达最诚挚的谢意。

在我的研究生毕业论文致谢中，有段话至今记忆犹新："说来，此生与农有缘。生于农村、长于农村，来京第一份工作又是农业种子公司，不知不觉对植物新品种产生了浓厚的兴趣，有心在种业知识产权领域摸索探究……"。至今，乡音未改，理想不变。路漫漫其修远兮，吾将上下而求索，继续探究浩瀚的种子宇宙。

王海阳

2022 年 4 月 15 日于北京

图书在版编目（CIP）数据

种子法律实务一本通：145 个实务问答与 38 个植物新品种典型案例精解 / 王海阳著 .—北京：中国法制出版社，2022. 6
ISBN 978-7-5216-2659-9

Ⅰ. ①种… Ⅱ. ①王… Ⅲ. ①种子-农业法-案例-中国-问题解答 Ⅳ. ①D922. 45

中国版本图书馆 CIP 数据核字（2022）第 070919 号

策划编辑：赵　宏
责任编辑：王　悦
封面设计：杨泽江

种子法律实务一本通：145 个实务问答与 38 个植物新品种典型案例精解
ZHONGZI FALÜ SHIWU YIBENTONG：145 GE SHIWU WENDA YU 38 GE ZHIWU XINPINZHONG DIANXING ANLI JINGJIE

著者/王海阳
经销/新华书店
印刷/三河市国英印务有限公司
开本/710 毫米×1000 毫米　16 开
印张/ 24. 5　字数/ 300 千
版次/2022 年 6 月第 1 版
2022 年 6 月第 1 次印刷

中国法制出版社出版
书号 ISBN 978-7-5216-2659-9
定价：89. 00 元

北京市西城区西便门西里甲 16 号西便门办公区
邮政编码：100053
传真：010-63141600
网址：http：//www. zgfzs. com
编辑部电话：010-63141831
市场营销部电话：010-63141612
印务部电话：010-63141606

（如有印装质量问题，请与本社印务部联系。）